U0133824

彼得·鲍德温

作品系列

岭南师范学院广东西部历史与海洋文化研究中心资助项目；

岭南师范学院中国史优势学科资助项目

The Narcissism of Minor Differences

How America and Europe Are Alike

西方国家都一样？

欧洲与美国之间的 17 个差异

［美］彼得·鲍德温 著

兰教材 译

生活·讀書·新知 三联书店

图书在版编目（CIP）数据

西方国家都一样？：欧洲与美国之间的 17 个差异 /
（美）彼得·鲍德温著；兰教材译. —北京：生活·读
书·新知三联书店，2023.9
ISBN 978-7-108-07550-5

Ⅰ.①西… Ⅱ.①彼… ②兰… Ⅲ.①比较社会学－
美国、欧洲 Ⅳ.① C91-03

中国版本图书馆 CIP 数据核字 (2022) 第 249701 号

责任编辑　胡群英
装帧设计　康　健
责任印制　李思佳
出版发行　生活·讀書·新知 三联书店
　　　　　（北京市东城区美术馆东街 22 号　100010）
网　　址　www.sdxjpc.com
图　　字　01-2020-6031
经　　销　新华书店
制　　作　北京金舵手世纪图文设计有限公司
印　　刷　河北品睿印刷有限公司
版　　次　2023 年 9 月北京第 1 版
　　　　　2023 年 9 月北京第 1 次印刷
开　　本　880 毫米 × 1230 毫米　1/32　印张 11.25
字　　数　327 千字
印　　数　0,001 - 4,000 册
定　　价　59.00 元
（印装查询：01064002715；邮购查询：01084010542）

献给我的两个儿子

卢卡斯和埃利亚斯

对于欧美之间这想象中的差距

他们从容越过

中文版总序：国家的全球史

　　历史学家是关注局部地区的人。他们沉浸在狭窄的主题中，在档案上花费数年，钩沉索隐，并得出精心构造的准确结论，很少涉猎其研究主题之外的领域。大多数人只研究一个国家，许多人仅仅研究一个地区或一座城市，他们聚焦于一个具体的主题深耕厚植，不遗余力地研究一个狭窄话题，认为自己能够完全理解它。

　　大多数历史学家既不试图对他们研究的具体主题进行归纳，也不试图从中得出更具普遍性的结论。而诸如社会学、政治学以及人类学等其他社会科学，则致力于从具体研究主题中提取出人类或社会发展的一般规律。历史学家抵制这种超出他们研究范围的诱惑。

　　然而，历史不仅仅是书写小而具体的问题，它可以从大小不同的任何层面来进行研究。传记研究的是一个人的故事，这是最小层面的历史，也有史家研究小村庄和某个中等大小的区域，更有很多史籍着力于讲述世界各大洲的历史，这是真正意义上的全球史。所以对于一个人而言，他既能写出大不列颠棉花史，也能写出全球棉花史。[1]

　　从方法论上来说，微观历史与宏观历史几乎没有什么区别。除了层面的大小之外，史家所做的工作大同小异。他们都在讲述随着时间的推移而发生的变化。他们的故事中通常隐含着一种因果关系，解释为什么事情会发生，为什么战争会爆发，为什么经济发展会滞后，等等。但是，无论层面是大是小，故事都是按时间顺序展开的，通过讲述发生了什么事情来解释事情何以会发生。

大历史和小历史、微观史和全球史，其规模的差异大于其方法的差异。如果一个人要写一系列涵盖整个世界的微观历史，他必须长生不老且无所不知。但即便有机会能做到这一点，这又有什么意义呢？它就像文学家豪尔赫·路易斯·博尔赫斯（Jorge Luis Borges，1899—1986）所著故事里比例尺为一比一的地图那样，每张地图都仅仅是和它所描绘的地区一样大而已。[2] 这就提出了一个问题，如果地图与世界大小相等的话，那么绘制它们又有什么意义呢？我们并不需要一张地图定位距离我们家门口只有五英尺[*]远的地方，而是需要利用它导航至城市另一端的某个位置，看看一个国家比另一个国家大了多少，或者知道我们向东将要飞到哪里。使用这些地图的所有方式都涉及抽象化解读，亦即不需要去这个地区亲身体验，就可以对整体情况有一个大概了解。对于一部全球性的微观史而言，它仍然没有解决抽象概括的问题。例如，它回答不了为什么英格兰会首先发生工业革命的问题。相反，它只是让我们详细了解了兰开夏郡的工厂以及地球上以农为本的其他地方的发展情况。

大历史对诸多地方事件进行提炼，归纳其本质或者至少是相关联的因素。这也适用于全球的、跨国的以及相互联系的、错综复杂的历史，这些历史超越了一个地方的界限，跨越了人为或自然的边界而构建出新的联系网络。[3] 最明显的是，某些历史涉及的主题本质上是跨越国界的，比如殖民主义、帝国、奴隶制、工业化、资本主义、社会主义和现代化等，其他诸如外交政策、战争、移民、国际文化影响等领域就更不用说

---

* 1英尺约为0.3米。——编者注

了，这当中更为常见的还有流行病。

18世纪和19世纪出现了许多大部头、多卷本的历史学著作，包括爱德华·吉本（Edward Gibbon，1737—1794）的《罗马帝国衰亡史》，以及利奥波德·冯·兰克（Leopold von Ranke，1795—1886）关于17世纪英格兰的著作，还有关于四百年教皇史的著述，等等。这些都是历史学家们付出了惊人努力的名著。论著所展现出来的宏大规模证明了作者的创作能力、读者的耐心，以及他们共有的文化自信：相信可以在一个合理的阐释框架内描绘出波澜壮阔的历史故事。然而，到了20世纪，随着历史学行当的专业化和职业化，多卷本的大历史就很少出现了。相对于那些较为偏重于抽象理论的作品而言，传记的篇幅总是更长。出版商可以指望读者安静地坐着阅读一部长达800页讲述个人历史的有趣作品，但却不能指望他们阅读同样一部大篇幅描述某个大陆发展史的著作。如今，出版物中多卷本的作品比较少见，有的话通常也都是团队合作的成果，它们通常以主题汇编的论文集形式出现，比如菲利普·阿利埃斯（Philippe Ariès，1914—1984）和乔治·杜比（Georges Duby，1919—1996）合作编写的《私人生活史》（*History of Private Life*）等。

然而，在最近一段时间，历史著作在写作规模和描述范围上都有所提升。今天的历史学家可以利用互联网上的巨量内容，并借助文字处理和搜索引擎等程序，高效率地完成超大规模的工作。最近的一些书就证明了作者的耐力以及他们利用数字资源的能力。于尔根·奥斯特哈默（Jürgen Osterhammel）所著的《世界的演变》用1200页展示了19世纪的全球史纲，放在以前，出版商可能会把它分成好几卷。[*]塞缪尔·科恩

---

[*] 《世界的演变》英文版为厚厚一大册，由普林斯顿大学出版社出版。中文版推出时拆分为三册。——编者注

（Samuel Cohn）的巨著《流行病：从雅典瘟疫到艾滋病时代的仇恨和同情》涵盖了一个狭窄但跨越了两千多年的话题。对于近代世界的流行病问题，他阅读了大量以数字化方式呈现的各类报纸，这在数字化时代之前是不可能做到的。

大历史

在我的史学研究生涯中，我也曾尝试撰写大历史。这些作品较少描写一个国家或更小的地方层面的细节，而是衡量研究对象的总体特征——眺望景观，而非深挖泥土。接下来我将介绍我的八部研究成果，它们中的六部均已被译成了中文。

第一部书名为《罪与罚：世界历史上的犯罪、法律与国家》（*Command and Persuade: Crime, Law, and the State across History*），它追溯了法律作为国家打击犯罪的主要工具和控制公民的重要手段的演变过程。该书梳理了法律从古埃及、古代中国、古希腊和古罗马到今天的发展历程，强调了国家颁布和执行法律、惩罚罪犯的时间要比人们想象中的晚得多。古希腊和古罗马时代有基层法院系统，甚至也有一些维持治安的人员。不仅如此，即便是中国历史上的大一统王朝，也将大部分实权下放给了宗族团体和乡里。但是，国家一旦开始实实在在地颁布和执行法律——总体而言，欧洲是在中世纪的某个时候——它就再也不会回头了。具体表现就是国家开始从家庭和乡里收回执法权，通过颁布法规、执行法规、调查违法行为并对其进行惩罚的程序，介入针对各种行为的约束和管理中。

从那以后，律法的数量和被定义为违法行为的数量从未停止增长。当然，非法行为的界定也已发生巨大变化。比如，针对妻子和孩子的暴力行为一度曾被容忍，而现在是要受到惩罚的。新技术的出现和经济的发展需要新法规的支持。随着精细繁复的金融系统的建成，银行欺诈也被视为犯罪了。但是，除了这种明显的外界推动力之外，界定犯罪行为的范围和程度有所增加也是原因之一。越来越多的行为被认定是犯罪，比如犯罪未遂。犯罪未遂就曾将意图、计划和阴谋犯案等举动等同于犯罪行为本身而加以定罪，使得当时犯罪数量一下子就增加了两倍。与此同时，共谋犯的类型也扩大了。现在，法律诱导了更多处于犯罪边缘的人成为一级罪犯，思想和其他精神活动也越来越多地被定义为与身体行为同等的犯罪。

奇怪的是，这种法律的全球扩张与社区正在进行的社会化进程是并行的。控制其成员的行为一直是公民社会的任务之一。1939 年，诺伯特·埃利亚斯（Norbert Elias, 1897—1990）在他非常有影响的作品《文明的进程》中，描述了他所认为的文明进程。他指出，经过几个世纪的努力，习惯粗俗的乡下人逐渐变成了自我控制且遵守社会规则的公民，适应了现代城市拥挤难熬的生活。慢慢地，攻击性本能和桀骜不驯的行为被纳于个体的理性控制。人们逐渐学会了压抑自己的愤怒，调节自己的身体冲动，控制自己的性欲，把自己变成一个干净、谨慎、守时、礼貌、体贴的公民。

但是，国家也越来越多地介入这一领域。现在，它废除了地方的法律法规，在其领土上施行统一的法律，剥夺了社区早先的权力。它深入至家庭，保护孩子和妻妾们免受传统父权制下家庭权威的侵害。它登记婴儿的出生，并要求儿童接受最低标准的教育和相关福利。它禁止使用童工，禁止父母干涉子女的婚姻，并将达到法定年龄的子女正式从其父亲的权力中解放出来，使之完全成为国家的子民。

随着几个世纪以来人类文明的不断发展，我们自律和自控的标准也在逐渐提升。国家垄断了暴力，没收臣民手中的武器，如果臣民相互殴斗就惩罚他们。这样做导致的结果是令人吃惊的。在过去的几个世纪里，像英格兰这样的国家谋杀率已经下降了一半。与五百年前相比，今天的英格兰人被谋杀的可能性只有1%。我们慢慢地变成了平和、自律、有节制和讲卫生的生物种群，我们确实也有必要成为这样的生物，因为只有这样我们才能在拥挤的现代环境中彼此接近。但是，如果我们能够自我开化的话，为什么还需要国家对我们制定更加正式的法律呢？难道一种形式的社会控制还不够吗？为什么我们两者都需要呢？这是我在全球史研究的尝试中提出的一个大问题。

我的另外一部书《西方国家都一样？—— 欧洲与美国之间的17个差异》（ *The Narcissism of Minor Differences: How America and Europe Are Alike* ）在地理上涉及的范围极其广阔。同为工业化国家，欧洲国家和美国通常被认为是截然不同的。资本主义市场为美国定下了基调，自由贸易和个人自由是其政治意识形态的核心。与欧洲相比，美国存在福利制度不够完善、医疗体系覆盖面有限、失业保险少得可怜、私人机构在教育中扮演着重要角色、劳工监管极少等特点。在此两相对比之下，欧洲被视为美国的对立面。但是，对大西洋两岸的这种比较通常都是在特定的欧洲国家和整个美国之间进行的。通常情况下，当我们比较社会政策时，北欧尤其是斯堪的纳维亚地区，会被视为美国的参照物；而当我们比较卫生系统时，参照对象有时会是英国；但在比较劳动关系时，参照对象有时又会选择德国。南欧和东欧地区则很少出现在这样的比较中。

欧洲和美国地域辽阔，二者内部各地区的差异，丝毫不逊色于它们彼此之间的差异。如果我们考虑整个欧洲，而不是挑选最具代表性的参照国家，二者之间的对比会是什么样子呢？为此，本书选取了一系列可量化的指标来比较美国和欧洲地区的许多国家。从这一宏大视角来看，这种对比显示出和此前研究大不相同的特征。首先，美国和欧洲之间的差异变得不再那么明显了。例如，地中海国家在政府执行和管控不力方面以及基本的社会政策方面更像美国，而不像北欧。其次，欧洲内部的差异之大超出了通常看法。这不仅适用于西欧，还尤其适用于南欧与北欧，而当我们把欧盟的东欧新成员国包括进来，差异性就更加明显了。这些国家明显比西欧更支持自由市场，宗教信仰更加虔诚，文化上也更为保守。

当然，欧洲和美国之间仍存在差异，只不过这种差异并没有传统观点所认为的那么大。少数明显的差异在过去确实存在过，但那时美国还只是一个蓄奴国家，并由此产生出种族主义和黑人下层阶级。高居不下的谋杀率和监禁率是美国为数不多的与任何欧洲国家都截然不同的地方之一，其他的差异其实都并不是那么明显。

比较历史

历史也可以跨越一个国家的疆域，在漫长的时间长河中留下并不太多的记录。历史学家可以明确地将各个国家进行比较。他们比较各国政府在处理共同问题时所采取方法的异同，来分析超越一国经验、更具普遍性的规律。不同于实验科学，历史学家无法对过去进行修补，不能保持一个因素不变，然后观察结果如何不同，但这并不意味着历史学本身是非科学的。并非所有的科学都是实验性的，有些需要借助于观察，很多需要着眼于处理那些不可重复的历史，比如地质学、进化生物学、宇宙学、人类学以及发展心理学的某些方面。像其他观察科学一样，历史学家又希望能从其材料中提取怎样的规律或普遍性法则呢？

19世纪中期，约翰·斯图亚特·密尔（John Stuart Mill，1806—1873）提出了一种逻辑，通过这种逻辑，我们可以将因果因素与巧合因素区分开来，即一致性和差异性的方法。[4] 亦即如果导向某一特定结果的各种实例只有一个共同因素，那么这可能就是原因。相反，如果两种案例中只有一种案例出现了相关的发展，且这两种案例除了一个方面之外其他都是相似的，那么这种例外的情况很可能就是原因。当然，这两种方法实际上都不能证明被认定为因果关系的因素，还需要进一步的实证研究。但是，它确实缩小了可能是因果因素的范围，分离出那些最值得探索的因素。[5]

以上就是我在另外一部书《福利大博弈：欧洲福利制度的百年激荡（1875—1975）》（*The Politics of Social Solidarity: Class Bases of the European Welfare State, 1875-1975*）中所运用的逻辑。为什么西方一些工业化国家会比其他国家发展出更复杂、更慷慨的福利制度呢？在某些工业发展和财富积累具有相当可类比性的国家中，社会政策差异也很大。有些国家，如英国，拥有一套国家体系，所有公民都自动加入了政府资助的医疗体系。有些国家，如欧洲大陆的大多数国家，则有强制性医疗保险，由政府和公民出资，覆盖到了所有人。与此同时，美国却没有全民医疗保险，社会医疗保险只覆盖到了极端贫穷者以及老年人群。养老金制度在覆盖面和福利方面也存在很大差异。教育也或多或少地依赖私人提供。有些国家没有私立大学，有些国家则有很多。住房政策也各不相同。与西班牙或意大利等国相比，英国政府在建筑物和所有权方面的参与度要高得多。

如何解释这种差异？所有工业化经济体都有年龄大的、生病的、失业的、年龄小的、需要教育的公民等。各国面对的这些问题都是相同的，但为什么它们的反应却如此不同呢？

一种常见的解释是工人阶级及其政治代表左翼的力量。工人是最弱势的社会群体，是最需要福利国家进行再分配的群体，因此是福利国家的主要支持者。在工人势力强大的地方，福利国家就兴旺发达。在他们面临来自资产阶级及其中间派和右派政党激烈反对的地方，社会政策就举步维艰。这似乎解释了为什么斯堪的纳维亚地区的福利制度发达，法国和德国的不那么发达，而美国的仍然明显不够慷慨。在斯堪的纳维亚地区，代表组织起来的工人的社会民主党一直敦促实行团结的社会政策，但是在其他地方，反对的力量更强大。

但在有些国家，工人及其联盟却没有发挥出类似的主导作用。当将这些国家包括在内时，左翼政治主导的逻辑还能够成立吗？《福利大博弈》对这个问题进行了全新的审视，它不仅考察了斯堪的纳维亚地区的国家，还将它们与法国、德国和英国进行了比较。当我的研究视角指向更为广阔的地理范围时，一种更加宽泛的社会团结逻辑得以呈现，它不仅依赖工人，也依赖其他社会群体。在某些情况下，为了实现团结的社会政策，甚至必须与工人及其代表进行斗争。

人们认为工人都是支持高福利政策的，因为社会的逻辑是：他们是最需要帮助的群体。但事实证明，这种逻辑不仅适用于工人，也适用于其他群体。那些认为自己经济实力较弱、需要从更有钱的群体获得帮助的阶层，自然希望分摊负担，因为他们预料到其得到的帮助将超过他们所做出的贡献。不过，工人并不总是社会最弱势的群体，也不是唯一对再分配和团结感兴趣的群体。现代福利国家始于19世纪末的德国，当时的宰相奥托·冯·俾斯麦（Otto von Bismarck，1815—1898）创建了社会保险制度，帮助工业化时代的工人们应对疾病、衰老和残疾。这些福利项目的资金部分来自工人的工资，还有一部分来自雇主和国家的税收。其他群体，如农场主、工匠、技工、店主和白领员工，则不包括在内。

与德国相比，19世纪晚期的斯堪的纳维亚仍然是一个较落后的农业地区。当时这里还没有重工业、大工厂以及焦躁不安的工人阶级。当北欧各国政府首次考虑社会政策时，他们必须考虑更广泛的社会群体，而不仅仅是工人。斯堪的纳维亚福利制度的一个典型特征是普惠性。福利制度不仅覆盖工人，而且覆盖所有公民，不论其职业或阶级。20世纪30年代，当社会民主党在斯堪的纳维亚地区掌权时，他们喜欢把北欧这种普惠主义描绘成他们成功上台执政的成果之一，同时也将其视为工人阶级团结一致的表现。

但是，瑞典和丹麦之所以最先作出支持全民养老制度和残疾人补贴的决定，并不是工人和他们的联盟或他们的政党所施压力的结果。相反，这是回应农村的农场主和农民以及城市中产阶级政党要求的结果。为什么北欧国家同时向工人以外的新社会群体和中产阶级两个方向扩大了社会政策？

19世纪晚期，农场主和农民生活在一个很大程度上没有现金的世界。那些自己拥有并耕种土地的人几乎不需要用钱。那些为大农场主工作的农民通常会得到实物报酬，把他们种的一部分庄稼带回家。因此，从统计数据上看，农场主和农民其实比城市工人更穷，毕竟城市工人的工资还是按周支付的。对政府改革者来说，贯彻落实那些不包括农场主和农民而只是覆盖工人阶级的社会政策是毫无意义的，因为贫困对前者的影响同样很大。由于 19 世纪斯堪的纳维亚地区地主阶级及其政党力量表现强劲，他们的呼吁也得到了重视。

另一个问题涉及经济状况调查。以经济测查为基础的社会福利意味着只向穷人提供福利。只有当你的收入低于一定数额时，你才能获得社会福利，比如养老金。政府通过限制穷人的福利，同时排除那些能照顾自己的人，来限制其开支。尽管如此，中产阶级和他们的政党也还是未能阻挡住想从国家福利体系下占点便宜的诱惑。

20 世纪 40 年代和 50 年代，丹麦和瑞典首次实行"全民退休金"制度，这意味着它要废除之前所制定的将有限福利提供给最贫穷人士，并将中产阶级排斥在外的经济状况调查制度。普惠性养老金实际上给予了中产阶级之前未享受过的国家福利。当然，这增加了政府开支。但这也让改革受到中间派和右翼政党的欢迎，这些政党的选民现在得到了国家的慷慨福利。因此，普惠性社会政策之所以为斯堪的纳维亚所采用，并不是工人和他们的政治代表要求的结果。实际上，这是由资产阶级政党推行的一项改革。

在法国和德国，情况几乎相反，但原因大致相同。两国 19 世纪的改革为产业工人提供了社会福利，但将其他社会阶层排除在这些体系之外，比如店主和农民。第二次世界大战后，激进人士希望类似于斯堪的纳维亚半岛的普惠性改革也能在欧洲大陆得以实现。但法国和德国的工人意识到，如果接纳太多新社会群体，而且新成员的福利必须由现有成员支付的话，那么他们原先构建的福利体系将处于不利地位。因此，他们反对普惠性改革，对与所有公民分享其特定社会福利体系的团结不感兴趣，结果就是战后法国和德国的改革都以失败告终。与斯堪的纳维亚地区相比，欧洲大陆福利体系持续性地处于严重的碎片化状态。

因此，比较的方法揭示出，将工人视为社会团结动力的观点是过于狭隘的。当工人阶级预料到在再分配的过程中能够获利时，他们可能会扮演这个角色。但其他群体也需要重新分配，他们也吵吵嚷嚷地要成为福利制度的一部分。斯堪的纳维亚半岛的农场主和中产阶级就是这样的。当法国和德国的工人看到他们来之不易的利益受到威胁，将不得不与其他群体分摊负担时，他们抵制并试图避免所有公民被纳入福利制度。

因此，从这一更广泛的历史分析中可以得出这样一种观点：社会政策是由从福利国家的再分配中获益的风险群体（risk groups）推动的。风险群体是一个较为抽象的类别，因为他们的阶级身份会由于国家和历史发展进程的不同而有所差异。比如，工人曾经是对于风险抵抗力较弱的群体，是再分配的接受者，但是后来，当意识到他们将不得不为诸如战后农民和店主等更为弱势的群体买单，进而认识到他们的利益即将受到损害时，他们就抵制了这种团结。

国家及地区

通过分析更大的地区而不仅仅是国家，某些话题也能更好地得到关注。较大的主题如果只是停留在国家层面，通常很难展开研究。当然，人们可以在一个国家范围内研究资本主义、民族主义或工业化，并且这样的历史研究也能被那些着眼于更大研究视域的学者所利用。但是，我们不能指望仅通过研究一个国家就理解许多国家的某些现象和情况。

对于国家的研究，最好是在高于国家的层面上进行。在世界的边缘地区，少数无国籍民族仍然存在。所有现存国家都有国家政权，但并不是所有国家政权都运转得一样好。有些国家要么失败了，要么跌跌撞撞地前行，几乎没有能力保护它的国民免受伤害，而且还经常性地与民争利。世界上200多个国家和地区的表现差异巨大，不过某个内核层面的相似性也确实可以把它们联系在一起。大多数正常运转的国家都有军队保护自己免受外部敌人的攻击，也有法庭和警察处理内部犯罪。每个国家都有邮政系统，很多国家都有自己的国立广播电台和电视台，甚至还有航空公司。大多数国家至少都会提供小学教育，通常还会提供中学教育。大多数国家也会照顾退休和生病的公务员，并且通常也会兼具到其他的公民权益。

但是，除了这些功能上的共性之外，差异也五花八门，各国几乎在每个方面都有所不同。有些国家是专制的，野蛮地滥用权力来决定公民的生活。20世纪中叶的极权主义国家试图决定每一个可以想到的细节。另一些国家则是民主的，名义上由公民掌权，委派选举产生的代表和公务员执行他们的共同意愿。国家和公民社会之间的关系也大相径庭。在某些国家，公民社会在行为控制方面仍然起着很大的作用。很多文化的结构紧密交织，无形中比"较松散的文化"更具强制性。[6] 公民普遍通过家庭、当地社区和宗教机构来适应社会，养成正确的行为。国家仍然是一个相对遥远的权威，只是偶尔进行干预，发展中国家经常是这样的。但在韩国、日本或意大利等工业化国家，公民社会也承担着许多任务。在这些国家，三代同堂的家庭很普遍，照顾孩子和老人是家庭的一项任务。

在世俗化的当代，神权政体依然比人们可能预想的更为强大。这主要体现在中东地区，这些国家通过政府权力强化家庭的作用。他们保持明确的性别分工，让孩子服从于父亲，强制执行宗教的相关规定，仅仅赋予该国的某个民族或信奉某个宗教的居民以完整的公民权，而且一般只限于男性。

其他一些国家也深入干预日常生活，目的是破坏而不是巩固家庭。瑞典可能是在公民社会中发挥最大作用的民主国家。"中央集权下的个人主义"指的就是其主导的政治意识形态。这意味着，公民通过国家实现个人自由，国家解除了公民的社会责任。例如，在某些国家，照顾幼童和老人被认为是国家的义务，而国民对他们也应该参与照顾的建议很反感，认为这是对他们个人自由的毫无根据的限制。

那么，我们如何理解各国明显的多样性呢？那就需要书写它们各自的历史，为更全面的理解提供支撑性原材料。但是，国别史本身只能说明各国的具体情况。只有更广泛的，有时是比较的视角才能让我们更好地理解这些国家。上面提到的《福利大博弈》一书就是以较为宽泛的视角进行研究的部分成果体现，主旨是理解国家的多样性。

我的《西方国家都一样？》这部书致力于寻求和发掘国家之间有时被误认为不同的那些共同点，把注意力集中在它们深层之处的相似性方面。而我的另一部书《福利大博弈》则剖析了福利国家呈现出不同类型和差异的社会性原因，试图理解社会政策风险再分配的基本逻辑，以及为什么不同的行动者会有着各不相同的抱负，并导致了迥然有别的后果。我的《罪与罚》则在梳理历史前进脉络的基础上，通过考察国家如何控制公民行为以及社会发展和法律制定如何成为确保民众服从的工具，以揭示出这两者之间潜在的相似之处。

这就引出了我的另外三部书，其中有两部已被翻译成了中文，内容涉及各国如何处理传染病这一紧迫的政治问题。流行病以及针对它们的公共卫生措施对于理解国家至关重要，因为它们对政治形成了一种挑战，是其典型样本。当政治意识形态和实际措施相结合时，国家如何应对传染病就深刻地展现了它们的本质。

政治理论家和研究政治意识形态的历史学家都关注哲学家的思想，留心公众舆论，对于国家如何正式呈现自己也非常在意。这样做并非没有意义，但它并未触及各国所作所为的核心。国家可以掩盖其意图，公民也可能对其政治组织的本质产生误解。观察各国究竟做了什么，可以促使我们重新思考它们官方的自我介绍。例如，2020年新冠疫情期间，日本对其公民几乎没有施加任何限制，只是建议他们避开拥挤的公共场所和保持社交距离，这几乎不需要改变其他任何行为。相比之下，澳大利亚虽然是一个经常表现出强烈个人主义和自由主义并对权威不信任的国家，但是它却封国了，同时多次对边境实施封锁，并对违规者施加严厉惩罚。而且，它不仅禁止人员从国外入境，而且即便本国人有紧急和合法的理由，同样也会阻止他们离开。

澳大利亚的官方理念和其政治实践看起来是相互矛盾的，那么它的真实性质究竟是什么呢？但是，如果我们加入新型冠状病毒的影响，将其理念和政策放在病毒影响之后平衡对待，那么我们对于澳大利亚的看法可能会发生变化。我们知道再也不能像以前那般看待它了，就像关于这个主题研究的另一个书名《无形的国家》所显示的那样。[7] 相反地，新冠疫情揭示了另一个我们自以为很了解的国家但其实际行为却让我们困惑不解，甚至出乎我们意料的矛盾困境，这个国家就是瑞典。如前所述，瑞典是一个政府发挥着巨大作用的国家，其公民拥有的自由权利在他们看来不是通过对抗国家，而是通过依靠国家来获取的。[8]

正常情况下，国家会干预瑞典公民的大部分生活。然而，在新冠病毒大流行期间，与大多数工业化国家做法不同的是，瑞典政府实施的抗击新冠病毒举措非常之少，只是关闭了一些机构，建议市民在公共场合保持距离，居家办公。除此之外，他们并没有进行任何封锁，拒绝参照欧洲大部分国家所实施的表率引领方案。当其他欧洲人待在家里的时候，瑞典人还能外出购物和就餐。事实上，在面对着一场需要说服大多数人接受限制他们自由的流行病时，瑞典人却在赞美自己的满不在乎。一位记者更是这样奇怪地欢呼道，2020年是瑞典的自由之年。[9]这就是我在《抗击第一波：为什么全球应对冠状病毒的方式如此不同》（*Fighting the First Wave: Why the Coronavirus Was Tackled So Differently across the Globe*）一书中所讲故事的一个方面。

新冠疫情揭示了人们和国家的说法和行动其实并不一致。为了理解一个国家的本质，我们必须同时考察它的意识形态及其实践，而这两者可能是指向不同方向的。在这里，我的另外两本书针对历史上的流行病进行了研究，想要搞清楚的是在面临传染病威胁时，针对公民施加的限制在实践中是如何起作用的，且这种行为在意识形态上的合理性又是如何获得的。

流行病是居于优先处理序列的政治大事。由于疾病威胁着居民的健康，社区出于自我保护的需要会限制市民的自由，将外来者隔离，让市民居家，要求治疗或采取诸如戴口罩及接种疫苗等预防措施：所有这些限制自由的行为都是出于共同利益。相反地，人们的行为举动通常都是在无意间造成威胁的。他们可能并没有生病（甚至没有被感染），也可能非常愤怒于自己被放置在集体福利的祭坛之上。于是，当流行病暴发时，个人和社区在最原始的层面上进行着相互对抗。

那么，国家是如何决定应该采取哪一种流行病防控策略的呢？这是我在两部与该主题密切相关的书中所探讨的问题。第一部书名为《传染病与欧洲国家（1830—1930）》（*Contagion and the State in*

Europe, 1830-1930），它集中讨论了19世纪欧洲各国政府处理霍乱、天花和梅毒三种传染病的方法。第二部书名为《流行病的应对：西方工业化国家的公共卫生发展（19—20世纪）》（*Disease and Democracy: The Industrialized World Faces AIDS*），它将故事带到了20世纪，聚焦于一种疾病，但这次的书写内容覆盖了美国和欧洲。

在很大程度上，一个国家应对传染病采取何种措施取决于疾病的性质以及对它的科学理解。以霍乱为例：从它19世纪30年代首次在欧洲出现，到1884年罗伯特·科赫（Robert Koch，1843—1910）证明它是一种由某种特定细菌引发的为止，在长达半个世纪的时间里，没有人知道它是如何传播的。人们对这种疾病是否具有传染性展开了激烈的争论。许多人认为霍乱是一种肮脏的疾病，由糟糕的气体——瘴气引发，这种瘴气来源于贫民窟粪便污染的土壤和污秽之物。也有人认为霍乱是由未知的东西引起的，通过人和物体进行传播。如何预防霍乱疫情取决于人们对病因的认识。如果它具有传染性，那么最好的预防方法可能就是限制旅行，对人和物品进行消毒，并禁止社交活动。但是，如果它是肮脏的环境而造成的，那么解决的办法就是对城市的住房进行消毒和通风，还要做到清洗衣服和抑制瘴气。

那么，不同的国家为应对霍乱究竟采取了哪些方法呢，为什么会这么做呢？长期以来历史学家一直认为，各国会根据其政治制度而采取极具差异化的预防策略。因此，沙俄和普鲁士等中央集权制国家会限制旅行和贸易，封锁城市，并设立军事警戒线实施隔离。人们会感受到当局无形之手的存在。相反，像法国尤其是英国这样推行自由贸易政策的国家，则会避免中断旅行和交流，或规避对公民实施严格的措施。相反，它们会尽力让住房和城市变得更加清洁干净，以此铲除滋生疾病的温床。

这些似乎都在说明政治决定预防。

但是，整个故事果真如此吗？对此，《传染病与欧洲国家（1830—1930）》广泛比较了整个欧洲大陆对抗霍乱（和其他传染病）的举措。这部书认为，如果说有什么不同的话，那就是这种认为政治决定预防的观点完全是颠倒了因果。对于所谓的正确应对之道，各国是怎么决策的呢？科学家之间的种种分歧，让政客们可以自由地选择不同的应对策略。

在霍乱向西扩散的过程中，沙俄和普鲁士首当其冲。它们试图加强措施，设置了卫生警戒线并进行检疫隔离，但收效甚微。尽管它们已经尽了最大的努力，疾病还是席卷而来。一到两年后，霍乱先后到达法国和英国，当时这两国已经能够研究东欧第一次抗击霍乱的失败教训了。它们意识到了警戒线并没有起到什么作用，因而需要一种新的方法。它们得出的结论是，清洁城市并为受害者提供医疗服务（考虑到当时的科学发展实际，也只能这样了）与隔离举措一样，都是能有效应对疾病的方法。它们也知道，这种卫生主义的做法能维持贸易和商业的正常运转。

地理位置恰好使得法国和英国有机会学习如何应对霍乱。当它们看到东欧的检疫隔离措施失败后，它们就开始立足于两国在疫情发展地图中所处的位置，采取了更加自由的应对方法，结果并没有出现明显的恶化。可以说，它们在疾病预防方面的宽松立场并非因为两国是民主国家，而是对它们来说疫情来得比较晚。毕竟，意识形态可不是上天赋予的。像其他大多数行为一样，它们是后天习得的。正是由于霍乱传到英国和法国的时间较晚，所以英国和法国才对霍乱采取了某种程度上的自由主义应对方案。

那么，在新冠疫情期间，澳大利亚采取的那种让我们感到惊讶的强有力应对策略其原因可能与此类似吗？这个国家也四面环海，当局可以有效地关闭边境，将疾病拒之门外。但是并不是说作为一个岛屿就能保证成功，一个典型案例就是英国对于新冠疫情的糟糕应对。不过，至少在新冠病毒大流行的早期阶段，成功应对疫情冲击的其他许多地方也是岛屿地区，比如新西兰、冰岛、日本、古巴和韩国等。

《流行病的应对》是《传染病与欧洲国家（1830—1930）》的姊妹篇，研究的是始于20世纪80年代的艾滋病疫情。研究表明，尽管各国面对的是这同一种疾病，但不同国家对它的处理却不尽相同。此外，很大程度上，这些国家在对付艾滋病时继承了19世纪对付霍乱、天花和梅毒时已经使用过的预防策略。各国从预防这些早期疾病中吸取的教训——国家之间是不同的——到20世纪被再次应用于这一新的流行病。19世纪是公共卫生策略的大熔炉，这些策略通过社会学家所说的路径依赖范式一直延续到后期。这个范式认为，一项决策一旦做出，就会以这样或那样的方式影响着未来的选择。第一个选择比随后的选择更为重要。

例如，在霍乱应对问题上，瑞典人是严厉的隔离主义者。他们也同样积极地强力应对天花，要求接种疫苗。此外，他们还严格管控梅毒，不仅实施登记、检查和检测制度，而且如有必要，还会像欧洲其他地方常见的那样将妓女群体拘禁起来，并实施针对所有成年人的性病检查制度。一个世纪之后，当他们面对艾滋病侵袭时，他们的防控工具箱已经准备就绪，可以随时拿出来使用。他们对这种疾病采取严厉措施，要求那些可能被感染的人进行检测，如果血清呈阳性，就要禁止性生活，或者至少在明示他们的伴侣并使用避孕套后才可进行。如果他们拒绝，就可能会被监禁。也有一些国家或地区采取了类似的严厉措施，比如德国的巴伐利亚地区和美国的某些州。

但是，现在这种情况出现了变化。正如我们所看到的那样，瑞典人在应对新冠疫情时改变了方针。人们可能以为瑞典会采取与邻国挪威、丹麦和芬兰一样的严格封锁措施。但是它却朝着一个令人意想不到的方向在前进和努力，并没有遵循它在疾病预防方面早已开辟的道路，而是突然之间，在一个世纪以来最为严重的流行病威胁时期，决定相信它的公民，相信他们可以在没有太多指导，甚至无法得到政府指示的情况下，做出正确的事情。我在《抗击第一波》一书中，讨论了瑞典人为什么会在疫情防控问题上转了一个180度的大弯，毫无疑问，这个话题将在未来几年里吸引那些对该国感兴趣人士的注意力。它确切地表明，路径依赖范式并不能解释一切，尽管在实际上，其他大多数国家确实是在沿着它们最初选择的历史道路继续前进的。

政治意识形态的历史根源

各国如何了解自己的政治，这也是我另一部书《版权战争：跨越大西洋三个世纪的争斗》(*The Copyright Wars: Three Centuries of Trans-Atlantic Battle*)的研究主题。正如题目所示，这部书的研究涉及欧洲和美国，而且时间跨度很长，主要梳理了从18世纪初一直到今天的版权政策，阐明各国如何定义和保护知识产权，揭示出欧洲大陆和英语国家——包括英国，但主要是美国——两者之间所存在的差异。与公共卫生一样，版权也充分说明了潜在的政治和社会意识形态，它绝不是一个狭隘的技术问题，充满着对什么是美好社会的各种差异化思想。

关于知识产权的基本争论是应该支持哪一个群体：是作者、版权所有者，还是文化消费大众呢？版权保护期限长以及对作品所拥有的广泛权利，对作者来说是好事，而公众则更喜欢狭义版权的定义和短期保护期限。版权政策的总体趋势是对版权所有者越来越有利。当英国于1710年首次引入版权法时，它给予作者14年的保护，如果他们在期满时还活着，可以续延一次。如今，在大多数国家，版权在作者死后的70年里仍然有效。假设作者的平均寿命是80岁，那么他在30岁时创作的作品在接下来的120年里都不会进入公共领域，这几乎是最初版权期限的10倍。在其他方面，版权也得到了扩展。它现在扩展到新的媒体、新的内容形式和衍生作品。版权的获得也是自动的，始于作品的创建，不再需要任何注册过程。

但是，作者权利的大规模扩张并非没有受到挑战。各国对待知识产权的态度根本上还是取决于它们是文化输出国还是文化输入国。文化输出国有明显的理由支持文化的创作者。相比之下，文化输入国则希望自由获取内容，抵制版权保护。在历史上，版权的主要斗争之一是美国长期拒绝加入国际版权协议，该协议将使欧洲作品在美国市场上得到保护。相反，美国在整个19世纪都是一个"海盗"国家。直到1989年，在《伯尔尼公约》签订一个世纪后，美国才最终加入了这个公约。在20世纪之前，美国出版商一直在肆无忌惮地窃取欧洲作品。由于美国人的识字率比英国人高，英国文学在美国的市场是其本国的两倍。廉价的美国版本大量出售，但英国作者却没有获得版税。

直到19世纪中期，随着美国开始输出其文化产品，人们的态度才最终出现了变化。当美国人的畅销书在英国再版同样无法收取版税时，美国人最终自食苦果。哈里特·伊丽莎白·比彻·斯托（Harriet Elizabeth Beecher Stowe，1811—1896）的《汤姆叔叔的小屋》（1852）成了畅销小说，英国的出版商也推出了盗版。在20世纪，随着美国文化出口的急剧增加，美国作家和出版商纷纷要求保护自己在海外的权利。现在，美国已经放弃了它早些时候致力于向公民提供廉价启蒙读物的理想主义信念。第二次世界大战以后，美国成为国际知识产权保护的最强大推动力之一。

版权的历史有助于我们理解当前关于知识产权和"免费获取"的诸多争论。今天，发展中国家的处境与美国在18世纪和19世纪时的处境相似，它们对工业化经济体在各地推行的强有力保护措施持怀疑态度。一些国家在全球版权生态中塑造出自己较为独特的地位。印度是在欧美专利持有者的同意之下，以折扣价在发展中国家销售仿制药的主要生产国。中国已成为专利大国，成为强有力的知识产权保护支持者。

但与此同时，在许多国家，免费开放获取运动支持者却认为，由税收或免税私人基金资助的学术研究成果应该免费提供给已纳税公民。这也是我即将出版的《雅典娜的自由：学术作品为何及如何对所有人免费开放》(*Athena Unbound: Why and How Scholarly Knowledge Should Be Free for All*) 一书所要讲述的故事。这场运动目前已经取得了一些胜利。现在，政府和资助机构通常要求学者在能实现开放式获取的期刊上发表论文，以此作为获得研究经费的条件，但这种类型的双方博弈斗争远未结束。除了期刊，书籍是另一个令人头疼的问题，因为大多数作者都负担不起出版费用，学术期刊的高昂成本依然存在。在20世纪80年代和90年代，大型学术出版商推动传统纸质期刊的订阅价格飙升。诸如威利-布莱克威尔（Wiley-Blackwell）、励德·爱思唯尔（Reed-Elsevier）、施普林格（Springer）、威科集团（Wolters Kluwer）以及泰勒-弗朗西斯（Taylor & Francis）等主要出版商都通过收取过高的订阅费，打乱了图书馆的预算规划。后来，它们还将数百种期刊集中打包成大型软件包，使得图书馆只能选择要么完全订阅，要么就彻底不订阅。

科学期刊是不可替代的产品。图书馆必须购买所有的期刊才能捕捉得到最新的研究动态，如果价格上涨，它们也没法转而购买更便宜的期刊。利用这种自然垄断，主要科学出版商设法将开放获取转化为它们的优势。现在，相比于从订阅领域中赚钱，它们转向了从研究人员或资助者为资助开放获取出版物而支付的论文处理费（article processing charges）方面获利。有时候，它们也同时坚持做好这两个方面的赚钱工作。这至少可以让每个人都能阅读业已付费的文献内容，其中就包括那些被阻挡在阅读订阅期刊大门之外的发展中国家研究人。但是，免费获取也对来自第三世界国家的研究人员设置了新的障碍，因为他们现在必须要通过支付论文处理费才能发表文章，而出版费用通常高达四位数。即使对第一世界发达国家和地区的学者而言，这也是很昂贵的，发展中国家的学者更是难以负担。曾经阻止读者阅读订阅期刊的"付费墙"现在变成了"游戏墙"，让潜在的作者无法投稿。

比较是必不可少的

这里提到的所有书籍都坚持认为，比较是理解历史的基础，而不仅仅只是针对原本可独立存在事务的额外补充。英国作家鲁德亚德·吉卜林（Rudyard Kipling，1865—1936）在1891年所作的一首诗中这样写道："只知道英国的英国人，他们又知道英国的什么呢？"[10] 那些只知道一件事的人甚至连这件事本身也并不知道。举一个最明显的例子就是：在任何一个国家的历史发展中，都经常会提及"国家独特性"，但是，除非与其他国家或地区进行比较，否则这种说法就是不成立的。

对每个研究主题而言，上述原则都同样适用。只有通过比较知道它在其他地方不存在，其独特性才能被人所知。较为注重揭示普遍性原则的历史发展研究更是要求一种更加宏观的、跨国的和比较的方法。历史学家的主要任务是充分理解和把握他们的研究论题。与其他社会科学家不同，他们不是天生的归纳者。但是，这并不能阻止历史学家们在更为广阔无垠的时代背景下，以超越国家框架的宏大视野，来分析探究他们的研究主题。那么，对于某个国家内在的独特性研究主题而言，这是否意味着仅仅只是将它视为其他地区业已存在的类似主题组成部分，还是要详细具体地将其与不同国家进行比较呢，这两者可能会有所不同。不管怎样，我们都必须要后退一步，以一种更为开阔的视角来理解眼前的事态。

2022 年 8 月

目　录

引言　欧洲与美国：互相鄙视的表亲

　　大西洋变宽了，不仅是地理层面的，如海平面上升、海岸线退却，还有观念层面的。欧洲和美国之间似乎从未像现在这样相互竞争。在大西洋的一侧，资本市场没有受到适当社会政策的约束，容许激烈的竞争、贫困、污染、暴力、等级分化、社会失范。而在另一侧，欧洲培育出一种社会的方式、一种有监管的劳动力市场和精心的福利网络。也许它的经济稍欠活力，但是其社会更为团结和和谐。代表英国左派自由主义发声的《卫报》将欧洲的这种模式称为"我们的社会性模式"（our social model），将美国的模式描述为"野性的资本主义"（feral capitalism）。[1]随着欧洲共产主义的衰落，欧洲的道路已经从第三条道路提升到了第二条道路。英国则暧昧地漂移在大西洋两岸之间：大西洋两岸观察家蒂莫西·加顿·阿什称之为"两面派英国"（Janus Britain）。[2]英国左派说，它是欧洲的一部分；其欧洲大陆的对手说，盎格鲁-撒克逊人是对岸的共谋者。

　　美国与欧洲之间存在主要差异并不是什么新鲜事。但在过去的十年里，这样的差异变得更加二元对立。外交政策上的分歧对之火上浇油：伊朗、伊拉克、以色列、朝鲜。还有一个更为普遍的问题，即在美国仍未受到挑战的情况下，这个现存的超级大国应扮演何种角色。罗伯特·凯根有一个著名的观点：当涉及外交政策时，美国人和欧洲人来自不同的星球。[3] 美国人运用硬实力，并面对随之而来的艰难选择。在大多数地缘政治冲突的庇护下，欧洲人享受着以更温和的方式解决冲突的奢侈：火星的单边主义对峙金星的多边主义。但是，这一争端超出了外交和军事战略的范畴。它触及了这两种社会的本质。配备最强大的军队会改变拥有它们的国家吗？毕竟，美国不只是军事力量强大。与欧洲相比，它也是严酷的，以市场为主导，犯罪猖獗，暴力横行，社会不团结，竞争非常激烈。竞争是一种官方认可的国家意识形态，而暴力则渗透到日常生活的方方面面。[4] 这一观点大概是这样的：世界观和社会实践方面的严重分歧造成了美国与欧洲之间的分化。

北大西洋两岸在社会文化上是分道扬镳的，这一观点在欧洲和美国都得到了详细的阐释，其原因既与本土的政治需求和策略有关，也与它们实际的差异有关。如果能被听到的话，美国对欧洲的批评，通常涉及外交政策或贸易问题。美国保守派偶尔会把欧洲大陆视为他们眼中福利国家和法定监管过度的象征。但欧洲长期以来对美国的批评已经变得更加激烈和广泛，现在左右两派都持相同的观点。既然欧洲在冷战后的世界中不再需要美国的保护，欧洲人便热衷于寻找一种美国霸权的替代品。深受内部分裂和意见分歧的困扰，他们重新发现了一个真理：没有什么比有共同的敌人更能团结起来。

换言之，这不是一个对等的争论。美国的反欧情绪确实存在，但与欧洲的反美情绪相比，它就显得苍白无力了。正如拉塞尔·伯曼（Russell Berman）所言："没有反欧的示威游行，没有焚烧法国或德国国旗的行为，没有愤怒的暴徒带着干草叉和拖拉机站在路易威登专卖店或宝马车专卖店前。美国的'反欧主义'不是一种对等的情绪，而是事后对欧洲现象的一种乏力的思考。"[5] 2006 年在国会自助餐厅对炸薯条

（french fries）重新命名（2006年被取消）大概就是这样的事情了。甚至说法国人是吃奶酪的投降猴子（cheese-eating surrender monkeys）也是一种自我讽刺，《辛普森一家》中同样嘲笑美国人是穴居人。偶尔，理查德·珀尔（五角大楼国防政策委员会主席）或他的同僚会让一些欧洲人很难在外交政策上与美国政府意见相左。华盛顿智囊团的政策专家可能会争论放宽劳动力管制的好处，称赞所谓美国的灵活性，而不是欧洲的僵化。但他们仍然用微波炉加热牛角面包做早餐，而没有考虑到牛角面包是更大文化的象征，他们也渴望在普罗旺斯度假。这场争论很少以相反的方式进行。当谈论大西洋两岸可能出现的鸿沟时，人们几乎从来没有听说过那些倾向于损害欧洲自尊心的分歧。关注枪支管制或死刑的欧洲人在美国观察家中几乎没有对手，他们指出，新法西斯政党在欧洲的存在（强大和不断增加）与其在美国的完全缺席，表明大西洋两岸存在着显著的差异。或者详细说明穆斯林在美国的综合地位，他们几乎完全被归入大西洋彼岸（至少在英国以外）的社会边缘群体。

正如欧洲左派常将美国晾在一边，拉什·林堡（Rush Limbaugh，保守派广播脱口秀主播）、比尔·奥雷利（Bill O'Reilly，保守派喉舌）以及其他的美国右派总是抨击欧洲。这并不奇怪。这种敌对也出现于主流媒体。《卫报》《世界报》《明镜周刊》所表达的正统观点，会被美国人某些先入为主的观念严重歪曲，它们的美国同行，不管是《纽约时报》《华盛顿邮报》还是《新闻周刊》，所持见解并不相同。美国没有约瑟·博韦（José Bové，法国左派政治家）这样的人，拿小小的汉堡包开刀，开启了从麦当劳到孟山都、从全球化到外来援助的一场世界观之战，并且获得一群乌合之众的支持。"汉堡包是引发仇视美国的一个特殊根源。"齐亚乌丁·萨达尔（Ziauddin Sardar）和梅里尔·温·戴维斯

（Merryl Wyn Davies）明确地告诉读者，"汉堡包是整个美国最集中或者说最具凝练性的唯一象征。"[6]美国也没有哈罗德·品特（Harold Pinter，英国剧作家）或玛格丽特·德拉布尔（Margaret Drabble，英国知名作家）这样的人，其对美国的痛恨甚至引发愤怒和恶心，文章中的鞭挞更是酣畅淋漓。[7]大多数（91%）的美国人希望与欧洲建立更密切的关系。在欧洲，只有约三分之一（39%）的法国人、刚刚过半（51%）的英国人同意这一观点，德国人（74%）和西班牙人（67%）则更为友好。[8]

美国工人阶级大多不太关心欧洲，而欧洲的工人阶级则常常十分喜欢美国。他们蜂拥至佛罗里达的沙滩，喜欢游览这个坦然迎合大众口味的国家——较少受到文化市民阶层（Bildungsbürgertum）的严格约束。主要的态度差异来自更高的社会阶层。整体上，受过高等教育的美国人积极倾向于欧洲。如果有什么不同的话，他们是谦逊的。只需想想美国学者在文化上的卑躬屈节。是的，美国右派知识分子偶尔也会抨击欧洲。然而他们这样做，不是为了给极不关心此事的普通群众看，而是为了刺激自由精英分子。反欧洲主义是左派和右派斗争的一个焦点。相反，欧洲左派和右派都是反美的。每一方都有自己的理由，可能是认为右派没有文化的平民主义十分庸俗，可能是谴责左派不受限制市场的剥削欲。但是他们在厌恶上团结一致，因此确信他们至少有共同的欧洲身份。在美国，反对欧洲的阵营是分化的；在欧洲，反对美国的观点是一致的。

令美国人困惑的是，欧洲对美国的批评常常是选择性的，甚至经常是一知半解的。对于欧洲人来说，在对美国一无所知的情况下去描绘美国几成一种传统。卡尔·麦（Karl May）是一位极受欢迎的德国作家，写过很多关于牛仔（老沙特汉德）和印第安人（温尼托）的探险故事，受到从爱因斯坦到希特勒等几乎每个人的喜爱。在他的时代，旅行是困难的。人们也许可以原谅他在1908年涉足美国之前对狂野西部天马行空的幻想，甚至在1908年，他也没有到过比纽约州北部的布法罗更往西的内陆，尽管布法罗（水牛城）有这样的名字，却肯定不是他笔下的西部。但是，享有国际声誉的电影导演拉斯·冯·提尔（Lars von Trier）拍摄了一系列背景设在美国且批评美国的电影——《黑暗中的舞者》（*Dancer in the Dark*）、《狗镇》（*Dogville*）、《曼德勒》（*Manderlay*），却从没到过美国，人们开始怀疑某种类似于故意无知的东西。这并不是说，只有知情才是形成对美国相关认识的前提。法国作家乔治·杜亚美（Georges Duhamel）在1930年对他的读者说道："我说这些不需要去美国，我可以不用离开巴黎就能写作这本书的大部分章节。"[9]阅读欧洲大众媒体的专家评论，美国人常常摸索着认出自己的国家：贫民窟时尚说唱杂以城市贫困或阿巴拉契亚拖车公园，与之形成对照的是带高尔夫球场的封闭式住宅区佐以卡路里过剩和监狱暴行。所有这些社会学研究上的一本正经有时会被摇头晃脑的拉斯维加斯那喜剧救济的怪诞所打断。

对等的这类人在美国根本找不到：在其他方面学识渊博，不可抑制地想对欧洲发表意见，却对这一主题一无所知。以观察欧洲为职业的美国人，如简·克莱默（Jane Kramer）、比尔·布莱森（Bill Bryson）等，凭着长期的经验和细心的关注，工作都充满热情。甚至罗伯特·卡根（Robert Kagan，美国新保守主义学者，也许是美国最尖锐的欧洲批评者），也是住在布鲁塞尔，知道自己在说什么。偶尔，美国的保守派讲演者也批评欧洲。政客们会努力追求影响力，正如米特·罗姆尼（Mitt Romney）在2007年底短暂的总统初选中抨击法国医疗保健。有时，博客作者或专栏作家会以欧洲的失败大放厥词。不过这种情况很少发生。

人们通常认为拉什·林堡和他的同僚毒害了美国人的思想，将不敬上帝的、懒惰的、监管过度的欧洲与品行端正的美国两相对照。现实情况是，正如对数据的深入研究显示，林堡和同僚太过褊狭和自恋，无法放眼美国之外的世界。拉什·林堡的欧洲左派对手是柏林《日报》（*Tageszeitung*），德国历史悠久的新左派的喉舌，以批评美国为主要宗旨。如果我们搜索拉什·林堡和《日报》谈论美国、欧洲和相关内容的网页，会发现拉什·林堡谈论美国的次数通常是谈论欧洲的13倍。相比之下，《日报》谈及德国的次数通常是谈及美国的1.5倍。事实上，它谈及美国的次数几乎和拉什·林堡一样。[10] 换句话说，欧洲是美国右派的边缘关注点，但美国却是欧洲左派一以贯之的关注点。美国人对欧洲的态度也许最好可以描述为受够了怀旧之情的漠不关心。欧洲是一个落在后面的世界，有时遭受创伤，只是一个受到边缘关注的地区。相比之下，对于欧洲人而言，从首次接触的那一刻起，意见就相当激烈而矛盾：对新事物的可能性表示钦佩，也对新事物的实际运作感到厌恶。也许美国人对欧洲的兴趣度不如欧洲人对美国的兴趣度。但是，即便美国人不对旧世界长篇大论，至少他们不会说出太多不正确或失真的东西。

美欧之间的争端不只是造成了北大西洋两岸国家的相互对立。这场斗争也波及现在扩大的欧洲。加入欧盟的新国家经常采取与旧成员国类似的政策，并为实现相同的社会、经济和政治目标而奋斗。[11] 然而，在应对本国旧政权过于保守的国家主义时，它们也倾向于采用一种新自由主义的经济模式。在许多情况下，它们拒绝了欧洲的福利国家模式，转向英美管制较少的资本主义模式。[12] 在"一战"结束后的初期，匈牙利和捷克的改革者比里根和撒切尔更信奉新自由主义。[13] 波罗的海诸国虽然很欣赏斯堪的纳维亚半岛，但一直是激进的自由市场改革者。[14] 的确，近年来，这些新国家已经缓和了它们的新自由主义。然而，爱沙尼亚实行统一低税率和简化征收制度的税收政策将是任何美国保守派的梦想。因此，欧美之间的争端不仅仅使美国与欧洲敌对，它们还在不断扩大的欧盟内部制造斗争。

尽管大西洋两岸的此类争端是由于外交政策上的分歧而引发的，但它们触及的是更为根本和持久的问题。毕竟，欧洲对美国的批评与美国的历史年头一样长。可以说，我们今天所见的是一个长期存在的争论在当代的体现，它将两种不同的社会模式对立起来二选一。让我来清点一下人们认为美国和欧洲之间所存的差异：经济的、社会的、政治的、文化的、生态的和宗教的。美国相信自由市场；欧洲接受资本主义，但遏制过度放任。由于市场占主导地位，环境在美国受到破坏，在欧洲则受到关注。预言美国将走向衰落的伊曼努尔·托德（Emmanuel Todd，法国著名历史学家、社会学家）向我们保证："美国的发展一直都是通过开垦土地、消耗石油和在国外寻求所需劳动力来实现的。"他还补充说，欧洲人过去都是农民，以温和的、崇拜的方式亲近自然。[15]

美国人竞争激烈、道德滑坡，欧洲人则团结一致。在美国，积极进取和良好品质可能会收到更好的回报，但是那些无法在公开市场上竞争的人更有可能跌入谷底。在欧洲，社会安全网（Safety Net）可以防止这种不幸，尽管它也可能限制成功者的高度。由于美国的社会分化更大，因此犯罪问题比欧洲更严重。美国社会更加暴力。在美国，社会各项措施要么不存在，要么比欧洲更加私有化。例如，教育常常被描述为分层的，很大程度上是私有化的；而在欧洲，教育是普及的和国家资助的。美国缺乏全民健康保险，这意味着平均预期寿命很低，缺少照看的人将在悲惨中死去。美国人孜孜不倦地工作，而欧洲人放弃高收入以换取休闲。正如一本谈及这一主题的书所指出的，如果欧洲人是懒惰的（lazy），美国人就是疯狂的（crazy）。[16] 欧洲人是世俗的，美国人则更加相信上帝，并接受宗教在公共生活中发挥功用。

当然，美国右派抨击欧洲之时，当然会以相同的二分法变换一种新的形式：欧洲人是懒惰的和失败的，美国人是积极进取的和乐观向上的。欧洲人腐化堕落、漠视宗教，美国人诚实正直、虔信宗教。欧洲人应对外来移民无能为力，因此越来越受到伊斯兰教的影响；美国人正在本国和墨西哥之间修建一道隔离墙，或者成功地融合外来移民，这取决于保守派在移民问题上的立场。

因此，人们认为这两个社会截然不同：竞争对合作，个人主义对和衷共济，自治对团结。正如美国作家杰里米·里夫金（Jeremy Rifkin）所说："欧洲梦强调群体关系而非独立自主，强调文化多元而非同化，强调生活质量而非财富积累，强调可持续发展而非无限制的物质增长，强调投入的享受（deep play）而不是疯狂的苦干，强调普遍人权和自然权利而不是私有产权，强调全球合作而不是单边主义的权力滥用。"[17] 和大多数欧洲观点一样，他对技术发展抱有一定的悲观态度。

如今，欧洲对美国的批评已经持续两个多世纪，而且抨击的主题此前曾以不同的形式表达过。欧洲长期的文化保守主义传统痛斥了现代世界的假定属性和影响。在 19 世纪，欧洲的左派和右派都从自身的角度批评现代性，右派的农耕浪漫主义（agrarian romanticism）认为现代性是世界性的、漂浮无根的和道德失范的，左派认为现代性是无情的、剥削的和商业的。[18] 无论是否愿意，新世界都被迫走向现代化。但是许多欧洲人认为他们有选择。现代性以及关于欧洲是否参与、如何参与其中的持续辩论，长期以来一直是对欧洲文化的罗夏墨迹测验——欧洲人已经转移了对自己所面临变化的恐惧和不安。

今天，美国代表着茶叶，欧洲在其中读到了可怕的未来。例如，当德国人（世界上最富活力的出口经济体的公民）以美国的方式攻击全球化（也就是说，他们有能力在世界各地销售其优质产品）时，显然美国并不是因为它本来的面目（作为全球经济体中一个相当强硬和漫不经心的参与者，仅凭其内部市场的规模，它就永远不会像许多欧洲国家那样对全球化产生兴趣）而受到攻击，而是因为它代表了一种对世界市场不成熟的恐惧。欧洲人批评美国，这通常是想表达对现代世界普遍担忧的一种捷径。中国、印度、日本和韩国经常是真正的批评对象。美国是他们熟悉的魔鬼，而不是未知的未知。而且，无论如何，争端的焦点实际上是欧洲想要什么样的现代化以及它在全球化世界中的地位。因此，将美国描述为欧洲自定义的对立面，也是欧洲大陆内部就其自身社会的性质、在世界的角色以及未来发展方向的一种持续争论。

有鉴于此，我们最好弄清楚过去几年出版的众多书籍，讨论是否有一条社会文化的卢比肯河将（大陆的）欧洲与（盎格鲁）美洲的野蛮人分开。[19] 伊曼努尔·托德警告说，美国不加管制的资本主义是对欧洲的威胁。[20] 统一的西方概念已经失去了曾经的意义，德国社会学家克劳斯·奥菲（Claus Offe）补充道。[21] 最近给英国《金融时报》写信的一位作家对此表示同意，尽管将英国置于了欧洲大陆这一边。这位作家声称，共同的语言不应掩盖英美之间的距离：美国人持有枪支、处死囚犯、入不敷出、驾驶大型汽车，甚至居住在更大的房子中。美国男性接受割包皮手术，工人阶级普遍很穷。相比之下，信奉人道主义和世俗的欧洲人享受公共医院、学校和福利制度。他们缴纳高额税款，寿命更长，并乘坐火车。[22] 我们的汉堡包专家齐亚乌丁·萨达尔和梅里尔·温·戴维斯得出结论："美国的本性中有令人讨厌的东西，它的神话给世界其他地区造成威胁生命的危险，这种主张似乎很自然。"[23] 人们会思考，是什么心照不宣的动机激发了这些信件、文章和书籍。安德烈·马科维茨（Andrei Markovits）写作了新近谈论该主题最有趣的著作之一，认为反美主义有助于点燃泛欧洲民族主义的引擎。欧洲人的共同点比那些雄心勃勃的欧盟帝国建设者所期望的要少。但是至少他们同意与美国人有所不同。[24] 他们真的同意吗？

大众书籍和报章杂志描述了很多大西洋两岸的差异。但是这些描述，无论多么发自内心，都令人担忧地缺乏事实依据和实质内容。争论和谩骂比比皆是，漫画而非肖像成为主要体裁。现在是该更仔细地审查我们所知道的了。本书尝试列举数字。在书中，我仔细考虑了欧洲是否与美国不同，以及如何与美国不同。我提供大量可比较和可量化的数据，以一种统计入门手册的方式将大西洋两岸的数据并列起来。

有一个很老的笑话，讲的是一个人晚上在路灯下寻找丢失的汽车钥匙。一个路过的行人帮助他找了一会儿，然后问他是否确定在这里丢了钥匙。"哦，不，"这个自称司机的人说，"我是在那边丢的。""那我们为什么要在这里找？"行人问。"因为这里有路灯。"因此，大西洋两岸现有的统计数据也严重限制了我们可以探测的范围。我们拥有的数据常常不能很好地服务于那些可以通过量化的证据来阐明的话题。无论如何，量化只能帮助我们做到这么多。并非所有的差异都可以通过数字来确认。但是，至少统计数据能让我们第一时间了解情况，给我们可靠地进行比较的机会。目光短浅但可论证的量化研究将我们从奇闻怪事和主观印象的束缚中释放出来，进入事实和可验证的领域。本书的重点不在于对差异性或相似性作主观评价。全世界试图做此尝试的图书已经快压塌书架了。相反，应该冷静地看待数量证据，尽管它也的确够冷静。我的野心不在于一劳永逸地解决大西洋两岸的争端（尽管好像有可能实现）。相反，我希望运用迅速而精准的一招空手道对付事实和数字，以消除大西洋两岸的期刊、大众书籍、脱口秀和对话中十分盛行的偏见和错误臆度。

除了那些家喻户晓的争论之外，欧洲和美国之间其他被提出而尚未证实的诸多差异的每一个方面都可以调动一支精通细节的学者大军：社会政策专家、犯罪学家、教育研究人员、卫生保健研究者、环保主义者以及宗教研究者。我不可能指望在每个领域都做到公正，也不希望该领域的从业者认为自己的专业受到了严厉批评。我只能乞求他们的宽恕，并且辩解要对世界上这么大的一部分进行如此宽泛和概括性的描述是多么困难。我关心的不是这些专业领域的细节，而是人们对大西洋两岸差异的普遍看法，以及这些看法如何影响大众媒体、电视报道、博客圈，以及那些互相了解并形成观点的美国人和欧洲人的态度。我想研究的不是大西洋两岸关系的某一个方面，而是它的整体。如果我可以这样说的话，主要分界线在意识形态上就是一个整体，它已被确定沿着北大西洋延伸。每个方面都被看作对其他方面的强化和肯定。仅解决其中的一两个问题将无济于事。统计学上的鸟瞰会对我们有所帮助。

暗含着我的结论，本书的证据表明了两点：第一，欧洲不是一个凝聚一体或统一的大陆。即使是西欧，存在的差异也要比通常认为的广得多。第二，除了少数例外，美国能够用我找到的大多数可量化的方法进行研究。因此，我们可以得出结论：要么不存在一致的欧洲认同，如果有，那么美国与寻常的候选国一样也是一个欧洲国家。我们可以换一种说法，欧洲和美国实际上同属一个共同的大帐篷（big tent）集团——可以称之为西方（West）、大西洋共同体（Atlantic community）、发达国家或者诸如此类的。当然，美国不是瑞典。但是意大利、法国甚至德国都不是瑞典。谁说瑞典是欧洲，就像佛蒙特是美国？

西格蒙德·弗洛伊德（Sigmund Freud）创造了"微小差异的自恋"（the narcissism of minor differences）术语，以解释为分析差异所付出的巨大努力，对于中立的观察者来说，这似乎是微不足道和无关紧要的。弗洛伊德认为，这种行为的心理根源在于，希望能够确认内部群体的团结，反对一个局外人——可能并不是他潜在的敌人所希望的"他人"。因此，他的外来性必须用大量的细节自恋地加以阐述。弗洛伊德举出的此类所谓微小差异的例子，有西班牙人和葡萄牙人的差异、南北德国人的差异、英格兰人和苏格兰人的差异。如果他就此打住，我们可能会同意他的看法，即这只是"一种方便的和相对无害的对侵略倾向的满足"。也就是说，如果我们愿意的话，我们可以说，苏格兰高地大清洗以及俾斯麦所领导的统一普鲁士、巴伐利亚和其他德意志邦国的战争，遁入了一个黄昏世界（twilight world），在那里，过去激烈的敌人之间的血腥冲突已经在记忆中消失，成为当前盟友之间的历史故事。但是弗洛伊德所举的他认为是微小差异的其他例子却更为重要。它们展示了实际所面临问题的严重性：苏联的无产阶级与其敌对的资产阶级之间的差异，以及（在1930年出版的一本书中）基督徒和犹太教徒之间的差异。弗洛伊德不是一位政治哲学家，他也没有详细阐述这个主题。我认为，我们没有必要把他那些微小差异的例子看作很有说服力的。然而，我们从他对差异的洞察中受益匪浅，尽管这些差异客观上来说是如此细微，以至于并不能证明在阐述这些问题时所付出的巨大努力是合理的。[25]

并非所有人都会接受本书的结论，即大西洋两岸有着未被意识到的相似性。在欧洲，它可能被解读为新保守主义为美国所作的辩解，一个甚至没有勇气坚持自己信念的辩解，即美国是有差异的，并且也希望保持差异。有人可能认为这是在论证美国的情况并不那么糟糕，因此本书在陈述事实上偷工减料。美国保守派可能会感到不安，发现欧洲和美国之间的差异比他们认为的或想要的更少。然而，最重要的是，我怀疑美国的自由主义者会对本书感到困扰。他们可能会因为它对现状的支持而感到恼火。美国的自由主义者喜欢用理想的欧洲形象来批评美国的国内政策。如果欧洲人喜欢以丑陋的美国来美化自己大陆的品质，那么美国的自由主义者则喜欢一个善良的欧洲，尤其是一个与美国不同的欧洲，以此为目标谋算自己的政策野心和路径。

我想鼓励我的读者思考这样一种可能：我在这里勾勒的对本书的潜在反应更多是涉及读者而不是阅读。我之所以写作本书，是相信美国最近的外交政策已经严重损害了欧洲和美国之间的关系，它已经影响了人们对究竟是什么差异造成北大西洋国家间分裂的普遍看法。在当地政治和策略的推动下，这已经演变为意识形态上的争论。他们用少得可怜的事实碎片，已经熬煮出一大锅藻饰华丽的高汤，是时候端一些经得起实证的硬菜上桌了。本书主张大西洋两岸的差异并不像人们普遍认为的那么大，这并不是在贬低欧洲的成就，也不是在掩盖美国的缺点。它旨在准确地描述大西洋两岸，并且建议若能目光锐利地观察，会发现这一鸿沟两侧的共性大于差异。事实上，就像弗洛伊德警告我们的那样，很可能任何分歧的对峙都是一种自恋的表现。无论如何，奥巴马的当选和他在华盛顿筹组的新政府，正在改善八年来大西洋两岸的对立，极有可能为这里提出的论点提供合理的依据。

读者可能会争辩说，此处显示的某些数据资料可能会与别处的数字不同，或者我绘制的图表有失偏颇。美国与欧洲有很大不同是一个"事实"，它因经常被提起已经变得合理：我们直觉上认为我们已经知道了。讲述根本性差异的故事常常是观念的棱镜，我们可以透过它观察欧洲和美国：一个哲学起点，而不是一个需要研究的问题。因此，本书旨在开始一场尚未进行的争论，或者说是在数据太少的氛围中进行的争论。

我已尽力收集并考察了现有的资料。但是要实现我的雄心壮志（简短地、立足实证地比较美国和欧洲）出乎意料地困难。可用以比较的统计数据相当少。通常，这些数据只涉及一小部分国家，很少涉及大西洋两岸。我在书中列出的都是我已找到的。我不是统计学家。在这场争论中，深得人心的参与者很少。因此，我没有试图收集和列出由信誉可靠的组织收集的标准而可用的数据。有时，在数据看起来健全且可比较的地方，我会自己进行比较。大多数情况下，我只在统计之光照亮的范围内大胆尝试，当然它还远未能照亮每一处。

本书的数据主要来自为数不多的致力于提供国际可比数据的组织：世界卫生组织、联合国、联合国教科文组织、联合国儿童基金会、国际货币基金组织、世界银行、欧盟统计局、萨顿信托基金、世界价值观调查、国际劳工组织、国际癌症研究机构、国际肥胖症研究协会、世界资源学会、国际能源机构、国际社会调查计划，以及最为重要的经济合作与发展组织（拥有令人震惊的数据库）。多亏了它们的工作，我的以下内容才具有严谨性。但是，与那些在致谢中一贯虚假恭维的学者不同，我不会隐瞒它们的弱点。数据的错误、缺陷和不足也是它们的错误、缺陷和不足。但至少，它们在收集资料方面迈出了重要的第一步。但是，在这个不断全球化的世界，我们需要更好和更全面的数据来了解各国间的异同。

毫无疑问,这里的许多统计数据可能会遭到反对。但是这些反对意见是双向的。例如,美国的失业数字不包括许多在狱中的年轻人,因此被低估了。同样,如果囊括许多被视为残障者的人,瑞典的失业率将会更高(并且更加真实)。(如果你相信原始数据,瑞典是工业化世界中残疾人最多的国家,超过五分之一的成年人没有工作能力。)在美国,有0.7%的人口被监禁;在瑞典,只有0.08%(2005—2006年的数据)的人被监禁。在美国,有10.7%的成年人是残障人士(20世纪90年代末期的数字);在瑞典,这一数字高出一倍(20.6%)。如果美国有瑞典这样的监禁率,并将剩余囚犯算作失业者,那么2005年美国的失业率将从5.1%上升到5.8%。或者,如果我们假设瑞典有美国这样的残疾人比例,并且将其他获得残疾人津贴的瑞典人视为失业者,那么瑞典的失业率将从7.4%上升到17.3%。[26]实际上,麦肯锡公司预测,瑞典的实际失业率大约为17%。[27]不同的国家以不同的方式篡改账簿。

　　另一个例子:美国很大一部分(2005年约为13%)的外援资金流向了中东的两个国家:埃及和以色列。尽管在定量比较中它很容易消失,但是这种观察应该能够部分解释美国的对外援助政策:这是出于地缘政治和人道主义两种动机的推动。同样,出于历史、战略和地缘政治的原因,英国和法国有几乎三分之二的外援资金流向了它们在非洲撒哈拉以南地区的前殖民地。相比之下,德国和美国对非洲撒哈拉以南地区的援助资金占比各为40%和25%。[28]法国四分之一的援助资金首先是为了让受援国偿还法国发放的贷款,而从统计上看,预测法国援助的最佳指标是受援国是否讲法语。[29]人们可能继续在现有的统计数据中挑毛病,直到没有可靠的数据留下来。不管是好是坏,我接受了这些国际组织提供的数字,我们认为是最好的,并据此进行工作。归根结底,在一个方向和另一个方向都会犯同样多的错误。总体趋势是什么能让人信服。就像学术界经常所见，一个人可以具有精确度或广度，但不能两者兼具。

接下来的比较假设每个国家都是同样有趣且有关联的，无论是大型国家（例如美国或德国），还是小型国家（例如丹麦或荷兰）。正如统计学家所说，这些比较没有强调该国人口统计的重要性。挪威人口不到500万，并没有在美国这个庞大的国家面前消失。当然，当我们试图吸取其他国家的经验教训时，规模并不总是无关紧要的。在人种单一、面积很小的冰岛行得通的，可能就不适合更加分散的美国或者也不适合瑞士。但是规模也不是一切。仅仅因为一个国家小于或大于另一个国家，并不能自动消除它们之间进行比较的价值。例如，当经济学家在讨论放宽监管的优点时，各个经济体的规模在他们的考虑中并不是最重要的。当然，斯堪的纳维亚的国家在知识和社会政策方面的重要性可以用这种方式得到最好的理解。如果没有这种隐含的假设，即这些小国可以教给世界其他国家一些东西，就很难解释它们为何能够抓住社会学家、政治学家和公共政策制定者的想象力。尽管面积小、地处偏远、少为人知，但它们在社会政策讨论中还是发挥了重要作用。人们凭这些国家本身的实力认真对待它们，而不仅是根据其地缘政治影响力来进行评判。我在本书中也提出了相同的假设。当我们试图找出共同点和权衡差异时，我们谈论的是组织社会的方式、国家的类型或公民身份的种类，而不仅仅是人口统计、国内生产总值和军事实力。在这方面，小国可能会和大国做出的贡献同样多。

在深入本书之前，最后做一些方法论的附加说明：这里收集的数据是我所能找到的包括西欧和美国在内的最新数据。在大多数情况下，我会考察上一年度的数字，以确保最近的一年不至于是统计上的小插曲，而是代表某个持续时间段的稳定值。所提供的绝大多数数据来自最近十年。有时，我不得不依据年头稍早的数据。也就是说，本书所列出的图表虽然尽可能是最新的，但仍是所关注国家之间关系的快照。这是一张冻结时光的照片，而不是对一段持续关系的记录。无论现在北大西洋的两个海岸之间相距多近或彼此疏远，更长远的故事可能是彼此更加靠近或相距更远。我认为，欧洲和美国现在比通常认为的靠得更近了。但是，尽管如此，它们可能正在彼此远离。尽管其他人声称它们相距甚远，但实际上它们可能正在接近。我将在稍后再讨论这个问题，而不是在陈述我的发现之前继续讨论，但是在接下来的写作中，我应该牢记这个问题。

现在，当我继续比较欧洲和美国时，我只谈西欧，因为它与欧盟最近扩张前的15个成员国基本重合。情况允许的话，我会囊括一些非成员国（挪威、瑞士、冰岛）的数据，因为我的研究对象是西欧，而不是欧盟，把重点放在西欧是最公平的做法。如果我把欧盟的新成员国也包括进来，欧洲和美国的差异就更不明显了，我的论点几乎会在默认情况下获胜。新加入的欧盟国家与老欧洲国家相比，还不只是更有可能在外交政策上与美国达成一致。新欧洲人的举止也更像美国人。他们更加信奉宗教，对干预型国家更加怀疑，在经济上更加自由放任。随着不断扩展，新的欧盟也变得更加多元化，从这个意义上讲，它也更像美国了。

第一章　经　济

　　让我们从经济和劳动力市场开始。这也许是人们认为反差最大的地方。因此，主张大西洋两岸存在根本分歧的倡导者认为，美国人崇拜的是联邦德国前总理赫尔穆特·施密特（Helmut Schmidt）曾称的"掠夺性资本主义"——市场席卷一切，国家并不加以约束。导致的结果是另一位德国总理格哈特·施罗德（Gerhard Schröder）直接从贝尔托特·布莱希特（Bertolt Brecht）的一部戏剧中摘引的"美国症状"（American conditions）：美国的劳动力市场自由而残酷，工作不稳定且薪水很低。美国人生活是为了工作，而欧洲人工作是为了生活。传闻如此，但这是真的吗？

　　美国意识形态的核心通常被认为是市场占据主导和国家监管缺失。正如英国专栏作家威尔·胡顿（Will Hutton）所言："一切都应该而且必须是市场优先、企业优先、股东优先，通过大量向美国以财富为主导的政治体系注入公司现金来润滑的政策平台……"[1] 胡顿只是一长串欧洲批评家行列中的一员，他们别的看不到，只看到美国的市场主导。[2] 美国对自由市场的偏好确实是事实，但认为是大西洋造成了其张牙舞爪的资本主义和欧洲更为驯化的资本主义对立的观点却过于夸张。当被问及他们的偏好时，美国人往往比许多（尽管不是全部）欧洲人给国家分配的角色更少。相应地，更少比例的美国人认为政府应该重新分配收入以改善不平等，或者政府应该寻求为所有人提供就业机会，或者政府应该减少工作时间。另一方面，相应来说，美国人——比德国人更多（只是稍多），几乎和瑞典人一样——认为政府应该控制工资，而且更希望政府比德国更多地控制物价。同样，更多的美国人——比瑞典人多，几乎和德国人、芬兰人和瑞士人差不多——认为政府应该采取行动创造新的就业机会。认为政府应该干预以提供体面住房的美国人比例很低。但这一比例高于德国和瑞士。在政府对新技术的支持方面，美国人比英国人、意大利人、瑞典人、荷兰人、德国人、丹麦人、瑞士人甚至法国人都更加支持重商主义。他们比德国人、瑞士人、芬兰人、丹麦人和荷兰人更赞成政府帮助企业发展。在扶植夕阳产业以支持就业方面，美国人支持政府资助的比例超过了英国人、瑞士人、瑞典人、挪威人、荷兰人、西德人、芬兰人和丹麦人。[3] 换句话说，美国人比欧洲人更自由放任，但他们并不是完全脱离了政府的干预。然而，他们似乎更愿意让政府在生产方面发挥作用，而不是采取行动去重新分配。

试图衡量经济自由度或我们所称的市场支配度，只需要把美国放在欧洲的顶端，仅次于英国和瑞士之下。但这样的比较研究也表明，自由度最低的经济体（希腊）和自由度最高的经济体（瑞士）之间的差距相对较小（见图 1）。按照欧洲的标准，美国政府直接控制经济的程度很低。根据经济合作与发展组织对公有制的定义，美国比任何其他国家都要低，也就是说在一定程度上低于英国和丹麦。但相比意大利的最高值（2.09个标准差），美国的最高值与欧洲平均值（2.2 个标准差）的差距只是稍大。[4] 如果我们看经济合作与发展组织对国家控制的量化标准，美国的排名高于冰岛，比意大利（高 1.8 个标准差）更接近欧洲平均值（低 0.57个标准差）（见图 2）。因此，欧洲内部的跨度要大于美国和欧洲之间的跨

1. 经济自由度

经济自由度指数，0 为最低指数，10 为最高指数

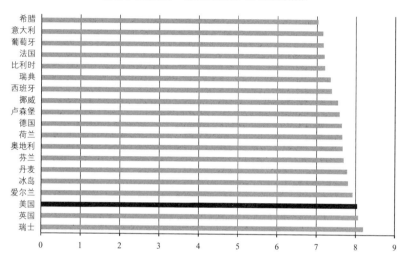

2. 政府对企业的控制

国家对企业经营的所有权和参与权

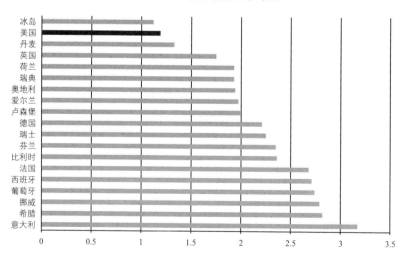

度。（标准差使我们能够测量一组数据的分散程度，从而表示出一个数据点相对于平均值有多远。）

从制造业转向房地产，美国政府拥有全国约 30% 的土地。因此，作为土地所有者，它与人口稀少的北欧国家瑞典、挪威和芬兰的情况更相近。这些国家政府拥有全国几乎一半的土地，而其他欧洲国家政府公开拥有的土地却少得多（见图 3）。这一结果的出现不仅是因为美国是一个历史较短的移民国家。的确，在澳大利亚和新西兰，政府对土地的占比权也很高（分别占总土地的一半以上和三分之一左右）。但是南美洲似乎没有这样多的公有土地，这些国家的定居情况与美国相似。我们将会看到，美国拥有如此高比例公有土地的原因，是美国有相当大比例的领土被划为自然保护区。这是为了公共利益而对私有财产的直接法定干预，因此在本质上类似于欧洲偶尔的工业国有化。美国政府将拥有的土地拨赠了大量的高等院校，包括可以说是世界上最好的公立大学——加州大学伯克利分校。19 世纪，美国人也以此方式修建了铁路。总的来说，为了资助铁路建设，各级政府拨赠约 1.8 亿英亩，这个面积略大于德国、英国、奥地利和荷兰的总和。这使得美国政府对铁路建设的参与程度甚至超过了普鲁士。[5]

在某些方面，世界银行在经商便利性上的排名，美国比欧洲更高。在图表中的这些国家中，仅次于爱尔兰，美国是第二容易开展业务并雇用工人的国家，也是最为保护债权人的国家。[6]另一方面，在执照办理方面，美国则不及丹麦、冰岛、瑞典、德国和法国。在冰岛、挪威和瑞典，财产登记更加容易。在奥地利、芬兰、卢森堡和冰岛，执行合同麻烦更少。在挪威、芬兰、瑞典、德国、冰岛、奥地利和荷兰，自由贸易得到更广泛的实践。纳税和关闭企业的困难使美国在商业友好度方面处于欧

3. 国有土地

国有土地所占的百分比

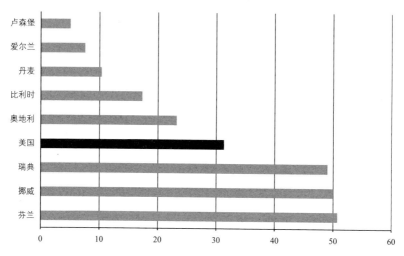

洲最底层。的确，在企业必须花费大量时间准备和支付税款的过程中，欧洲只有葡萄牙和意大利这两个国家官僚作风更重一些。[7]

对相似主题进行详尽研究得出了相同的结论：尽管美国对劳工的保护不多，但在其他形式的经济监管方面，英国、爱尔兰（常常如此）、丹麦（有时如此）的得分甚至更低。[8]企业高管声称在美国花在处理繁文缛节上的时间，比在芬兰、瑞典、冰岛、卢森堡、爱尔兰、比利时、瑞士、奥地利、英国、意大利、挪威、西班牙和法国更长。[9]美国的监管方式有时被称为"对抗性法条主义"，其特点是权力分散和权力下放，法律规则复杂，法院和律师参与多。这个监管体制的设定与欧洲类似。但是，美国体制及其复杂性所引发的行政摩擦通常要高得多。[10]总而言之，可以公平地得出这样的结论：美国并不是企业家刻板印象中的那么流程顺畅、市场主导和办事高效。相反，欧洲也不是美国保守派所想象的那样，是一个娇生惯养、监管过度、敌视商业、僵化混乱的地方。

当世界银行将注意力转向贸易物流（各国有效地将企业、供应商和消费者与全球供应链联系起来的能力）——大体上说是市场思维的实际指标，毫无疑问，新加坡占据了首位。出乎意料的是，德国、英国、荷兰、瑞典、瑞士、爱尔兰、比利时和丹麦，甚至奥地利，排名都高于美国。只有芬兰、挪威、法国、意大利、西班牙、葡萄牙、卢森堡和希腊不太适应国际竞争。[11]皮尤研究中心（Pew Research Center）2007年调查各国对全球化态度的一份报告指出，尽管有70%的美国人支持自由市场，但英国人、意大利人和瑞典人的比例更高。与接受调查的所有欧洲国家的公民相比，美国人中支持扩大国际贸易的比例更低。[12]除了德国人、奥地利人、挪威人、法国人和芬兰人，认为自由贸易是一种优势的欧洲人比美国人更多。除了葡萄牙，其他国家都更倾向于限制进口外国产品以保护本国经济。[13]与爱尔兰人、挪威人、瑞典人、西班牙人和丹麦人相比，对商业和工业充满信心的美国人更少。[14]总体而言，美国处于欧洲中间的某个位置，甚至当我们被要求将自由贸易和自由市场这一信仰视为典型的、唯一的美国信仰时也是如此。英国政治哲学家约翰·格雷（John Gray）指出："在美国政治中，对自由市场的热衷从未特别强烈过，即使是右派。保护主义和民粹主义一直是更为持久的传统，政府的权力被有力地用于处理经济危机，认为它（自由市场）是美国特有的这一观点为美国历史所推翻。"[15]

与许多欧洲国家相比，美国的劳动力市场受到的管制较少，至少位于说英语地区的外围。但是即使在这里也有惊喜。尽管只是尝试去进行量化分析，美国对劳工的管理还是宽松的，比丹麦和英国都要少一些（见图4）。而丹麦监管的繁重度大约是葡萄牙的三分之一。很难对这些方面进行量化，甚至很难知道什么是真实的。例如，丹麦、冰岛和瑞士的公司老板认为，他们在招聘和解雇方面比美国同行更具灵活性。[16] 名义上灵活的国家可能会通过工会的力量实施严格的事实上的监管。相反，受到严格监管的国家在执行措施的严格程度上可能有很大差异。例如，尽管葡萄牙的劳动力市场看上去与西班牙的劳动力市场相似，但实际上它却更加灵活，并相应地拥有更低的失业率。[17] 一种劳动法规（例如美国和英国的）可能导致工人很容易被解雇，而另一种劳动法规（比如德国的）则给雇主很大的回旋余地去重新安排工作，工人很难被解雇。可以调整工作时间，而不是工人数量。即使在不受监管的系统中，核心工作人员被保留，外围工作人员则可以被解雇。劳动法规比通常所理解的更为复杂和多元。

当试图量化对劳动力市场的管制时，美国和欧洲最高、最低两极的

4. 劳动法规

指数从 1 至 100，数值越高，管制越多

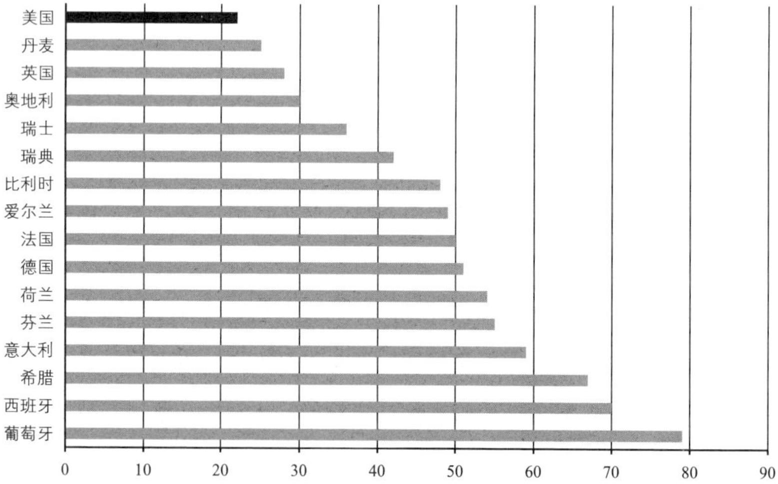

差异与欧洲内部两端的差异相比就相形见绌了。一份关于此问题的最佳调查报告指出："欧洲内部劳动力市场监管制度的差异要高于欧洲和非欧洲国家之间的差异。"[18]美国的老板比欧洲的老板更容易解雇员工，尽管如此，美国与欧洲最难解雇国家之间的差异要比欧洲内部最难与最易两极之间的差异小：葡萄牙与英国之间的比率超过八比一（见图5）。至于招聘方面的规定，美国和欧洲情况差不多，它与奥地利、比利时、瑞士、丹麦和英国是一样好还是一样坏，取决于你的观点（见图6）。

美国工会成员数量较低，但在欧洲范围内，高于法国。相比法国、意大利、西班牙、瑞士和德国的情况，美国工人在工会中表现更为活跃。[19]在美国，劳资关系并没有因为多次罢工而伤痕累累（见图7）。比利时在2003年和2004年因罢工损失的天数是其劳动力市场的六倍多，

5. 解雇灵活性

指数从 1 至 100，数值越高，干预越多

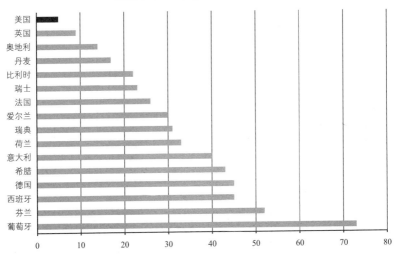

6. 雇用灵活性

指数从 1 至 100，数值越高，干预越多

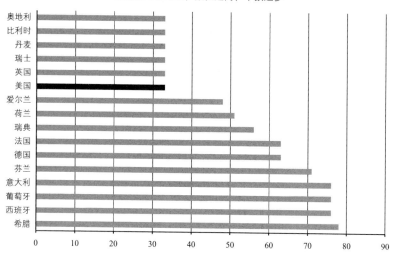

7. 罢工天数

每千名工人的年罢工天数

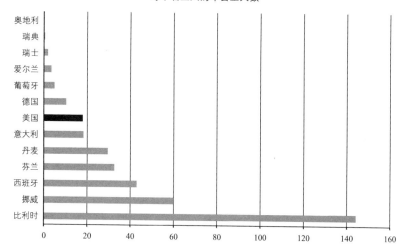

甚至是被公认为典范的挪威，也损失了三倍多。另一方面，欧洲工人集体谈判的比率要比美国高得多。2000 年，美国只有 14% 的工人参与集体谈判，而欧洲比率最低的英国数值是美国的两倍多。奥地利的这一比率为欧洲最高，是英国的三倍。[20]

保守党报纸《每日邮报》（*Daily Mail*）认为："文明当然取决于公共空间的概念以及彼此之间的责任和义务。美国梦所取决的恰恰相反：赢家通吃。"[21] 然而，美国的工人还是设法从资本主义制度中获得合理的补偿。如果以占国内生产总值的百分比来衡量，美国工人的收入比除瑞士以外的其他欧洲国家的工人都高（见图 8）。考虑到购买力的差异，美国工人的收入仅次于中产阶级。[22] 如果考虑生产工人的平均收入，情况就更加清楚了。在购买力方面，美国工人的平均收入超过了除德国、挪威、瑞士、英国和卢森堡以外的欧洲其他国家工人的平均收入，换句话说，

8. 工资收入

占国内生产总值的百分比

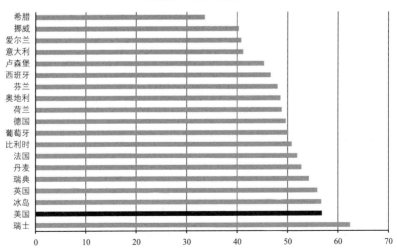

美国人正在接近欧洲最高水平。[23]

如果单看联邦标准，美国的最低工资水平处于欧洲最低工资标准的中低端。希腊、葡萄牙和西班牙的最低工资更低（见图9）。这些金额根据购买力进行了调整，以解决生活成本的差异。这里列出的是2005年的数据，当时美国联邦最低工资为每小时5.15美元。然而，在2009年7月，它将上涨40%至7.25美元。如果我们看看美国各州的最低工资标准，情况就会好转。超过半数的州的最低标准高于联邦标准，不亚于欧洲（见图10）。事实上，华盛顿特区、俄勒冈州、康涅狄格州和佛蒙特州的最低工资比我们有数据的欧洲同类国家都要高，而卢森堡除外。此外，只有很少的美国工人拿的是最低工资。2004年，只有1.4%的美国雇员靠最低工资生活，而法国人和葡萄牙人的这一比例分别为15%和5%（见图11）。诚然，与西欧任何一个国家相比，美国靠相对的低工资（低于收入中位数的65%）维持生计的工人比例更高。[24]这源于美国更广泛的工资不平等现象。但是，以相对较少的美国工人的最低工资来判断，这与处于最底层是两码事。我们将回到相对贫困和绝对贫困的问题上来。

美国人也不是只受雇于兼职的"麦当劳式工作"（McJob，即没有晋升前景的低薪工作岗位）。事实上，与大多数欧洲国家的工人相比，从事兼职工作的美国人相对更少（见图12）。只有芬兰、葡萄牙、西班牙和希腊四国兼职此类工作的人数少于美国。（甚至连麦当劳和星巴克都提供附带医疗保险之类的福利。）与爱尔兰以外的其他西欧国家相比，美国的永久性工作——无期限的劳动合同更为普遍。[25]美国人的平均工作期限（7.4年）低于欧洲标准，但仅比丹麦人短6个月，比英国人短5个月。[26]在劳动力市场上，美国首席执行官的工作时间比欧洲同行长约9年。[27]

9. 最低工资
以美元购买力平价计算的实际小时最低工资

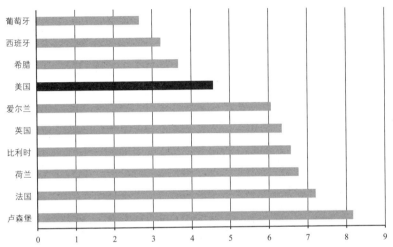

10. 美国各州与欧洲国家最低工资

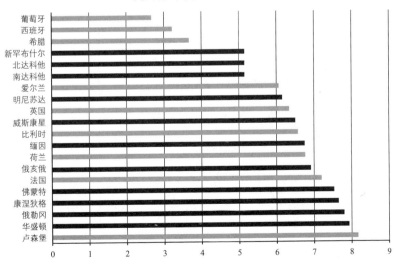

11. 最低工资工人

领取最低工资工人的百分比

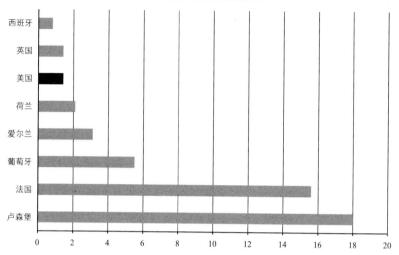

12. 兼职就业

占总就业的百分比

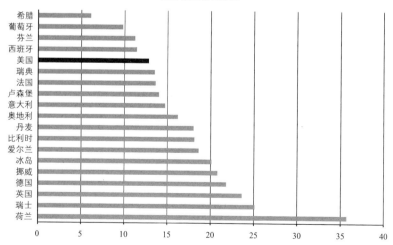

在美国，创造就业机会和减少就业机会的情况与几个欧洲国家基本相同，大约相当于意大利，低于法国和葡萄牙。[28] 在美国不受约束的资本主义制度下，严重的工伤事故与欧洲的数字相当。在比利时、西班牙、意大利、希腊和奥地利，不幸死亡的工人比例更高。葡萄牙的这一比率是其两倍多（见图13）。就工人因受伤而丧生的情况而言，美国不尽如人意，但比芬兰和卢森堡好，与冰岛一样，仅比法国差一点点。[29]

13. 致命工伤

每10万受雇或投保工人中的致死工伤率

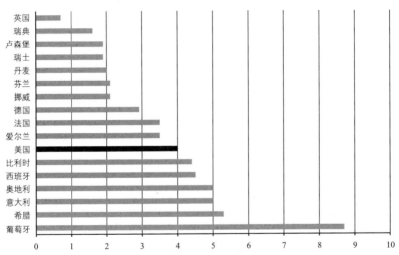

在休闲方面，美国人的表现很糟糕。美国工人没有法律规定的最短休假时间。而且他们的假期比欧洲短，平均每年大约10天。相比之下，英国的这一数字为20多，其他国家的数字甚至更高（见图14）。但美国人有权享受的国家法定假日数量与欧洲国家是相当的（见图15）。欧洲有5个国家拥有同样数量的国家法定假日（10天），9个国家比这更少，3个国家比这更多。然而，尽管传说美国人总是在工作，实际平均投入在

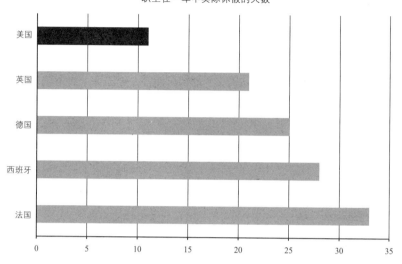

14. 实际休假时间
职工在一年中实际休假的天数

工作上的时间却是在非常偏低范围内稍靠前而已。如果你以每天工作的分钟来衡量，那么这个数字是成立的，德国人工作同样多的时间，丹麦人的工作时间更多。[30] 如果你以每人每年工作的小时来衡量，这个数字也是成立的，在 2006 年，芬兰人、意大利人、葡萄牙人、冰岛人和希腊人的工作时间更长（见图 16）。尽管其统计数据无所不知，但经济合作与发展组织也无法很好地管理一致的数据，因此，如果你看看 2006 年实际工作的平均小时数，不管这个数字与之前的数字有多大差异，美国人的排名很高，只低于那些长期努力工作的欧洲人，与希腊人、意大利人处于同一水平。[31] 真正甜蜜的生活（La dolce vita）。一定程度上（大约三分之一），欧洲人采煤工作时间减少是因为他们喜欢休闲。但是，在更大程度上，欧洲人工作时间更少是因为他们的选择更少：许多人失业或已经提前退休。正如一位观察家所说，失业的 30 岁意大利男性坐在家里等着妈

15. 公共假日

每年天数

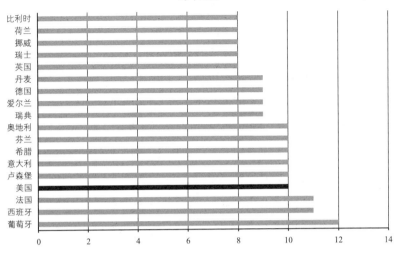

16. 工作时间

每人平均每年工作小时数

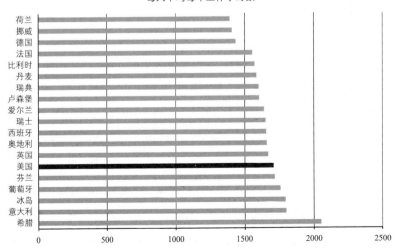

妈给他做饭和洗衣服，这并不是在表达他对休闲的渴望。他（和他的母亲）是僵化的劳动力（和住房）市场的受害者。[32]

如果我们看一下对当时日志的研究，美国人周末工作的时间比德国人和荷兰人多，但意大利人周末工作的时间甚至更多。由于德国人和意大利人（这项特别研究所考察的国家）比美国人更多地从事家庭劳动，因此他们的总工作时间虽然仍然低于美国人，但与仅看正式工作时间相比差别不大。[33] 换言之，德国律师既没有女佣也没有园丁。相反，他的妻子打扫他们的房子，熨烫他的衬衫，而他自己则需修剪草坪和洗车。移民，无论合法与否，都使欧洲有了更多、更廉价的劳动力，如今的欧洲中产阶级比他们的父母更多地雇人干活。但从这些最新和最复杂的数据来看，美欧之间的差异仍然存在。在欧洲，雇工仍然相对稀少，而且费用昂贵。劳动税使人们无法在雇用他人做家务的同时，使之按照他们所受的培训去工作更长时间。毫不奇怪，市场和家务劳动之间的权衡尤其影响到女性。如果我们把这两种形式的活动放在一起计算，20世纪90年代的数据表明，欧洲人每周的工作时间几乎和美国人相同（综合所有情况都在60小时左右），只比美国人稍多出一点。美国男性做家务的时间比欧洲同龄人多一点（多2小时），但美国女性和欧洲女性在家务上投入的时间却有很大的差异。欧洲女性每周平均比美国女性多做10小时的家务劳动，而美国女性又将节省下来的大量家务劳动时间（8小时）转移到劳动力市场上。[34] 是的，正如人们经常注意到的那样，欧洲人选择休闲而非正式工作。但也有人认为，他们选择家务劳动而不是带薪的工作。

谁是斯达汉诺夫工作者（Stakhanovites，完成的工作量远远超出工厂要求的苏联工人）？在美国，他们是富人。收入最高的五分之一男性平均每周工作比收入最低的五分之一男性多出20小时。美国的穷人工作时间比瑞典、法国和瑞士的穷人少，与德国的穷人差不多，只有意大利穷人工作时间的一半。[35] 人们常说，美国的高人均国内生产总值是以在工作上投入的长时间为代价的。[36] 但是，从他们每一个小时的劳动产出来看，他们的生产率略高于欧洲的中等水平（见图 17）。除此之外，德国人、丹麦人和瑞典人的工作效率较低，法国和荷兰的工人效率也差不多。尽管如此，最近的一项调查发现，典型的美国工人每天花两个小时以上的时间做工作以外的事情，主要是上网冲浪、写个人电子邮件以及社交和闲逛。[37] 当对他们的工作压力进行调查时，也许并不奇怪，美国人要比除爱尔兰人、西班牙人、葡萄牙人、丹麦人和瑞士人以外的其他欧洲人所受的困扰少。[38] 而且，无论如何，美国人似乎不是天生的斯达汉诺夫工作者。他们中很少有人赞同工作优先，甚至不惜牺牲业余时间，比瑞典人以外的其他欧洲人更强烈反对，比谁都更加不同意。[39]

17. 每小时产出的国内生产总值

美元当前价格

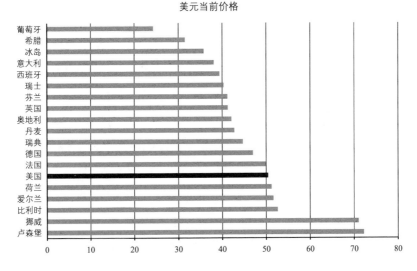

那么，美国人不休假，也不工作，他们在做什么呢？我们不知道，但与欧洲人相比，他们的生活节奏相当悠闲。一种尝试是用各种方法来量化它，比如邮局销售邮票的速度和银行里时钟的准确性。得出的结论是，只有在悠闲（但工作时间更长）的希腊，生活节奏比美国更舒缓（见图18）。另一个尝试是测量主要城市中行人的平均速度：纽约没有斯德哥尔摩和伦敦那么忙碌，尽管比柏林、都柏林、马德里和哥本哈根还要匆忙（见图19）。不管这种把数字附加到一个难以把握的概念上的尝试是多么脆弱，这些研究至少在广义上取得了一致意见：美国人比许多欧洲人苦恼更少。度假可能不是唯一重要的事情。

如果我们扩大视野，把目光从单纯的休闲转向真正的幸福，那么在这里，结果也可能出乎意料。幸福过去主要是哲学家或心理学家关注的领域，现在越来越多为经济学家所关注，或许是希望一扫他们学科上的沉闷气氛。直到最近，学术界取得共识（与经济学家理查德·伊斯特林的研究相关），认为经济繁荣与幸福之间可能存在着整体关联：富裕国家往往比贫穷国家更幸福，同一国家的富人也比穷人感到更满意。但同样，超出一定的繁荣阈值（人均国内生产总值约15000美元）后，绝对的物质幸福不再发挥重要作用，期望值会提高，在富裕阶层中的相对地位继而决定主观幸福。这个悲观的结论——暗示公共政策无力带来持久的幸福感——现在却受到经济学家们的挑战，他们声称，无论是国家内部还是国家之间，更大的绝对繁荣事实上会带来更大的满足感和幸福感。[40]这并没有阻止文化批评家们发现苹果里有虫子。他们警告说，过度的繁荣可能会使我们痛苦不堪。他们认为，成功的资本主义市场有着越来越多的选择，非但不能使我们感到幸福和满足，反而使我们感到焦虑和不满足。[41]

如果美国人比发达国家的大多数人更富有，但却入不敷出、负债累

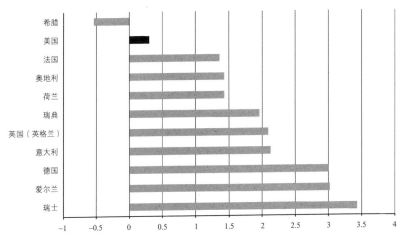

18. 生活节奏

从慢到快

希腊
美国
法国
奥地利
荷兰
瑞典
英国（英格兰）
意大利
德国
爱尔兰
瑞士

-1　-0.5　0　0.5　1　1.5　2　2.5　3　3.5　4

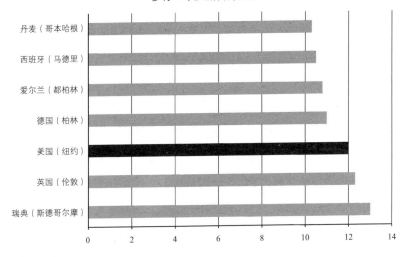

19. 生活节奏

步行 60 英尺所用的秒数

丹麦（哥本哈根）
西班牙（马德里）
爱尔兰（都柏林）
德国（柏林）
美国（纽约）
英国（伦敦）
瑞典（斯德哥尔摩）

0　2　4　6　8　10　12　14

累，消费支出超过了他们本已充裕的收入，那么他们悲惨吗？遗憾的是，悲观主义者的答案当然是否定的。不管正确与否，他们对自己的命运感到满足。根据鹿特丹伊拉斯谟大学的世界幸福感数据库（World Database of Happiness），只有丹麦人幸福感更高，而瑞典人、荷兰人、卢森堡人和挪威人的幸福感大致相同。其他欧洲国家的人生活就没有这么安宁了，葡萄牙人是最忧郁的。[42] 调查数据可以证明该评估的准确性，数据显示，虽然大约6%的美国人认为世界是完全邪恶的，但有四分之一的葡萄牙人都这样认为。与此相应，大约13%的美国人认为世界是完全美好的，但只有2%的葡萄牙人持同样乐观的看法。对于人类的存在持悲观主义的葡萄牙人（13.2%，在欧洲国家中占比最高）是美国人的四倍，坚信生活是没有意义的。[43] 更多的美国人认为他们比欧洲人（瑞士人除外）有更多的选择和控制的自由，与瑞典人不分上下。[44] 从自杀率的比较可以看出，美国人的乐观不只是空穴来风，他们不像大多数欧洲人那样有自杀倾向。如果我们比较女性的自杀率，会发现只有希腊人、英国人、意大利人、西班牙人和卢森堡人很少这样做。比利时人和瑞士人在另一个极端，自杀率是一般情况的两倍多。幸运的是，葡萄牙人似乎不愿意用行动来支持他们悲观的看法（见图 20）。在我们列出的这些国家中，男性自杀率远高于女性自杀率，但各国之间的排序实际上保持不变。

回到经济的日常现实，美国的税收体系与欧洲的税收体系相当，但有一个例外：美国的总体税率较低，尽管与希腊相同。但这只是用它占国内生产总值的百分比来衡量的。相反，如果我们看一下美国政府对每个公民征收的实际金额，那么它比包括瑞士、英国和德国在内的七个国家做得更好（见图 21）。美国的所得税通常被认为是最重要的征税，以占国内生产总值的百分比衡量，在欧洲处于中等水平。在税率上，美国要

20. 女性自杀率

每 10 万人中自杀率

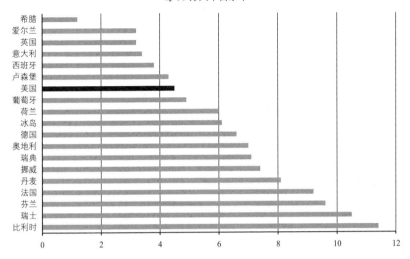

高于法国、荷兰、西班牙、德国、葡萄牙和希腊（见图 22）。按照欧洲的标准，美国的累进税率相当高。美国的所得税比北欧国家和其他四个欧洲国家的所得税更为累进（见图 23）。2005 年，最富有的 10% 的美国人比他们的欧洲同行支付了更大的税收份额（见图 24）。美国对递减性消费税（regressive consumption tax，对穷人的影响最大）的依赖比任何欧洲国家都少，而对所得税的依赖程度则高于除丹麦、冰岛和瑞士以外的其他欧洲国家。[45]

美国与北欧高税收国家之间的一个区别是：美国的穷人基本上免税，实际上经常通过税收抵免获得国家资金，而斯堪的纳维亚的穷人虽然享受社会福利，但和其他人一样要交所得税。因此，与欧洲大陆国家相比，美国的税收制度既不那么苛刻，又更加累进，同时社会福利也更加吝啬。根据经验，随着对越来越多的工薪阶层征收所得税，随着税率的提高，

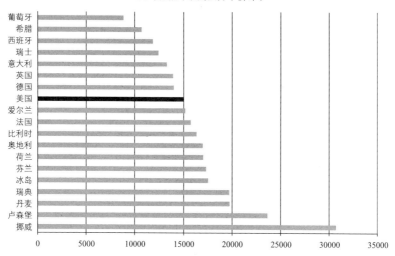

21. 税款总额

人均税款（以购买力平价计）

（图表，横轴从0到35000）

葡萄牙
希腊
西班牙
瑞士
意大利
英国
德国
美国
爱尔兰
法国
比利时
奥地利
荷兰
芬兰
冰岛
瑞典
丹麦
卢森堡
挪威

0　5000　10000　15000　20000　25000　30000　35000

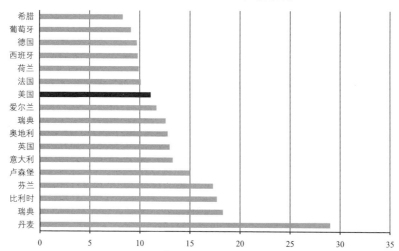

22. 所得税

所得税和利润税占国内生产总值的百分比

（图表，横轴从0到35）

希腊
葡萄牙
德国
西班牙
荷兰
法国
美国
爱尔兰
瑞典
奥地利
英国
意大利
卢森堡
芬兰
比利时
瑞典
丹麦

0　5　10　15　20　25　30　35

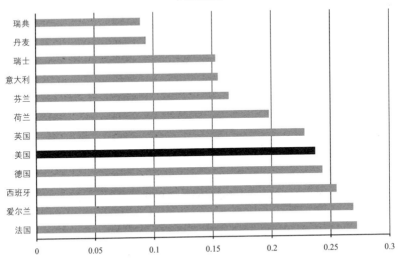

23. 所得税累进税率

卡瓦尼指数

瑞典	
丹麦	
瑞士	
意大利	
芬兰	
荷兰	
英国	
美国	
德国	
西班牙	
爱尔兰	
法国	

0   0.05   0.1   0.15   0.2   0.25   0.3

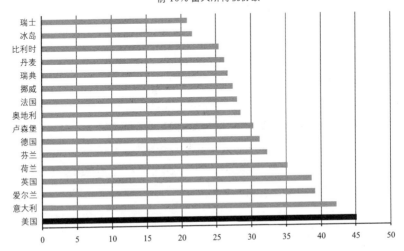

24. 对富人的征税

前 10% 富人所得税份额

瑞士	
冰岛	
比利时	
丹麦	
瑞典	
挪威	
法国	
奥地利	
卢森堡	
德国	
芬兰	
荷兰	
英国	
爱尔兰	
意大利	
美国	

0   5   10   15   20   25   30   35   40   45   50

25. 财产税

财产税收入（占国内生产总值的百分比）

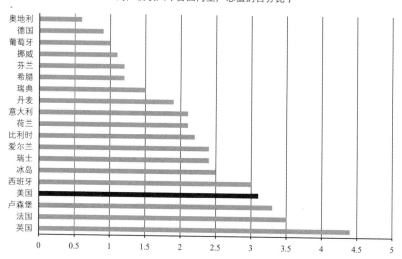

26. 房产拥有率

房产拥有者所占百分比

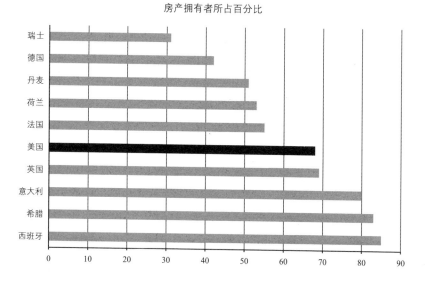

27. 公司税

公司资本的有效税率（%）

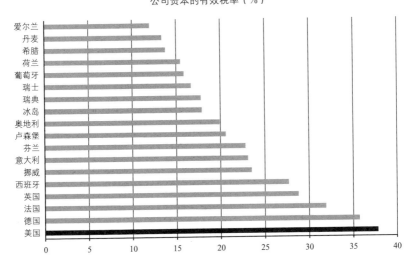

28. 遗产税和赠与税

占国内生产总值的百分比

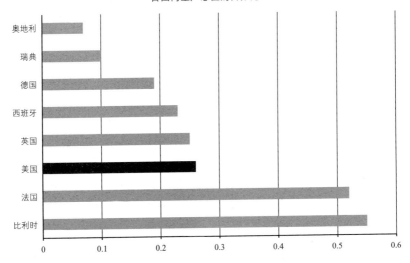

税收的累进性必然会下降。罗宾汉（Robin Hood）可能是通过掠夺富人来帮助舍伍德森林穷人的。但是，在收入分配相对平等的现代环境下，如果政府试图帮助大多数公民，就不能只依赖从最富裕的人那里进行榨取。大多数再分配都是通过社会支出来实现的，主要是通过向获得大部分福利的群体征税。

以占国内生产总值的百分比衡量，美国的财产税高于除法国、卢森堡和英国以外的其他欧洲国家（见图25）。在一个房产拥有率相对高的国家，这意味着大多数美国人，尤其是较富裕的美国人会再次支付出人意料的高税收（见图26）。如果以占国内生产总值的百分比来衡量，美国公司缴纳的税收相比欧洲处于中等水平，但如果以平均有效税率来衡量，美国的此项税收则比任何欧洲国家都要高（见图27）。美国的遗产税和赠与税相比欧洲处于中等水平，比奥地利、德国、西班牙和英国高（见图28）。2004年，瑞典通过了一项在美国被视为右翼改革的法案，并彻底废除了遗产税和赠与税。

第二章　卫生保健

　　美国经济确实与欧洲不同：劳动力市场监管程度较低，但经济也比预期的更为封闭。按照欧洲的标准，美国有勤劳的人民、税收较少的州、享有的假期很短却能拿到高薪的工人。在社会政策方面，差异比较适度。欧洲人普遍认为，美国根本没有社会政策——没有社会保障，没有失业救济金，没有国家养老金，没有对穷人的援助。正如法国政治哲学家兼学院院长让-弗朗索瓦·勒维尔（Jean-Francis Revel）总结的法国批评所言，美国"没有丝毫的社会团结"[1]。威尔·胡顿同样向我们保证："免费医疗，高质量教育，保障年老、患病或失业者享有过得去的生活水平，为弱势群体提供住房，这些支持普通人生活的结构被欧洲人视为理所当然，因在美国的缺席而引人注目。"[2]

　　事实上，美国是唯一一个（除非把南非算在内）没有某种形式全民医疗保险的发达国家，也就是说，是一个要求所有公民以某种方式投保的国家。缺乏全民医疗保险是每一个想要对大西洋两岸做比较研究的人都知道的事实，也是战争开始后第一个被提起的事实。2000年，世界卫生组织首次尝试对医疗保健绩效进行量化和排名，给美国医疗体系定了应有的地位。总的来说，它低于任何一个我们用以比较的国家，比丹麦低三个位次。在卫生政策的各个具体方面，它做得更好。在伤残调整期望寿命（disability adjusted life expectancy）方面，它排在爱尔兰、丹麦和葡萄牙之上；在卫生系统的反应能力方面，它排在第一位；在各种指标的综合衡量即"卫生系统总成就"中，它排在七个西欧国家之上。即使在"卫生筹资公平性"这一指标上，我们原本预想美国的排名可能会糟糕透顶，但还是勉强超过了葡萄牙。当然，这是明褒暗讽，尤其是考虑到这一排名的特殊性——国际官僚们企图用一把梳子来梳理整个世界，这是一种善意但不切实际的企图。在这一排名中，哥伦比亚排在第一位，超过了它的亲密竞争对手卢森堡和比利时，而利比亚则击败了瑞典。[3]

联邦基金会（Commonwealth Fund）发表的一项最刻薄的评论，将美国与一群古怪的对等国家（说英语国家加上德国）相比，给其医疗体系打了非常糟糕的分数。有趣的是，从美国人讨论如何改革医疗保健的视角看，加拿大的医疗体系（经常被认为是美国市场驱动的社会化的陪衬）同样糟糕，尽管加拿大人可以自我安慰他们为同样惨淡的结果只付出了大约一半的代价。[4] 接下来并不是要捍卫美国不公平的医疗体系，也不是要否认医疗保险改革的急迫。更确切地说，我们应该看一看现有的数据，问问美国在医疗保健上花费的巨额资金会有什么结果。事实证明，美国的医疗体系既不公平也不高效，但也并非完全无效。

虽然没有全民医疗保险，但美国在医疗保健上花费了大量的钱。即使我们只看人均政府支出，美国与欧洲国家相比排名也相当不错。实际上，只有冰岛、挪威和卢森堡超过了它（见图29）。美国的医疗补助（Medicaid）和医疗保险（Medicare）组织——政府为最贫穷的公民和所有老年人提供的医疗保险体系——共同构成了世界上惠及面最广的公共医疗保险制度。就人均个人支出而言，美国超过欧洲并不奇怪。由于这并不是代替公共支出，而是对公共支出的补充，因此美国在卫生支出总额方面处于领先地位，挪威、瑞士和卢森堡在一定程度上落在后面（见图30）。平

29. 政府医疗支出

按国际美元汇率计算的人均政府卫生支出

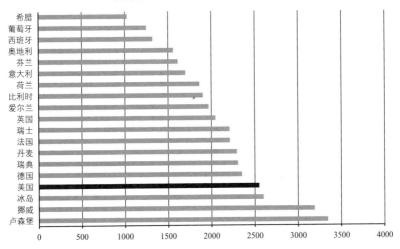

30. 总医疗支出

按国际美元汇率计算的人均医疗费支出，2003

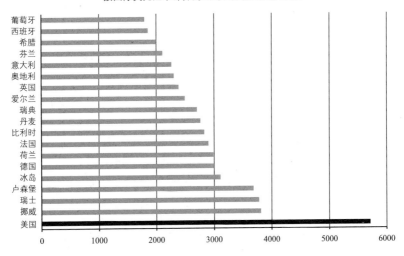

均而言，欧洲国家在医疗保健方面的支出约为美国的一半。相比之下，美国在药品上的支出并不像这些数据所显示的那样离谱。以占国内生产总值的百分比衡量，美国人在药品上的支出比意大利人、葡萄牙人和法国人要少。[5]

美国的医疗保健支出如此庞大且分布不均，会得到什么呢？首先，美国的卫生保健管理机构是笨重的，但不是头重脚轻。它在采用计算机录入方面落后，而且它零碎的结构产生了不必要的文书工作。但在行政管理和保险方面的支出比例（7.5%）仅略高于法国（6.9%）。[6]其次，得益于支出，美国拥有相对像样的基础设施。医生密度低于西欧，略低于英国，与卢森堡、爱尔兰和芬兰不相上下。[7]美国的医院数量也处于欧洲国家中下水平，丹麦、瑞典、荷兰、西班牙和葡萄牙排名在其之下（见图31）。人均医院床位数很低，但与欧洲国家情况差不多。瑞典的人均医院床位数甚至更少。[8]然而，医疗技术性设备供应充足。美国人均核磁共振成像设备和CT扫描仪的数量是世界第二，远远超过经济合作与发展组织中各国平均水平的两倍。[9]美国人均心血管手术的数量比欧洲任何地方都多，接受透析或移植的肾病患者的数量也超过欧洲。心脏移植仅在比利时比较常见，肝移植在西班牙和比利时比较常见，骨髓移植在比利时、法国和意大利比较常见，但在肺移植方面，美国仅处于欧洲的中间水平。也许只有意大利妇女比她们的美国姐妹更经常选择剖腹产分娩。[10]

但是这种医疗支出方式对美国有什么好处呢？当然，最根本的不公平关系到15%没有医保的公民，主要来自中下阶层和比例过大的少数族裔。一个可能的结果是，这个国家的婴儿死亡率很高。美国新生儿死亡率为千分之六，而在表现最差的欧洲国家（英国、卢森堡、爱尔兰和奥地利），婴儿死亡率才为千分之五（见图32）。毫无疑问，美国青少年怀孕率高，以及许多年轻母亲尤其是少数族裔母亲所面临的社会问题，都

31. 医院数量

每 10 万人口拥有数量

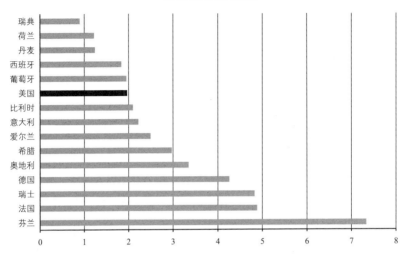

32. 婴儿死亡率

以每出生 1000 人为基数

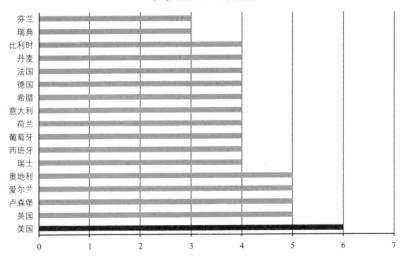

是造成这一情况的原因。但是，很难相信医疗保险的缺乏和医疗资源的分配不均不是另外的原因。在免费产前保健方面加大投入可能会大大改善这一情况。如果说美国的婴儿出生时危机四伏，接下来的四年也不是很好，但1岁至5岁幼童的死亡率美国低于葡萄牙、爱尔兰和比利时，仅略高于丹麦和挪威。[11] 高婴儿死亡率加上极高的凶杀率，有助于解释为什么美国在过早死亡方面比任何西欧国家都要糟糕。[12]

然而，就预期寿命而言，美国男性、女性的这一数值都在欧洲范围内。芬兰人、爱尔兰人和比利时人的预期寿命（75岁）相同，葡萄牙人则要少一年（见图33）。丹麦人的平均预期寿命和美国人一样，尽管他们享受全民医疗。由于出生时预期寿命的计算受到婴儿死亡率的影响，如果我们之后再看预期寿命，例如65岁时，情况就会发生变化。在这个年龄段，美国男性的寿命与英国、葡萄牙、西班牙、挪威、荷兰、卢森堡、

33. 男性预期寿命
平均预期寿命

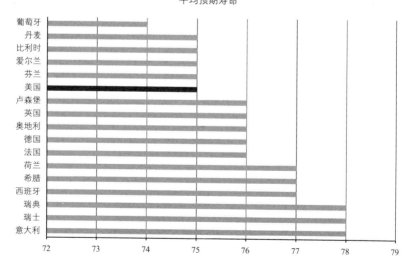

意大利、爱尔兰、希腊、德国、芬兰、丹麦、比利时和奥地利的同龄人一样长或更长（16.8 岁）。[13] 如果我们再看其他国家的情况，与出生时预期寿命的简单数据所揭示的情况相比，相关的差异要更大。美国女性出生时的健康预期寿命为 71.3 岁，比她们的总预期寿命少 8.5 岁，这还没考虑因残疾而损失的年数。荷兰女性因疾病和残疾而损失的年数相同，丹麦女性仅少损失一个半月。法国、奥地利和葡萄牙女性损失的年数更多。[14] 美国男性按年龄调整的死亡率低于荷兰、卢森堡、芬兰、丹麦、爱尔兰、葡萄牙和比利时。[15] 然而，从因可治疗的疾病而导致死亡（可预防性死亡）的角度看，情况似乎更糟，而且近年来有所恶化。在美国，75 岁以下男性死亡人数中，因可治疗的疾病而死亡的比率略低于四分之一，女性为三分之一。十年前，1997—1998 年，美国男性的这一比率低于爱尔兰、葡萄牙、芬兰、英国和奥地利。与此同时，虽然所有国家的死亡率都有所下降，但欧洲的死亡率却下降得比美国快。2002—2003 年的一项研究显示，美国已经跌到了谷底。[16]

　　并不是所有的医疗支出都能很好地转化为长寿。角膜置换和髋关节置换手术可能会使老年生活变得更愉快但不延长寿命。接下来我们将会看到，与欧洲相当的死亡年龄并未耗尽美国的医疗支出。在美国住院时间往往很短，这使得评估更难。这是市场的无情，还是为了提高效率以避免不必要地将病人送进医院？斯堪的纳维亚的所有国家和法国的排名甚至更低，这让人希望后者是真实原因。 美国人很少去看医生（平均一年四次），毫无疑问，许多没有保险的人会拉低这个数字。但是，瑞士人和瑞典人看医生的频率更低。 美国人比英国人和卢森堡人更常去看牙医。在使用医院的比率方面，美国人较低，和大多数欧洲人相当，但高于荷兰人、西班牙人、爱尔兰人和葡萄牙人。[17]

在医疗保健的其他方面,大西洋两岸的差异不那么显著,事实上常常不存在。无论是白喉、破伤风、百日咳、肝炎还是麻疹,美国的疫苗接种数均与欧洲相当。所有结果均显示美国处于欧洲的中游。[18] 大家都知道美国人比欧洲人胖。国际肥胖研究协会收集的数据显示,与肥胖率最高的欧洲国家(奥地利、英国和德国)相比,美国男性的肥胖率高出10%(见图34)。但是,这种领先地位将会持续多久?查看那些明天可能成为肥胖者的数字,即超重者,我们发现,欧洲在超重者比例上要高于美国。的确,欧洲国家中,超重男性[即身体质量指数(BMI)在25至30之间的男性]比例唯一比美国低的国家是法国(见图35)。从超重到肥胖,可能不是直线发展的。但历史统计表明,事实并非如此。以瑞典为例,超重成年人的肥胖率从20世纪80年代的31%上升到20世纪90年代后期的40%,在2002年达到峰值44%。与此同时,人口中肥胖成人的比率从20世纪80年代初的5%上升到了2002年(执笔时最新数据

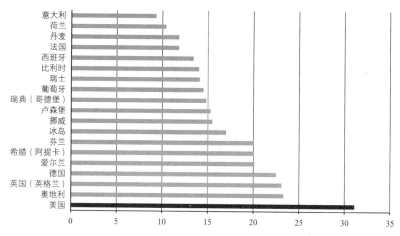

34. 成年男性肥胖率

身体质量指数为30及以上者所占百分比

的年份）的 10%。[19] 也许，这些不断增长的肥胖者（在二十年内翻了一番）是正常体重者直接进阶来的。但更可能的进阶是，正常人变得超重，超重者变得肥胖。如果是这样的话，那就意味着欧洲人（除非在生活习惯上有重大改变）可能很快就会变得像美国人一样肥胖。

35. 超重但不肥胖的男性

身体质量指数为 25—29.9 者所占百分比

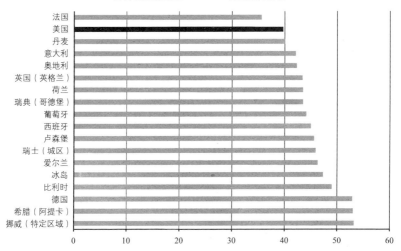

美国人均麦当劳餐厅的数量比其他任何地方都多，位居第二的是瑞典。[20] 这一点也不奇怪。但如果这让美国人发胖，它似乎没有带来其他同样严重的后果，比如胃癌。美国的男性胃癌发病率——按年龄调整后进行适当的比较——是我们所统计国家中最低的，大约是发病率最高的葡萄牙的四分之一（见图 36）。糖尿病是一种与肥胖有关的疾病。但在美国，因糖尿病引起死亡的比率完全在欧洲各国的数值范围内，低于丹麦、意大利和葡萄牙的数值（见图 37）。按照欧洲的标准，美国人均糖摄入量很高，比数值最接近的瑞士和丹麦高出 17% 左右。然而，美国的脂肪消费量是

36. 胃癌发病率

男性每 10 万人的年龄标化率

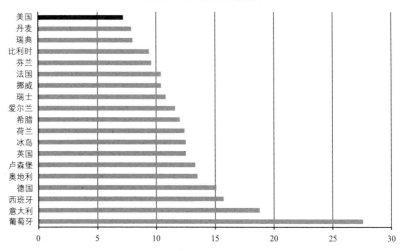

37. 糖尿病死亡率

每 10 万人中糖尿病死亡率

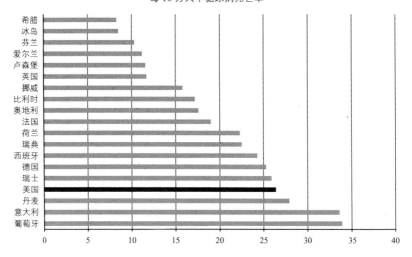

欧洲正常水平，低于瑞士、西班牙、法国、比利时、奥地利和意大利。[21]

　　欧洲和美国的饮食习惯总体上也没有太大差别。美国在人均卡路里供应总量上略高于意大利、希腊和葡萄牙（见图 38）。美国人吃的鱼比斯堪的纳维亚人和地中海人少，但比德国人、奥地利人、瑞士人和爱尔兰人多（见图 39）。他们消耗大量的肉类，仅次于丹麦人。[22] 令人惊讶的是，英国人和德国人在食肉量的对比中都处于中下段位。但就对动物产品的总体消费而言，美国人和地中海人的生活习惯相近，只有希腊人和意大利人的消费量更少一些（见图 40）。美国人在人均蛋白质摄入量上低于葡萄牙人、爱尔兰人、冰岛人、希腊人和法国人。在水果和蔬菜的消费量上，他们只低于地中海人、丹麦人和荷兰人。[23] 从某些方面看，美国人比欧洲人生活得更健康。他们饮酒适度。只有高税收的斯堪的纳维亚和地中海地区的葡萄酒饮用者比美国人节制，且在消耗量上差距不小（见图 41）。美国

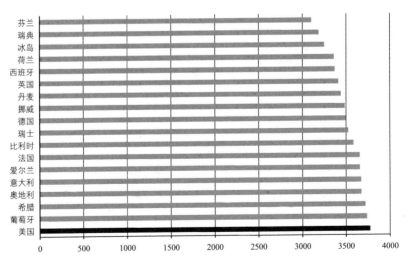

38. 卡路里供应量

平均数（卡路里／人／天）

39. 鱼肉及渔业产品消耗量
平均数（每人千克数）

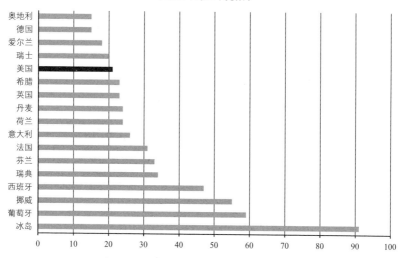

40. 畜禽产品消耗量
卡路里供应中所占百分比

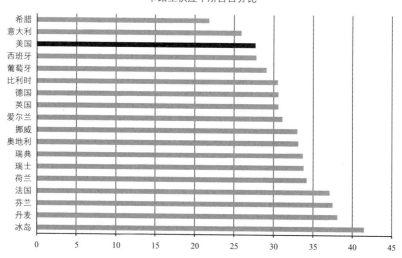

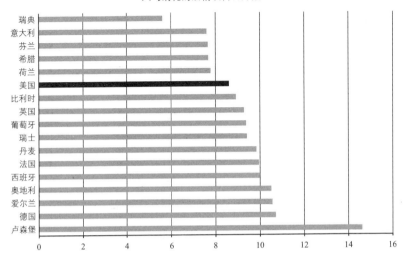

41. 酒精饮料消耗量

人均消耗的酒精饮料公升数

人很少吸烟，与希腊人或德国人相比，大约少三分之一（见图42）。

在某种程度上，饮食、习惯和生活方式会导致疾病的流行和严重后果，与欧洲人相比，美国人相对健康。按照年龄调整死亡率，美国在如下癌症种类、癌症发病率上都高于欧洲国家：乳腺癌、子宫癌、前列腺癌、黑色素瘤、霍奇金淋巴瘤和非霍奇金淋巴瘤。[24] 结肠直肠癌、肾癌、肺癌、胰腺癌、多发性骨髓瘤、甲状腺癌和白血病等的情况，美国和欧洲差不多，尽管有些疾病只在一两个欧洲国家情况会更糟。然而，有趣的是，就上述几乎所有疾病，美国的发病率高，死亡率却大大降低。与欧洲国家相比，美国只有鼻咽癌、白血病和卵巢癌的死亡率排名比发病率排名低。至于非霍奇金淋巴瘤，美国的发病率和死亡率排名都是最低的。相比之下，在膀胱癌方面，美国排名靠前（只有五个欧洲国家的发病率排名较低），但死亡率却下降到最低点，仅高于芬兰。就乳腺癌而

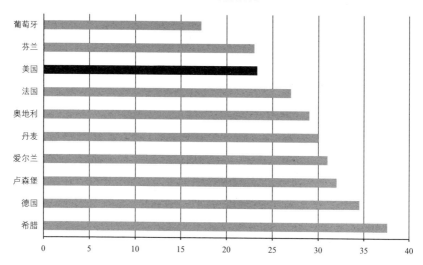

42. 吸烟者数量

占成人人口的百分比

言，美国的发病率最高，但就实际死于乳腺癌的女性所占比例而言，则处于排名的中下部分。同样，结肠癌、肾癌、喉癌、口腔癌、咽癌、胰腺癌、前列腺癌、甲状腺癌和霍奇金淋巴瘤的发病率和死亡率也有类似的急剧下降。

整体的癌症发病率也给人以类似的印象。美国男性在患癌率上高于欧洲（见图43），但是癌症死亡率相当低，只高于芬兰、瑞典、冰岛、希腊和瑞士（见图44）。要么那些被诊断患癌症的美国人死于其他无关的原因，要么他们接受的护理是有助益的。可能是因为美国人的诊断更为准确，所以发病率很高。例如，对于前列腺癌，广泛的筛查可能导致更早的诊断和提高五年生存率，而实际上并没有延长寿命。但对于其他癌症，这种特殊的影响就不那么明显了。不管怎样，美国的数据表明美国医疗保健的质量令人鼓舞，尽管它令人震惊地忽视了许多没有保险的人。

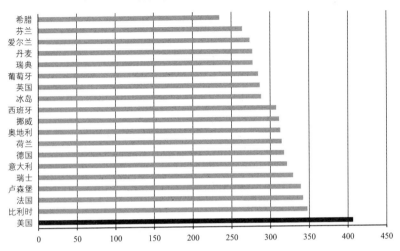

43. 所有癌症（不含非黑色素瘤皮肤癌）发病率

男性每 10 万人的年龄标化率

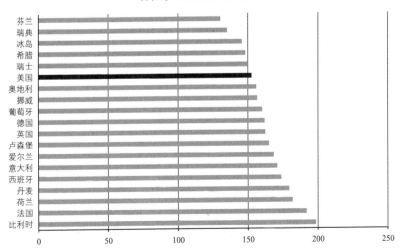

44. 所有癌症（不含非黑色素瘤皮肤癌）死亡率

男性每 10 万人的年龄标化率

事实上，美国的癌症存活率比许多欧洲国家的都要高。美国的数据也包括那些没有保险因此可能得不到很好照顾的人。如果这一部分人的数据被排除在外，从而对大西洋两岸的医疗效果进行严格的比较，欧洲的数据相比之下无疑会受到影响。对于各种癌症，包括许多最常见的癌症——前列腺癌、结肠癌、膀胱癌和甲状腺癌，美国的五年生存率都是最好的。这里对各国乳腺癌的五年生存率列出了图表（见图45）。注意，这一数字不是发病率而是生存率。对于其他癌症，脑癌、宫颈癌和子宫癌、食道癌、肺癌、黑色素瘤和卵巢癌，美国的存活率与欧洲两到三个表现最好的国家相同。至于其他癌症，睾丸癌、霍奇金淋巴瘤、肾癌、喉癌、口腔癌、胰腺癌和白血病，美国的存活率则略低于欧洲最好的三到四个国家。美国的肝癌生存率在与欧洲的排名中处于中部，胃癌和多发性骨髓瘤的生存率则处在排名的下半部。唯一存活率明显低于欧洲的疾病是非霍奇金淋巴瘤，即使这样，美国的这一数字也与荷兰相当，高于英国和葡萄牙。[25]

这里给出的结果是20世纪90年代中期的，只是比较了当时现成的统计数据。更复杂的比较癌症存活率的研究在21世纪头十年才成为可能，并且证实了这一结论：尽管没有全民医疗保险，美国大多数癌症的存活率都明显高于欧洲。就四大杀手（结直肠癌、肺癌、乳腺癌和前列腺癌）而言，所有欧洲国家的生存率都较低。[26]

美国的心脏病死亡率在与欧洲的排名中居中，比欧洲六个国家都低。[27] 相应地，美国因心脏病而减少的寿命排名也与此相似（见图46）。更具体地说，只有法国人、卢森堡人、西班牙人和意大利人死于心脏病的概率常常比美国人少，冰岛人死于心脏病的比率则大致与美国人相同。[28] 中风是一种可通过预防性药物大大减轻的疾病，美国此病的死亡率较低。瑞士与美国处于同一水平，而在其他欧洲国家，死于中风的人比美国人多。

45. 乳腺癌存活率

女性乳腺癌五年生存率（%）

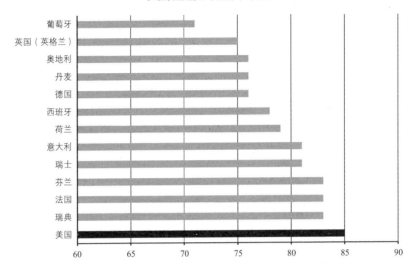

46. 心脏病

平均减寿年龄（%）

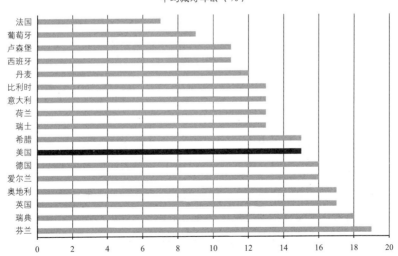

希腊人和葡萄牙人的中风发生率大约是美国人的三倍（见图47）。在欧洲任何一个国家，中风造成的平均寿命损失都没有美国少。[29]循环系统疾病死亡率美国的排名居于中段（见图48）。

按照欧洲标准，美国整容手术的比率也很低。与美国相比，在法国、芬兰和瑞典，通过手术改变容貌的人更多。瑞士的这一比率几乎是美国的七倍，可能与医疗旅游有关。但西班牙的这一比率也是美国的两倍多（见图49）。在精神疾病方面，尽管很难找到数据进行比较和评估，但美国人相对来说境况良好。当世界卫生组织试图测量各个城市在初级保健机构中精神疾病的发生率时，发现西雅图（被选为美国代表场所）精神疾病的发生率略高于意大利北部的维罗纳常常只有巴黎、曼彻斯特、美因茨、格罗宁根、柏林、雅典等的一半甚至更少。[30]整个国家的研究（以特定年龄失能调整生命年为标准）没有描绘出令人满意的景象。但是美国的数字仍然在欧洲范围内。按比例来说，美国人患单相抑郁症的比例比任何西欧人都要高，双相情感障碍的发病率与此相同或更低。美国在创伤后应激障碍（post-traumatic stress disorder）发病率方面排名居高，但在恐慌症发病率上与所有欧洲国家相同，在精神分裂症发病率上排名居中。[31]

总之，对于医疗保健，我们的情况好坏参半。15%的美国人没有医疗保险。这不仅是一个关乎公平和道德的问题，也是一个关乎效率的问题。提早预防和及时护理比在急诊室治疗成本更低，收效更大，许多未参保者把急诊室当作救命稻草。美国的医疗保健系统经常被批评效率低下和不公平，这是正确的。没有保险的人受到了不公平的待遇，穷人最可能受到不公正的对待。但除此之外，还有更多的事情在发生。除了婴儿死亡率外，大西洋两岸健康状况的比较并不像人们预期的那样不平衡。

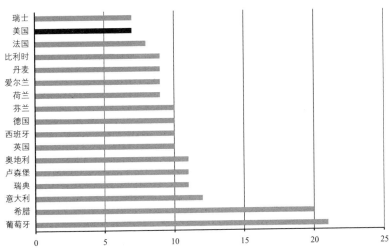

47. 中风死亡率

脑血管疾病致死率（占总数的百分比）

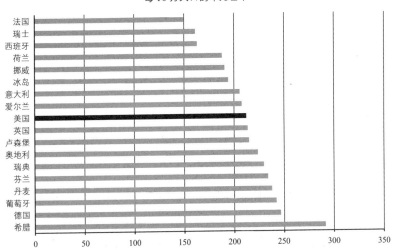

48. 循环系统疾病死亡率

每10万人口的年死亡率

49. 接受整容手术者

每10万人口中接受整容手术者

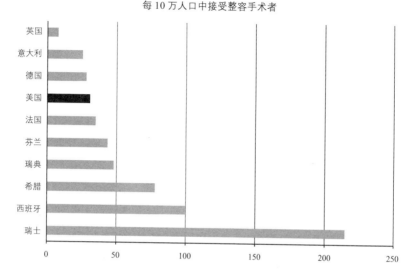

事实上，美国的医疗体系取得了令人印象深刻的成果，尽管它付出了高昂的代价。如果你在这里得到以匿名形式给出的调查结果，并且被告知其中一个国家没有全民医疗保险制度，你不会毫不犹豫地选择美国。考虑到成绩一直很差，你最有可能选择丹麦或英国。

这或许可以解释为什么即使是那些对欧洲医疗体系充满热情的人，在紧要关头时也会退缩。美国知名的驻外新闻记者瑞德（T. R. Reid）在阐述了欧洲如何设定美国必须遵循的标准之后，从他接触英国国民医疗服务体系（British National Health Service）的经历得出一个无意中暴露真相的结论。他承认："看看英国医院的大手术等候名单，还有癌症和其他主要疾病的长期存活率，我想如果我家里有人患了严重的疾病，我宁愿待在美国而不是英国。"然后他转而明褒实贬："但是对于流感、普通感冒、皮疹、肠道不适、眼睛检查以及偶尔的骨折或扭伤，英国国民医疗服务体系的医生们的处理与我们在美国接受过的任何治疗不相上下。一切还都是免费的。"[32] 换句话说，瑞德称赞英国国民医疗服务体系为有钱的外国人提供了让英国纳税人掏腰包的小型护理。他还抱怨说英国医生不给他做年度体检，也不给他做前列腺癌 PSA 检查，这些都是美国和其他国家的常规项目，因为英国国民医疗服务体系认为这样做不划算。事实上，英国国民医疗服务体系虽然是英国的崇高理想，提供的却都是一些普通护理。在 2007 年欧洲健康消费指数（Euro Health Consumer Index）排名中，它在 29 个国家中排名第 17 位，在西欧仅高于希腊、意大利和葡萄牙，低于捷克共和国和爱沙尼亚等新兴国家。[33] 建议那些想羞辱美国医疗保健体系的批评家以更有效的医疗体系作为基准，比如德国的，尤其是法国的，有趣的是，这些医疗体系与美国的有许多相同的基本假设和特点。[34]

美国的医疗体系是不公平的、昂贵的和无效的。未参保者深受其苦。为了取得类似的绩效，美国的花费是其他国家的两倍。人们不想在美国生而为穷孩子，也不想没有保险。但是，美国医疗体系的总体平均绩效惊人地与欧洲不相上下，特别是考虑到还有如此多的美国人仍然没有保险。为什么美国人的健康绩效是合理的或者经常是非常好的，即使不是每个人都有保险？也许医疗保健对我们的最终命运并没有医疗机构让我们相信的那么重要。也许那些有保险的人比欧洲人得到了更好的照顾，他们的结果平衡了没有保险的人的悲惨命运。更有可能的是，即使在没有全民保险的情况下，大多数美国人至少也得到了基本的医疗保障，无论这是多么不公平，多么低效，多么曲折。这意味着实际上美国的医疗体系大体上达到了人们可能期望从一个普遍的医疗保健体系所得到的结果，但代价要高昂得多。我们后面将讨论为什么选择这个看似奇特的社会政策。

第三章　其他社会福利

如果我们转而讨论其他形式的社会政策，美国又是如何照顾老年人、穷人、失业者和残疾人的呢？在这方面，美国大多数结果都位于排名的下半部，但是在欧洲规范和标准之内。美国社会政策的主要弱点是不愿意下大力气解决贫困问题。如果我们在再分配之前衡量结果，美国经济体比大多数欧洲国家产生的贫困更少。根据一项计算，只有芬兰和荷兰的"自然"贫困率低于美国。[1]但在税收、社会福利和其他再分配机制发挥神奇作用之后，美国的贫困率（以中等收入的比重相对衡量）比西欧任何地方都要高。我们将更详细地讨论贫困和不平等问题。然而，在人们可能会称为福利国家的中产阶级权利方面，美国并不是特例。

众所周知，与欧洲各国政府相比，美国政府在规模和范围上不太大。然而，它所雇用的公务员数量则约处于中间排名（见图50）。法国和芬兰雇用公务员的比例更高，但至少德国等其他六个国家雇用的比例更少。相应地，美国在政府雇员的工资支出占国内生产总值的比例上高于我们所考察的六个国家。[2]以政府支出占国内生产总值的百分比来衡量，美国政府的规模也符合欧洲的标准。爱尔兰和瑞士的政府支出较少（见图51）。对于大多数社会政策和福利（它们共同构成了通常所说的福利国家）来说，情况是类似的：美国的排名很低，但与欧洲排名也不是垫底的。本章和其他地方提供的所有数据（除非另有说明）均具国际可比性。有时，这意味

50. 公共就业

每 100 人中的公职人员数量

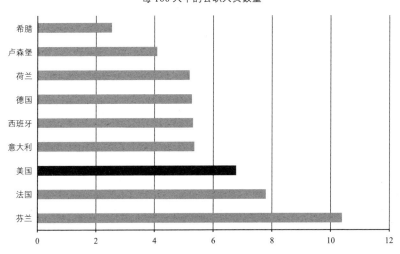

51. 政府总支出

占国内生产总值的百分比

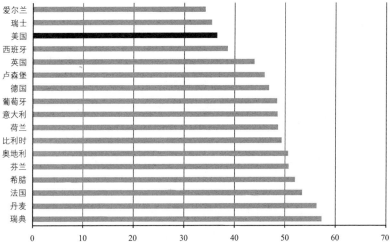

着福利率是用中等收入所占的百分比来衡量的，这样就可以了解维持基本生活水平者占什么比例。有时，数据是按购买力平价（Purchasing Power Parity）来计算的，这意味着穷国和富国之间的生活成本差异已经被考虑在内。

美国的社会救助很吝啬，但比意大利和希腊的同等福利要好。[3] 美国在失业救济金上高于一些欧洲国家。希腊、英国、意大利和冰岛的人均失业补助低于美国的（见图52）。从失业救济金的替代率看，美国与希腊、意大利和英国处于同一水平，高于爱尔兰（见图53）。如果以已婚夫妇平均薪资的百分比来衡量，美国的福利率与欧洲国家的相比处于中段位置。[4] 最近一次试图量化福利慷慨程度的尝试显示，美国的失业救济金低于比利时、芬兰、瑞士和荷兰外的斯堪的纳维亚国家，但最重要的是高于欧洲的其他国家。[5]

美国领取失业救济金的期限很短，但并不比英国或意大利更糟。[6] 对于长期的失业，美国的救济金替代率排名有所下降：只有希腊和意大利的排名比它更低（见图54）。但这相对来说并不重要，因为多年来，与许多欧洲人相比，失业的美国工人所占人口比例更少（见图55）。2005年，只有丹麦、荷兰、卢森堡、英国和爱尔兰的失业率比美国低。即使把所有关在美国监狱的男性都算作失业者重新计算，美国2005年的失业率也仅为5.76%，只是和唯一的一个欧洲国家奥地利互换了排名。此外，美国失业者失业的时间比欧洲失业者短得多。美国男性的平均失业期不到瑞士男性或法国男性的三分之一（见图56）。与欧洲人相比，离开劳动力市场超过一年的美国工人要少得多。在整个欧洲，只有冰岛的就业情况更好。事实上，按比例计算，长期失业的美国人还不到德国失业人数的五分之一（见图57）。

52. 失业救济金公共支出

平均数（购买力平价）

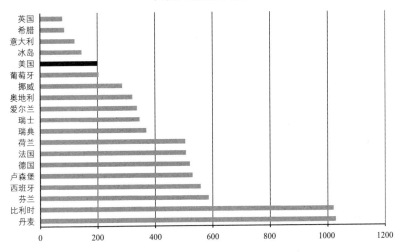

53. 失业救济金替代率

占在职净收益的百分比

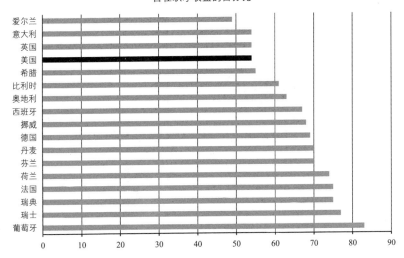

54. 长期失业救济金替代率

超60个月平均净失业救济金替代率（%）

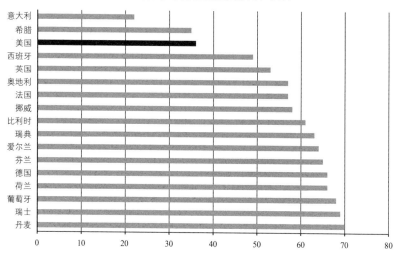

55. 失业率

2007年（%）

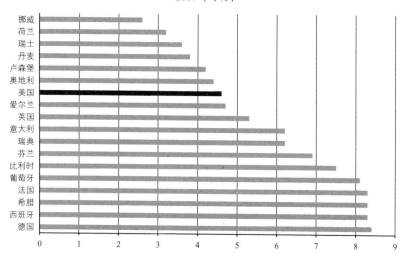

56. 男性失业率

平均持续时间（月）

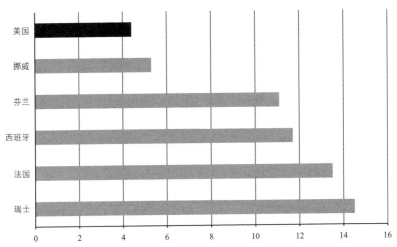

57. 长期失业率

12 个月或以上失业者占总失业者的百分比

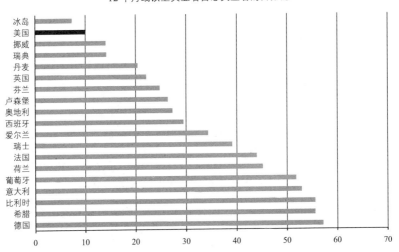

美国在残疾人福利上的人均支出高于希腊和葡萄牙，实际上与法国、意大利、爱尔兰和德国处于同一水平（见图58）。然而，美国的残疾人一开始就相对较少。只有意大利的人均残疾率比美国低（见图59）。当然，在某种程度上，这些数字是福利制度本身和受助人充分利用福利制度的产物，或者是当局想要掩盖更高失业率的愿望。除此之外，我们还能如何解释瑞典人原本如此健康、强壮和长寿，却比工业化世界的其他人更多地丧失了工作能力？2007年，瑞典女性平均生病46个工作日，相当于整整9周。[7]在遗属补助方面，按人均支出计算，美国超过了除意大利、法国、比利时和卢森堡之外的欧洲国家。如果以占国内生产总值的一小部分来衡量，只有葡萄牙加入了这一行列。[8]

众所周知，美国政府在家庭供养（family provision）方面帮助不大。育婴假并不是法定的，也不能保证女性在产后可以重新获得工作。正因如此，家庭津贴并不存在。另一方面，如果把通过税收体系获得的资源以及直接的现金补助和服务计算在内，并且如果用占国内生产总值的百分比来衡量，美国在家庭福利支出方面的排名高于西班牙、希腊和意大利，仅略低于瑞士。[9]在儿童保育（日托和学前教育）的公共支出方面，美国处于欧洲中段水平（见图60）。除挪威外，美国在每个儿童学前保育总支出上比欧洲国家都高。[10]美国在托儿保育费占平均工资的百分比上低于比利时、英国、爱尔兰、法国、葡萄牙、西班牙、卢森堡和瑞士。美国的儿童保育净成本刚好是欧洲这一数据的平均值。[11]在接受正式托儿服务幼儿（三岁以下）所占的百分比上，美国高于除丹麦以外的欧洲国家。在三岁至学龄段儿童的保育支出方面，美国处于欧洲中等水平，低于斯堪的纳维亚半岛，但高于奥地利、英国、爱尔兰和希腊。[12]工作时间灵活的美国人的比例（45%）几乎是欧洲这一平均比例（25%）

58. 残疾人救济公共支出

平均数（购买力平价）

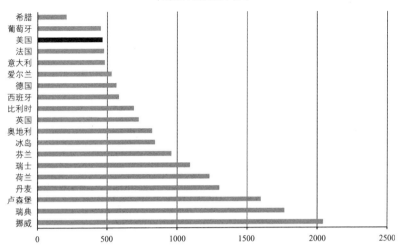

59. 残疾人所占比率

年龄 20—64 岁残疾者占总人口的百分比

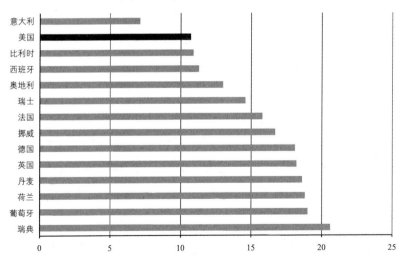

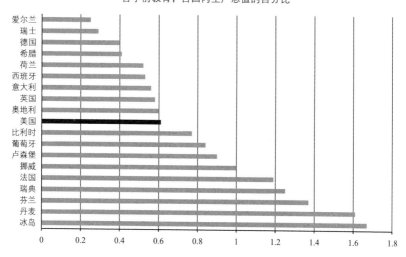

60. 儿童保育公共支出

含学前教育，占国内生产总值的百分比

爱尔兰
瑞士
德国
希腊
荷兰
西班牙
意大利
英国
奥地利
美国
比利时
葡萄牙
卢森堡
挪威
法国
瑞典
芬兰
丹麦
冰岛

0 0.2 0.4 0.6 0.8 1 1.2 1.4 1.6 1.8

的两倍，这可能与美国人的育儿义务相关，通常被视为开明工作环境的典范。[13]

养老金的前景喜忧参半。就国家养老金占女性退休以前收入的平均百分比而言，美国处于欧洲各国排名的下半部分，尽管高于爱尔兰和英国（见图61）。美国在养老金上人均公共支出超过了英国、爱尔兰、冰岛、芬兰、西班牙、葡萄牙和荷兰。[14] 这只描述了国家为退休者所做的事。许多人存钱以备养老。如果比较退休人员的平均可支配收入占在职人员收入的百分比，那么只有奥地利、德国和法国的老年人的收入比美国高（见图62）。但这并不意味着美国养老金制度是唯一私有化的。以占国内生产总值的百分比衡量，冰岛、荷兰、瑞士和英国在私人养老基金的持有量上要大于美国。[15]

更广泛地说，卢森堡收入研究（Luxembourg Income Study，纳入

61. 女性国家养老金

女性强制性养老金占退休前总收入的百分比

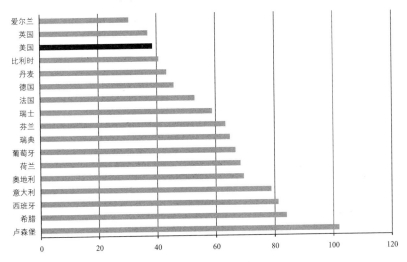

62. 退休收入占退休前收入的百分比

65 岁以上人口可支配收入占 18—64 岁人口可支配收入的百分比

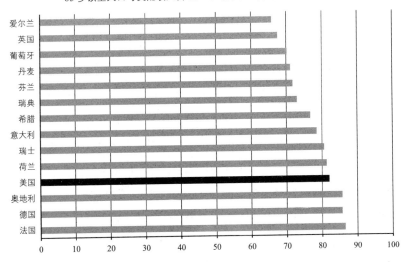

相关最全数据）的数据显示，美国家庭获得的转移性收入与欧洲此项金额大体相当。与欧洲（至少地中海地区以外）相比，美国人接受政府社会转移支付的比例更小。大约有 50% 的美国家庭接受社会转移支付（这与意大利、西班牙和希腊的情况大致相同），比例远低于瑞典和芬兰（80% 左右的人领取社会福利）。因此，每个家庭的平均社会转移支付较低，约为 5200 美元（按购买力平价）。这一数字美国超过了希腊。但是，如果我们看看那些实际获得社会转移支付的美国家庭收到的平均金额，结果会更为明显，每年约为 8280 美元（按购买力平价）。这一数字美国高于希腊、爱尔兰和英国，与西班牙和芬兰基本处于同一水平（见图 63）。

作为整体经济的一部分，美国在公共社会支出上勉强挤进欧洲阵营，略高于爱尔兰（见图 64）。但是因为美国的国内生产总值比大多数欧洲国家的都要高，所以人均支出数字比这个排名显示的要高。就人均收入而言，美国在欧洲排名中下，高于大多数地中海国家和冰岛，与英国、荷兰和芬兰基本处于同一水平（见图 65）。瑞典在社会政策上的投入几乎是美国的两倍，但美国的人均实际支出仅比瑞典低 30% 左右。少的部分并不像看上去的那么多。

这种比较可以进一步进行。美国的公共社会支出——也就是通过政府渠道筹集的资金——在欧洲排名中处于低端。但这并不是衡量福利国家的唯一标准。总的社会政策的支出超过了国家直接再分配的现金。原因之一，尽管一些国家的现金福利可能很优厚，但由于欧洲高度依赖间接税，以及直接对这些福利征税，这些福利被大幅"讨回"。换句话说，在瑞典，一位母亲可能会感激地用她得到的优厚子女津贴购买一辆婴儿车，但实际上她自己支付了其中大部分，因为国家征收 20% 的增值税，

63. 社会转移收入中位数

有社会转移收入的家庭（购买力平价）

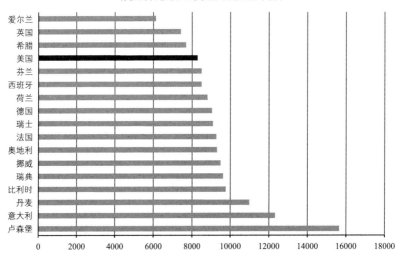

64. 公共社会支出

占国内生产总值的百分比

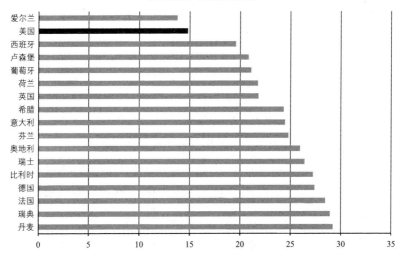

65. 公共社会支出

平均数（购买力平价）

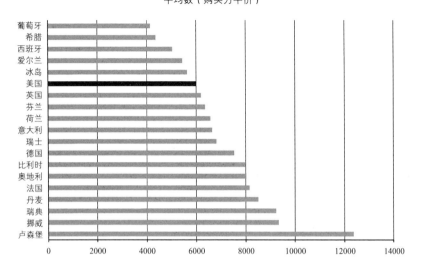

葡萄牙
希腊
西班牙
爱尔兰
冰岛
美国
英国
芬兰
荷兰
意大利
瑞士
德国
比利时
奥地利
法国
丹麦
瑞典
挪威
卢森堡

0　　2000　　4000　　6000　　8000　　10000　　12000　　14000

还会对她的其他收入征税。

　　此外，政府对公民的大部分帮助不是采用真金白银的形式，而是采用社会服务的形式——医疗保健、儿童保育、教育等。如果我们综合福利国家的所有活动，包括社会服务和现金福利，并考虑税收返还（换句话说，只看净得的福利），结果并不是我们所期望的。一项考察的国家比我们这里的样本更少的研究显示，荷兰用于转移支付的资金占国内生产总值的比例最小，美国和芬兰并列倒数第二，英国只是稍微慷慨一点。[16]

　　除此之外，对福利成果的全面核算不能只关注国家通过社会政策所做的事情。其他的再分配途径也很重要：自愿的努力、私人所有但法定的福利以及税收。如果我们把所有这些都包括在内，美国的福利制度比人们通常意识到的要广泛得多。考虑到社会政策再分配的所有不同形式——公共的、自愿的和强制性的，美国在社会政策总体成果上再一次

66. 总体社会支出

公共、自愿和强制性私人支出净额（占国内生产总值的百分比）

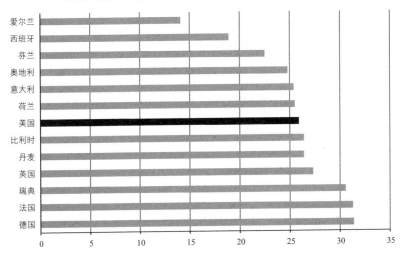

位列欧洲排名的中段。

　　这并不是说所有形式的社会政策都具有严格的可比性，也不是说不同的资源分配方式没有任何后果。自愿的努力往往比法定的方式分配得更不公平，而且在经济衰退期间，它们很可能受到比法律规定的社会政策更多的影响。规模不是一切。美国和最发达的欧洲福利国家在重视程度和充分性方面存在明显的差异：最重要的是，获得医疗保险的机会以及美国许多福利（例如疾病津贴）"基于就业"的性质，使各项福利在可获得性方面存在很大的差异。孕产妇福利保障的缺失同样也是美国和欧洲间的一个重要区别。美国国内也存在显著的地区差异，社会保障收益率差别很大，全国性的标准很少。（当然，这一观点对欧洲大陆范围内任何国家的福利政策研究都适用。）然而，同样的情况是，一个国家的整体福利成果不能简单地用国家的现金补贴来衡量。如果我们看一下美国总收入的净再分配数额，美国的福利制度看起来很像它欧洲同伴的，处于欧洲排名的中心地位，有六个国家比它更慷慨，有六个国家则比它给得更少（见图66）。事实上，如果我们按照每个公民的购买力平价计算净社会总支出，就像我们在图65中对公共社会支出所做的那样，会发现除了卢森堡，没有一个欧洲国家的支出能有美国那么多。[17] 比较美国和欧洲的福利制度（事实上与比较欧洲和其他发达国家一样，比如亚洲的国家）意在弄清不同的政策风格，而不是在缺席和在场之间做出简单的二元选择。

第四章　犯　罪

　　人们普遍认为，美国社会充斥着犯罪和暴力。美国的凶杀案数量惊人，2004—2005 年人均发生率几乎是与其最接近的欧洲国家——瑞士、芬兰和瑞典的两倍（见图 67）。美国的殴打致死率是与其最接近的欧洲国家芬兰的三倍，其次是葡萄牙。[1] 毫无疑问，这样的混乱不可能简单归结于美国人拥有枪支。据统计，芬兰的持枪家庭所占比例比美国更高（见图 68）。如果按单个公民来算，美国人均拥有枪支数量最高，但并未像美国中南部或南布朗克斯的恐怖故事中所描述的那样远高于欧洲。根据日内瓦国际问题研究所的调查数据显示，每 100 个美国人拥有 97 支枪，芬兰人有 69 支，瑞士人有 61 支，瑞典人有 40 支。[2] 另一项由荷兰蒂尔堡大学、荷兰司法部以及两个联合国研究所发表的调查数据显示，与纽约人相比，苏黎世、维也纳、斯德哥尔摩、罗马、雷克雅未克、奥斯陆、马德里、里斯本、赫尔辛基和雅典的居民手中拥有更多的枪支。确实，从比例上看，赫尔辛基、柏林、里斯本、罗马、维也纳和苏黎世的居民拥有与纽约人相同或更多数量的手枪。[3]

　　在某种程度上，由于持枪防卫和狩猎用途存在重合，美国和欧洲之间的区别也在逐渐消失。按占总人口的比例计算，瑞典猎人协会会员数（20 万）的占比几乎是美国国家步枪协会声称会员数（400 万）占比的两倍。瑞士射击协会会员数（85000）的占比与美国国家步枪协会会员

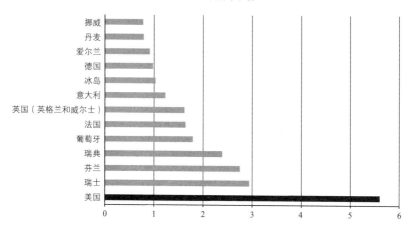

67. 谋杀率

每 10 万人中被谋杀者

挪威	
丹麦	
爱尔兰	
德国	
冰岛	
意大利	
英国（英格兰和威尔士）	
法国	
葡萄牙	
瑞典	
芬兰	
瑞士	
美国	

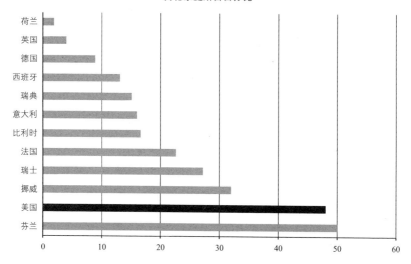

68. 枪支持有者

持枪家庭所占百分比

荷兰	
英国	
德国	
西班牙	
瑞典	
意大利	
比利时	
法国	
瑞士	
挪威	
美国	
芬兰	

数的占比大致相当。瑞士射击协会反对在瑞士更严厉规范持有枪支的类似提议在美国也能耳闻，并将"实际杀人的不是枪，而是人"作为他们的口号。规模更小的 Pro-Tell 协会也视枪支持有权为瑞士自由主义传统的一部分。[4]

当然，在瑞士，男性公民经常将军事武器放在家中。可以说，瑞士的枪支协会不必像美国国家步枪协会那样活跃，原因很简单，他们实现了美国枪支爱好者梦寐以求的事情：拥有枪支不仅是一种权利，也是一种义务。尽管在一个世纪内芬兰与俄罗斯进行了三场战争，可能成为芬兰人对枪支热衷的理由，不过军事义务并不完全具有说服力。芬兰和瑞士的谋杀率均居欧洲之首，枪支拥有率也最高。这表明两个数字之间存在某种联系。另一方面，在美国，平均每支枪卷入的谋杀案数量是瑞士的四倍。[5]在所有犯罪中，持枪犯罪在美国比欧洲更常见。在美国，有6%的攻击和威胁都涉及使用枪支，而在欧洲，只有北爱尔兰达到了这么高的比例。其他与美国接近的欧洲国家（比例为4%）是瑞士、荷兰、意大利和法国。但是欧洲人更喜欢使用刀具，按人口比例计算，只有卢森堡、希腊、芬兰和丹麦的刀具袭击比美国少。[6]

在发达国家，美国的谋杀率独一无二。毫无疑问，美国监狱中的囚禁人口比例远高于任何欧洲国家（见图69）。的确，美国的此一比例是卢森堡、英国和西班牙的四倍还多，这三国是欧洲最高的。但是美国犯人的平均刑期在欧洲国家范围内，低于西班牙，仅略高于葡萄牙（见图70）。按照北欧的标准，美国的警力处于正常水平，只是一些地中海国家的一半，如葡萄牙和意大利（见图71）。而且美国警察似乎做得也不错。认为警察擅长控制其所在地区犯罪的美国人占比高于除芬兰以外的欧洲国家。仅次于大多数斯堪的纳维亚半岛人和荷兰人，更多的美国人感到

69. 监狱人口

每 10 万人中在押人数

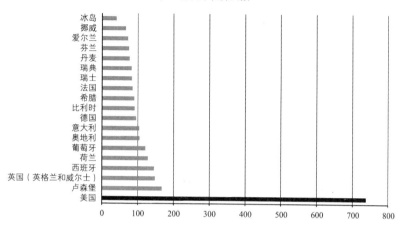

70. 平均监禁时间

在判定有罪后实际在押时间（月）

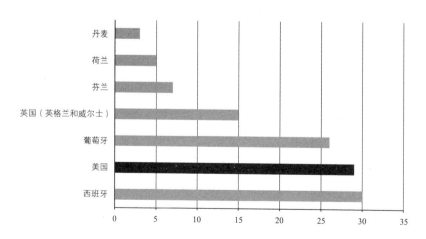

71. 警务人员

每 10 万人中警务人员的数量

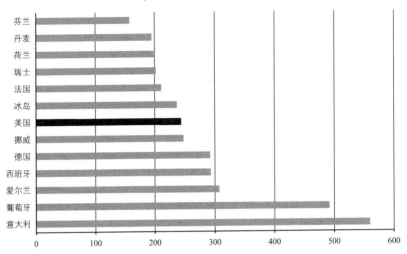

天黑后独自行走非常安全。奥地利人和瑞典人感觉与美国人一样安全，瑞士人和法国人的安全感也大致相当，而英国人、比利时人、德国人、希腊人、意大利人、卢森堡人、爱尔兰人、西班牙人和葡萄牙人的安全感要差得多。在晚上，纽约人感觉和维也纳、阿姆斯特丹、斯堪的纳维亚半岛国家首都的居民一样安全。与柏林、雅典、罗马、马德里、伦敦的居民相比，担心被袭击的纽约人比例要少得多。[7]舆观调查网和《经济学人》最近进行的一项民意调查显示，美国人将犯罪列为他们各种担忧中最弱的一项，而英国人将其列为仅次于移民的第二大关注点。同样，担心来年成为入室盗窃受害者的美国人占比比欧洲国家的人（除丹麦人或芬兰人外）都要少。[8]

毫无疑问，美国的谋杀率和囚犯人数都超出了欧洲整体规模。然而，在所有国家中，凶杀和监禁其实只影响了极少数人，公民所接触的犯罪更多只是普通犯罪。就这些方面来说，尽管名声不太好，但按照欧洲的标准，美国实际上是一个和平、安静的地方。正如一个学者团体所说，暴力而非犯罪才是美国的问题。[9]美国社会相对守法的特点是否应归因于许多罪犯已经被囚禁在监狱中，我们不得而知。美国人往往礼貌待人。在《读者文摘》对不同城市礼貌举止的非正式调查中，纽约人的得分最高，甚至领先于苏黎世居民（见图72）。尽管美国有很多律师，但相比许多欧洲人，美国人更不爱诉诸法律解决问题，例如德国人，甚至随和的瑞典人，更不用说奥地利人（见图73）。

以受害人口所占百分比来衡量，美国财产犯罪率已接近欧洲中高位水平（见图74），英国和意大利更高。美国偷车率接近欧洲低位水平，不到意大利的五分之一，仅高于奥地利、瑞士、芬兰、德国和荷兰（见图75）。美国的入室盗窃案发生率很高，但低于丹麦和英国。盗窃案的发生率与六个西欧国家的相同或更高，扒窃案的发生率仅高于瑞典、苏格兰、芬兰和葡萄牙。抢劫案的发生率接近欧洲的最低水平。[10]《读者文摘》做过一项基于主观印象的调查，对主要城市中确切丢失的手机寻回率进行评判。除斯德哥尔摩以外，纽约比其他任何欧洲城市都表现得更好。[11]

美国的犯罪率处于欧洲中游水平，与瑞典和比利时的数据相当（见图76）。强奸案发案率较高，但性侵案发案率低：只有比利时和葡萄牙更低，奥地利的数据是美国的三倍（见图77）。但这样的数据也具有欺骗性。很明显，这两种犯罪之间的区别是模糊的，不同文化可能有不同的解释。在某些统计中，强奸算作性侵犯。2003—2004年度对性侵犯的调查记录显示，美国处在最高一档，数据与冰岛相当，比瑞典高一点。但是，1999年的同一项调查数据显示，美国处于最低一档，仅高于葡萄牙

72. 礼貌举止

通过《读者文摘》关于礼貌举止的测试者所占百分比

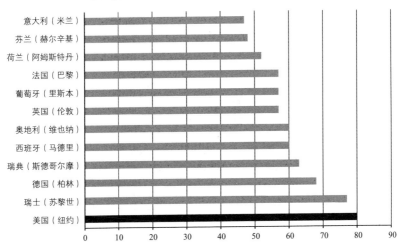

73. 诉讼率

每 10 万人中的法律案件

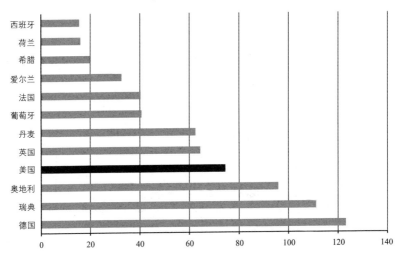

74. 财产犯罪

受害人口（%）

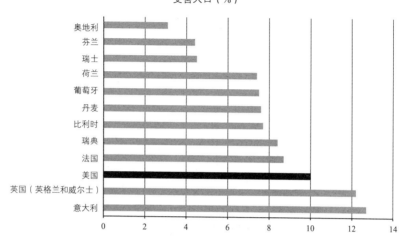

75. 偷车罪

受害人口（%）

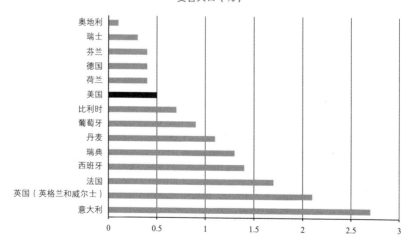

76. 侵犯人身罪

受害人口（%）

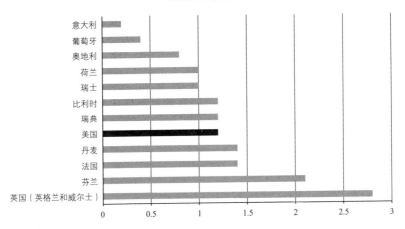

77. 性侵犯罪

受害人口（%）

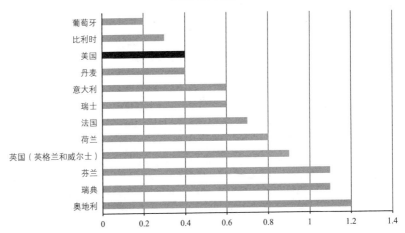

和比利时，与丹麦处于同一水平，约为瑞典的三分之一。[12] 也许使用某种性犯罪受害者在妇女中的百分比是更准确的评判尺度。按照这个标准，除比利时人、法国人和葡萄牙人之外，美国妇女受到的侵害要比欧洲妇女少。[13]

联合国儿童基金会最近的调查显示，美国儿童的福利待遇不佳，尽管比英国好。美国儿童因事故而伤亡的概率更高。但就年轻人特别容易遭受的其他形式的暴力而言，他们处于中等水平。除瑞典、芬兰、葡萄牙、德国和瑞士以外，美国在儿童打架的次数上少于欧洲国家（见图78）。被欺负的可能性处于欧洲国家的中游水平，仅次于法国、英国、德国、瑞士、奥地利和葡萄牙。[14]

在美国，某些药物的使用频率很高。大麻和可卡因的使用频率要比欧洲国家中与其最接近的英国高一些。除此之外，美国的药物消费并没

78. 年轻人暴力

上一年遭遇暴力的十几岁青年所占百分比

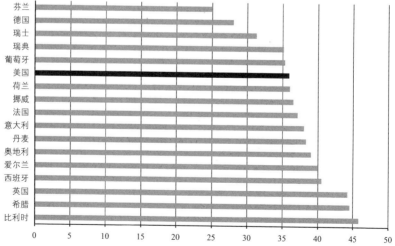

有超出欧洲国家的整体范围。[15]苯丙胺的使用率低于英国和爱尔兰，仅略高于西班牙和丹麦。摇头丸的使用率低于爱尔兰、英国、西班牙和荷兰（见图79）。麻醉剂类药物滥用处于欧洲国家的中游水平（见图80）。至于公民为抵抗罪犯保护自己所采取的预防措施，美国人生活的地方不如欧洲人那么戒备严密。按人口比例来算，美国人比欧洲人拥有更多的看门狗，但他们建造的高围墙比法国人、英国人和比利时人都要少，窗户防护栏的数量也少于英国人的，防盗警报器的数量与挪威人的一样多（比英国人的少很多），并且安装的特殊门锁也比荷兰人、英国人和德国人的少（和意大利人、奥地利人的一样多）。[16]

威尔·胡顿警告我们说："美国的商业道德非常缺失，需要最严厉的管控。"[17]然而，美国白领的犯罪率处于欧洲各国的中低位水平。法国发生贿赂的概率是美国的六倍以上。实际上，仅瑞典和英国的概率比美国的低（见图81）。在瑞士和比利时，腐败的公职人员索取贿赂的可能性与在美国差不多，在德国、奥地利、丹麦、葡萄牙、法国和希腊，公职人员索取贿赂的可能性更大。[18]法国、爱尔兰和比利时以及所有地中海国家看起来比美国更腐败（见图82）。世界银行估计，与希腊、葡萄牙、意大利、爱尔兰、德国、法国和比利时相比，美国受贪腐困扰更少，和西班牙相当。[19]根据联合国的数据，德国发生欺诈的概率是美国的八倍还多，英格兰和威尔士发生欺诈的概率是美国的四倍以上，甚至丹麦也超过了美国（见图83）。在冰岛、丹麦、瑞典和希腊，消费者欺诈行为比美国更普遍。[20]

欧盟俨然成了另一个跨国的腐败大舞台。它还汇集了不同的国家治理风格以及对犯罪的不同容忍度。由于涉嫌参与欧盟内部的腐败，最近自杀或被他人杀害的欧洲著名公众人物的数目令人震惊，整个大西洋地区的其他国家都甘拜下风，比如卡尔·阿尔杰农、加布里埃莱·卡利

79. 摇头丸使用

上一年有过使用经历的成人（%）

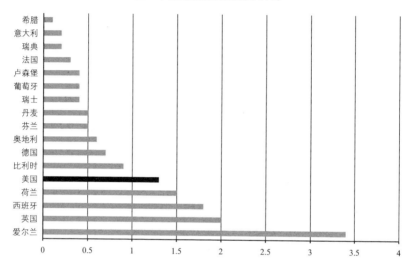

80. 麻醉剂类药物使用

每年滥用麻醉剂类药物的成人

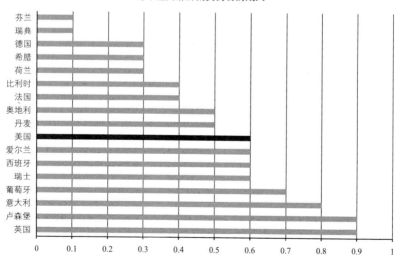

81. 贿赂

受害人口（%）

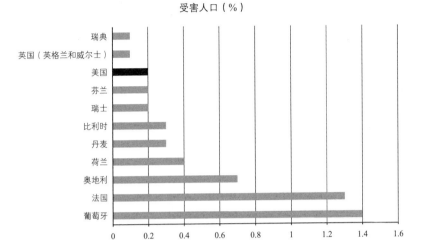

82. 腐败

腐败感知指数，10 为极度清廉，0 为极度腐败

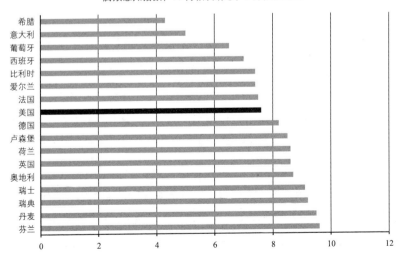

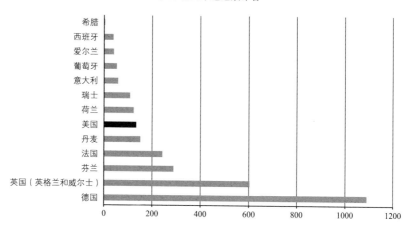

83. 欺诈罪

每 10 万人中遭遇欺诈者

亚里、安德烈·库尔斯、卡米洛·克罗亚尼、罗伯特·费利西亚格、劳尔·贾尔迪尼、沃尔夫冈·赫伦、蒂埃里·伊姆博特、雅克·莱菲弗尔、于尔根·穆勒曼、安东尼奥·夸特拉、阿兰·范德·比斯特。[21] 美国的高管认为普通犯罪和暴力行为给国内企业造成的成本支出，并不比比利时、法国、爱尔兰、英国、意大利、荷兰和西班牙的同类情况更糟。对于有组织的犯罪，美国人比荷兰人、西班牙人以及意大利人更乐观。[22] 美国的全部犯罪案件受害者占比处于欧洲国家的中游水平。实际上，只有相对较小的国家，如芬兰、奥地利、瑞士和葡萄牙，比美国的犯罪率更低（见图 84）。

抢劫案发生率方面，美国很高，仅低于葡萄牙和英国（见图 85）。但受害公民的百分比要低得多，美国仅高于奥地利，和芬兰相同（见图 86）。换句话说，在美国，抢劫案很多，但受害者较少。暴力的底层阶级

84. 整体犯罪率

犯罪受害人口占总人口的百分比

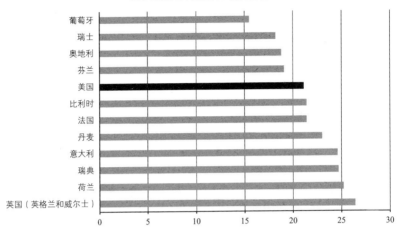

85. 抢劫罪犯罪率

每10万人口中的抢劫案受害者

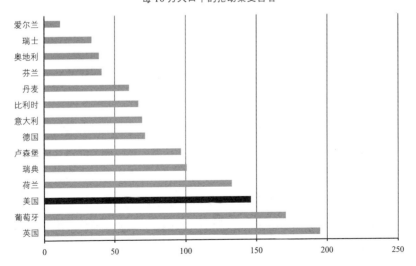

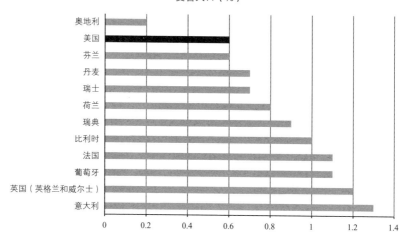

86. 抢劫受害者

受害人口（%）

更多是把手伸向与自己同一阶层者，普通民众不太可能受到打扰。与欧洲一样，美国的犯罪行为也充斥着整个社会，只不过它往往和苦难联系在一起。的确，我们的比较可以说指出了美国和欧洲之间的主要区别：作为奴隶制尚未解决的悲剧性遗产之一，种族特征明显的底层阶级在美国持续存在着。

从统计数字中排除黑人底层阶级所占的比例，美国的谋杀案发生率也降至欧洲水平。美国仍然是一个相当暴力的社会，但并不比某些欧洲国家严重。美国的非黑人谋杀案发生率低于瑞士和芬兰凶杀案的总体水平，甚至比瑞典的还低一点（见图87）。不用说，这里的"黑人"代表着贫穷、失业和大城市贫民窟被排斥的状态，而不是种族标签。如果我们排除统计数据中在美国最恶劣社区实施的谋杀案，效果会更加突出，因为这样我们将排除掉那些居住在贫民窟处于社会边缘的少数族裔所犯下的谋杀案。美国的问题不是暴力，甚至不是谋杀，而是遍布整个社会的

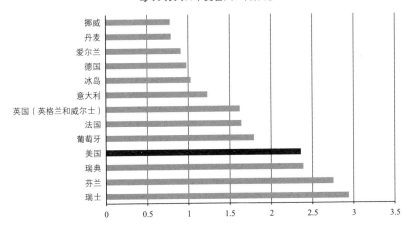

87. 美国非黑人谋杀率，2005 年

每 10 万人口中受害人口百分比

一般问题。将美国与欧洲国家区分开来的是内城贫民窟所产生的社会问题，当然针对这样的问题美国社会仍然没有找到合适的解决办法。

如果我们能相应地调整其他犯罪的统计数据，那么美国的犯罪率将从欧洲各国中游水平降至底部水平。相反，如果欧洲社会中拥有一个类似被剥夺的底层阶级（这种情形正在加剧形成），那么犯罪率将会大大上升（并且取决于欧洲人吸纳外来者的能力）。美国黑人发生凶杀案的频率是白人的七倍。[23] 在瑞典，有可靠的数据显示，在流浪者群体中，犯罪率也异常突出。在国外出生的"新瑞典人"犯下各种罪行的可能性是瑞典出生者的两倍，来自撒哈拉以南非洲地区者的可能性则是瑞典出生者的四倍。外国人蓄意谋杀和谋杀的可能性要高出四倍以上。[24] 欧洲吸纳更多合法和非法的移民导致了这样的危险，即这些移民有可能沦为底层阶级，整个大西洋地区的犯罪率则可能会加速趋同。现在，美国监狱中只有 6%

的囚犯来自国外移民，但国外移民在德国和瑞典的囚犯中占比为四分之一以上，在意大利、荷兰和西班牙的囚犯中占比为三分之一，在奥地利、比利时和希腊的囚犯中占比不到一半，在瑞士和卢森堡的囚犯中则占三分之二以上。[25]

第五章　更广泛的比较

欧洲人常常认为美国是一个"大"国：人高马大，开的汽车大，住的房子大。人我们已经说到了，汽车后面会说。美国的住房标准位于欧洲中等偏上。美国的平均水平是每人拥有两个房间。卢森堡、荷兰、英国和比利时的居民拥有更多的房间（见图88）。爱尔兰人的家庭中至少拥有五个房间的比例更高，而英国人和西班牙人则紧随其后。[1] 就社会或公共住房的标准而言，相比欧洲内部各国令人印象深刻的差异，大西洋两岸的差异显得微不足道。在英国和法国，住房总量的大约五分之一是公共住房，但这是迄今为止欧洲国家中最高的比例。意大利的这一比例仅为 7%。在西班牙的所有住宅中，公共住房所占的比例甚至低于美国，只有 1%。根据经济合作与发展组织的数据，葡萄牙几乎不存在社会住房，至少从政府在这方面的支出来看是这样。作为一个人口较少的国家，瑞典的花费是葡萄牙的 500 多倍。总体而言，那些住房支出高到足以占国内生产总值一小部分的国家，住房支出所占的比例不等，从奥地利和卢森堡的 0.1% 到英国的 14 倍。[2] 很难把热衷于社会住房的建设视为欧洲的一个典型特征。而且，尽管美国缺少足量的公共住房，但美国租户中最贫穷的五分之一在住房上的支出仍低于瑞典和瑞士的租户，仅略高于英国的租户。[3]

88. 可居住面积

平均每人拥有的房间数

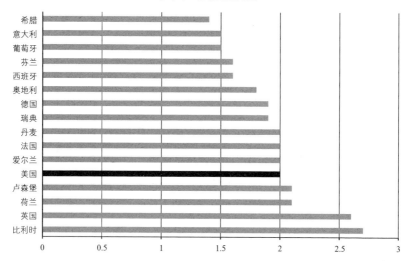

面对处于困境的第三世界国家，美国经常被认为是吝啬的帮手。的确，美国直接以现金赠款的形式提供的对外援助，如果按人均计算，数字并不令人印象深刻。奥地利或者地中海国家（法国除外）提供的现金援助更少（见图89）。但如果我们囊括更加广泛的测量指标，包括通过关税和贸易政策、投资、移民便利、安全、技术交流等提供的间接援助，美国对第三世界的帮助将超过地中海国家，超过法国和比利时，只比英国少一点点（见图90）。在最近政府机构向欠发达国家发放援助所做工作的排名中，美国的排名低于表现最好的国家（英国、挪威、瑞典、瑞士、葡萄牙、比利时和意大利），但是高于奥地利、爱尔兰、荷兰、丹麦、芬兰、德国和西班牙。[4] 出人意料的是，美国人对联合国的信心比大多数欧洲人都高，仅低于意大利人和卢森堡人。[5] 只有芬兰人不太同意国际机构有权强制解决诸如环境污染等问题，丹麦人和西班牙人则处于同一阵营。[6]

89. 发展援助

平均数（2002 年购买力平价）

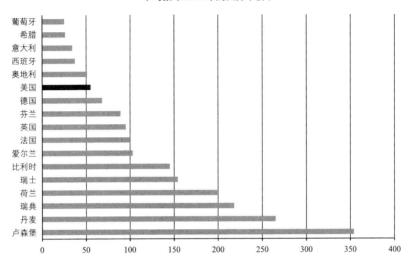

90. 对外援助总金额

承诺援助贫困国家发展的比例

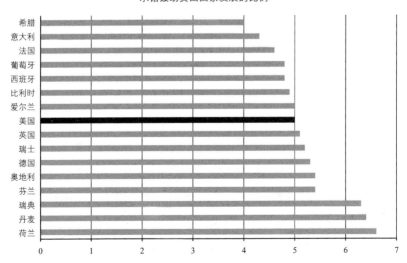

人们通常认为，只要不受到侵犯，美国人对自己周遭的世界几乎不感兴趣。持有护照的美国人很少，这通常被认为是他们不感兴趣的表现。美国人85%的出游都在国内。如果剩下的15%都选择境外游，那么美国人和希腊人、西班牙人、法国人的出境游百分比在同一档次，仅有12%的希腊人、13%的西班牙人和17%的法国人选择去国外度假。这还没有考虑海外大旅行开始前需要移动的路程。超过99%的卢森堡人选择在国外度过四夜或以上的假期不足为奇；他们还可能被带到别的什么地方呢？[7]纯粹出于拓扑学的原因，对于大国的居民来说，出境旅行是一件不平常的事情。假设一个欧洲人离开欧洲的努力与一个美国人离开美国的努力大致相当，那么这些数字就会变得更具可比性。2006年，970万西欧人到访美国，1300万美国人出游欧洲。可见，在旅游领域，美国人对欧洲的兴趣要比欧洲人对美国的兴趣大。同一年，前往海外（不算墨西哥和加拿大）的美国人（3000万）明显多于来美国的海外游客（2200万）。[8]

要就美国对世界其他地方的所谓漠不关心进行量化是很困难的。但是我想在这里做一个尝试。利用四家主要报纸——《法兰克福汇报》《纽约时报》《卫报》《费加罗报》——的网上文献（可惜的是，《世界报》的搜索引擎不允许进行类似的分析），我们统计英语连词"but"和它在德语、法语中的对等词的使用频率，当作四家报纸用词的总数。这是我们的分母。[9]然后，我们统计了使用以下各词或其对应词的相对频率：巴黎、柏林、华盛顿和莫斯科。结果显示，《纽约时报》提及巴黎的频率与《卫报》相当，稍低于《法兰克福汇报》。《纽约时报》对柏林的兴趣比《卫报》略低，大约是《费加罗报》的一半。《纽约时报》对莫斯科的兴趣比《法兰克福汇报》低30%，与《费加罗报》差不多，但几乎是《卫报》的两倍。《纽约时报》对伦敦的兴趣比《法兰克福汇报》更大，但比《费加罗报》小。《纽约时报》关于巴黎的报道比《法兰克福汇报》关于华盛顿的报道要多，而且只比《费加罗报》和《卫报》对巴黎的报道少一点。如果我们统计对俄罗斯和朝鲜这两个国家领导人的报道，《纽约时报》对俄罗斯总统的兴趣比《卫报》大，但远不及《法兰克福汇报》和《费加罗报》。它发表有关朝鲜领导人的文章比其他任何报纸都要频繁。当然，用词频率的统计只是粗略地衡量人们的兴趣，但考虑到搜索引擎的局限性，这是最好的选择。从以上简单的描述中，我们可以看到这些报纸对外部世界的兴趣大致相同。

有人可能会提出反对意见：也许这适用于《纽约时报》，适用于纽约人，但那些分不清维埃纳（Vienne）和维也纳（Vienna）的乡下人呢？接下来我们对一些体面的地方报纸进行同样的测试。美国选择的是《达拉斯晨报》（*Dallas Morning News*）、《巴尔的摩太阳报》（*Baltimore Sun*）、《旧金山纪事报》（*San Francisco Chronicle*）、《亚特兰大宪法报》（*Atlanta Journal-Constitution*）；法国选择的是《进步报》（*Le Progrès*）、《南方快报》（*La Dépêche du Midi*）、《里昂日报》（*Lyon Capitale*）；德国选择的是《亚克纳新闻》（*Aachner Nachrichten*）和《斯图加特新闻》（*Stuttgarter Nachrichten*）。选择是必要的，有限的几个网站允许我们尝试进行搜索。之所以没有选择任何英文报纸，是因为英国已不再有正常运作的地区性报纸。

结果证实，德国的地区媒体比法国的地区媒体对国外的大人物更感兴趣。与美国的报纸相比，法国的报纸对柏林的关注多一点，对伦敦的关注则少一些。德国的报纸对华盛顿和巴黎的关注度均超过了法国和美国的报纸。平均来看，法国人和美国人对莫斯科的关注度几乎相同，德国人则关注更多一些。对普京的关注度与此类似。相比之下，关于朝鲜领导人，美国的报纸比欧洲的报纸要敏感得多。

如果我们将美国的地区报纸与瑞典发行量最大的报纸《每日新闻》（*Dagens Nyheter*）进行比较，可以发现同样的结果（也可以选择和《南瑞典日报》进行比较，结果惊人地相似）。《每日新闻》是瑞典闲谈阶层（一个以世界主义风格而自豪的群体）的喉舌。若是对普京感兴趣，你最好阅读《每日新闻》而不是任何美国报纸；若是对朝鲜领导人感兴趣，你最好阅读《旧金山纪事报》或《巴尔的摩太阳报》。这很好地说明了瑞典的报纸。另一方面，如果你对其他国家的首都（代表它们所得到的新闻报道总量）更感兴趣，假设关注的焦点是巴黎，那么最好选择《达拉斯晨报》或者《旧金山纪事报》。如果感兴趣的是伦敦，你最好阅读《旧金山纪事报》和《巴尔的摩太阳报》。如果感兴趣的是莫斯科，你最好阅读《达拉斯晨报》。但如果关注的点是柏林，那么美国的地方报纸就竞争不过《每日新闻报》了。也就是说，在对世界的关注热情上，美国的地区报纸和法国的地区报纸大体相当，稍逊于德国的地区报纸，与瑞典的国家媒体相差无几。像往常一样，我们所期待的深沟巨壑不过是平缓起伏的山丘。

然而，欧洲喋喋不休的闲谈阶层不惜牺牲美国人的利益，如此执着地把自己打造得见多识广，人们不禁要问他们渴望得到满足的潜在心理需求到底是什么。报道美国时，欧洲媒体往往会扯上一个波拉特（Borat）*：见多识广的欧洲人为其他见多识广的欧洲人报道美国的乡巴佬。当然，如果没人打电话给你，这是一个令人满意的把戏。但是如果

---

* 《波拉特：为了建设伟大的祖国哈萨克斯坦而学习美国文化》是2006年上映的一部美国喜剧电影，以伪纪录片的形式、讽刺癫狂的手段讲述了哈萨克斯坦记者"波拉特"在美国的"文化之旅"。2020年其续集上线，引发哈萨克斯坦人的再度不满。

认为它不能反过来重复，那就错了。我们迟早会看到一位美国作家下笔描写类似鲍德里亚《美国》的欧洲，出书记录欧洲五花八门的怪异之处：巴伐利亚或者奥地利的电视台在黄金时段播出的 Schuhplatteln（一种极度商业化的民族舞蹈）；封闭性度假胜地，让德国人或英国人即使在国外也足不出户；欧洲电视网歌唱大赛；卢尔德（Lourdes），天主教信徒寻求圣水治病的地方；成年人穿着 Lederhosen（皮短裤，欧洲阿尔卑斯山民所穿）、Trachten（传统长裙）和 Dirndlen（南德妇女的民族服装）；意大利电视台的裸体天气播音员；德国单身广告中豪车的情色诱惑；著名的布莱克浦（Blackpool）；库尔特·瓦尔德海姆（Kurt Waldheim）；圣比约神父；列支敦士登；阿明·迈维斯，罗滕堡的食人魔；电视真人秀；欧洲人对吉卜赛人普遍且极其自鸣得意的蔑视；海诺（Heino，德国迄今为止最著名的民谣歌手）；挪威的干燥之都；足球流氓；共同农业政策；黄油之旅；地中海的鸣鸟狩猎；*Hello* 杂志；西尔维奥·贝卢斯科尼（Silvio Berlusconi，意大利前总理）；瑞士的内阿彭策尔州（Appenzell Innerrhoden），1990 年被迫给予妇女地方选举权；*Heimatlieder*；无节制地饮酒；纪录片 *Page 3 Girls*；对戴安娜的狂热追捧；等等。汉斯·马格努斯·恩岑斯贝格（Hans Magnus Enzensberger）的《欧洲，欧洲》（*Europe, Europe*）精彩地描绘了欧洲有时藏在平静的外表下面那些奇怪的极端现象，但它需要更新了（最早出版于 1987 年）。

第六章　教育和更高的追求

人们普遍认为，美国的高等教育状况相对良好，其主要竞争对手是英国。美国人口不足世界总人口的 5%，研发经费却占全球总支出的 40%。世界诺贝尔奖获得者有 70% 来自美国，世界前 20 名和前 40 名大学中有四分之三在美国，高引用率的科学著作有 63% 在这里出版。[1] 支出经费的数额很能说明问题。就政府拨款经费占大学教育总费用的比例来看，美国政府低于任何欧洲国家（见图 91）。但是，正如我们在研究整体社会支出时所看到的那样，国家直接拨款的资金并不能说明全部情况。以占国内生产总值的百分比衡量，美国大学教育的总支出不仅高于大多数欧洲国家，而且比其最接近的竞争对手斯堪的纳维亚国家高出 60% 左右，是后者的两倍多（见图 92）。值得注意的是，美国本身的国内生产总值是大于欧洲国家的国内生产总值的。因此，在大学教育的支出上，美国不仅占国内生产总值的比例高于欧洲，经费的绝对数额更要高于欧洲。美国在大学毕业生占总人口的比例上高于任何欧洲国家。从这个意义上说，美国成年人的受教育水平是高于欧洲的（见图 93）。尽管如此，在本次对有限的几个国家的调查中，美国人接受继续教育的数量仍高于德国人、瑞士人和比利时人。[2]

就政府对中小学教育的经费投入和对整体教育的经费支出而言，美国的排名在欧洲国家的中段（见图 94）。但是，以占国内生产总值的百

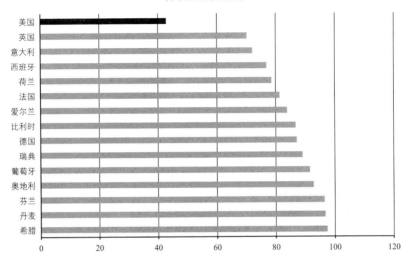

91. 政府对大学教育的拨款

占总支出的百分比

（图中国家自上而下：美国、英国、意大利、西班牙、荷兰、法国、爱尔兰、比利时、德国、瑞典、葡萄牙、奥地利、芬兰、丹麦、希腊）

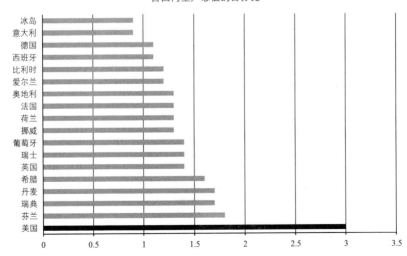

92. 大学教育经费总支出

占国内生产总值的百分比

（图中国家自上而下：冰岛、意大利、德国、西班牙、比利时、爱尔兰、奥地利、法国、荷兰、挪威、葡萄牙、瑞士、英国、希腊、丹麦、瑞典、芬兰、美国）

93. 接受大学教育者

占成人数量百分比

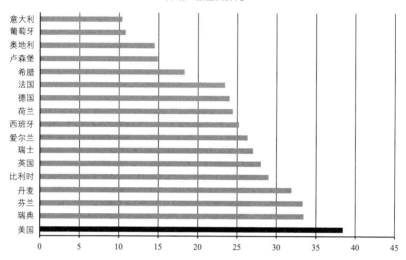

94. 国家对教育的支出

占国内生产总值的百分比

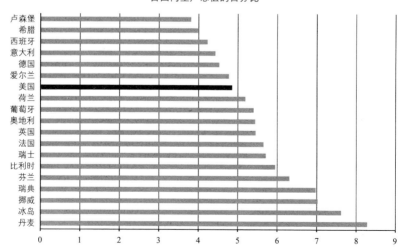

分比来衡量，美国的教育总支出（含公立和私立）仍高于欧洲所有国家（见图95）。按照欧洲标准，美国中小学教师的薪酬相当高，处于中等偏上水平（见图96）。从中学毕业者占人口的比例看，美国也比任何欧洲国家都高。[3]相比欧洲的标准，美国小学班级的平均规模处于中上位置，中学班级的平均规模则处于中间位置（见图97）。

与大多数欧美人所持的看法不同，2006年国际学生评估项目（PISA）的排名显示，美国中小学生的学业表现与其欧洲同龄人一样好。在数学方面，他们可以做得更好，目前排在意大利学生、葡萄牙学生和希腊学生之上。[4]在科学方面，美国学生的排名超过了挪威学生、西班牙学生和卢森堡学生。[5]在阅读方面，奥地利、丹麦、冰岛和德国学生的能力有所下滑，因此美国学生在与欧洲学生的排名中居中（见图98）。一个证据就是，2006年，国际阅读素养进展研究项目（Progress in International Reading Literacy Study）将美国四年级学生排在欧洲学生的中心位置：位于挪威、比利时、冰岛、西班牙、法国、奥地利、苏格兰和英国的四年级学生之上。[6]据2007年国际数学与科学学习趋势项目的比较，数学和科学的情况大致相同，虽然这个项目的调查样本比国际阅读素养进展研究项目的更少。与西欧的学生相比，美国四年级学生的数学成绩仅低于母语为英语和荷兰语的同龄人，八年级学生只有英语成绩被超过了。[7]然而，每个国家的平均分数并不能说明全部情况。真正优秀的"学霸"或者不可救药的"学渣"到底有多少呢？在国际学生评估项目的科学测试中，美国在低分学生所占的比例上高于除意大利和葡萄牙两个国家之外的西欧国家，但是排名仅略低于卢森堡、挪威、希腊和法国。在另一端，美国在高分学生所占的比例上却高于除英国、德国、芬兰和荷兰以外的欧洲国家。[8]

95. 教育总支出

公共和私人对教育的支出总额占国内生产总值的百分比

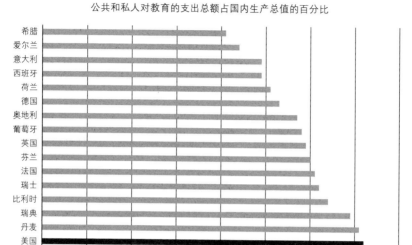

96. 中小学教师薪酬

15 年教龄以上（购买力平价）

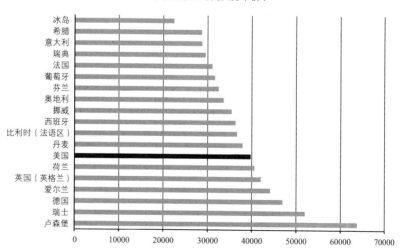

97. 班级规模

初中教育

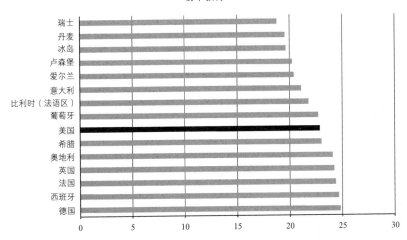

98. 阅读能力得分

2003 年国际学生评估项目

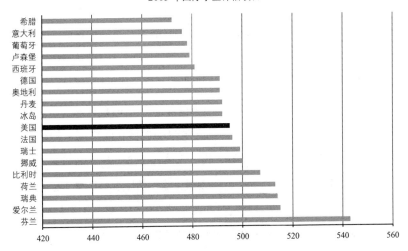

这些数字与学生有关。如果我们着眼于学校及其表现，美国学校之间的差距比较适度，尽管欧洲人普遍认为美国的好学校和坏学校泾渭分明。例如，英国《独立报》警告其读者不要模仿美国，避免学校"大体上按种族和阶级划分"[9]。然而，数据分析则揭示出不一样的情况。比较2003年国际学生评估项目中数学的得分，美国各学校之间差异不大。比较差额的百分比，美国接近北欧国家，而不是教育分流明显的中欧国家和地中海国家（见图99）。在国际学生评估项目中科学测试得分倒数的四分之一群体中，来自蓝领家庭的学生是来自白领家庭的两倍稍多。这一数据与英国和卢森堡的相同。这显示在社会分层方面，美国低于荷兰、法国、德国、比利时和奥地利。[10]阅读测试方面，美国条件优越家庭的孩子与条件较差家庭的孩子分数差距很大，但葡萄牙、英国、比利时、卢森堡、德国和瑞士的这一差距更大。[11]在美国，家庭文化素养（受过大学教育的父母）对学生数学成绩的影响比欧洲任何国家的这一情况都要明显。然而，衡量初高中学历的父母对孩子数学成绩的影响，美国并不比六个欧洲国家更大。文化资本（以拥有200多本书的家庭来衡量）在美国的影响力低于七个欧洲国家。换句话说，美国和欧洲的家庭文化以同样的方式决定着中学生的成绩。[12]

欧洲人经常认为美国的好学校都是私立的，是为精英阶层服务的。然而，美国教育的私有化程度并不比许多欧洲国家的教育体系高。从小学登记入学来看，美国小学生上私立学校的比例在欧美国家的排名榜上居中。[13]从中学登记入学来看，情况大体差不多，尽管这些数字很难确定（见图100）。根据世界银行的数据，这里的图表只区分了公立和私立中学的学生。在这方面，比利时和荷兰私立学校的孩子比例要高得多，其中许多是宗教学校。但在荷兰和大多数北欧国家，私立学校的大部分

99. 学校之间的差距

2003 年国际学生评估项目中数学得分表现（%）

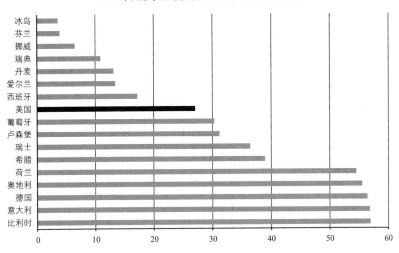

100. 私立中学

入学儿童（%）

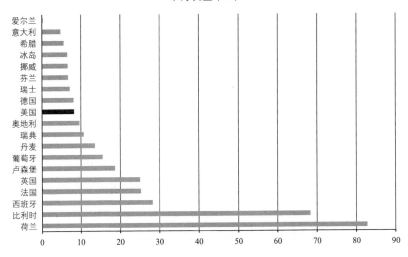

资金实际上是通过政府税收间接提供的，美国人称之为教育券制度，通常还附带一笔学费补助。虽然美国左派指责教育券是在一个公共利益应该占主导的领域向市场投降，但是许多倡导社会民主的欧洲国家已经开始引入。如果我们将学校分为三类——经济合作与发展组织称为公立学校、依赖政府的私立学校和独立的私立学校，绘制出来的图表肯定会有些不同。如此，美国高中生上公立学校的比例会高于除瑞士、意大利、爱尔兰、希腊和丹麦以外的欧洲国家。另一方面，美国学生上独立的私立学校的比例也会高于除西班牙和葡萄牙以外的欧洲国家（在这里有相关数据的国家）。[14] 在美国，私人资本占中小学教育投资的比例相对较低，低于英国、瑞士和德国。[15]

美国这样的教育体系有什么样的成效呢？首先也是最重要的，按照欧洲的标准，美国年轻人接受教育或参加工作的比例非常高。换句话说，他们的精力被很好地占用了。在欧洲，只有北欧国家（瑞典除外）、爱尔兰和荷兰的年轻人更积极地学习或工作（见图101）。与美国相比，10个欧洲国家中没取得学历而离开中学的年轻人所占比例更高。[16] 根据欧洲标准，美国的文盲率是欧洲平均水平（见图102）。相较而言，更多的英国人和爱尔兰人，甚至两倍多于美国人的意大利人不会读或写。美国的平均识字率处于欧洲的中间水平。美国人的识字水平（prose literacy）仅低于荷兰、芬兰、挪威和瑞典，在国内高水平和低水平之间的差距非常大，英国和葡萄牙也是如此。[17]

西蒙娜·德·波伏娃认为，美国人不需要阅读，因为他们不思考。[18] 思考是很难量化的，阅读稍微好一点。美国人是有阅读习惯的。除了北欧国家、瑞士和卢森堡之外，美国人均报纸数量比欧洲任何地方的都多（见图103）。这些报纸的人均发行量高于地中海大部分地区以及爱尔兰

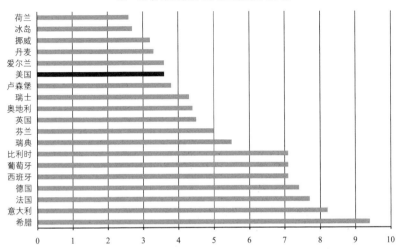

101. 自由自在的年轻人

15—29 岁未受教育和失业者所占百分比

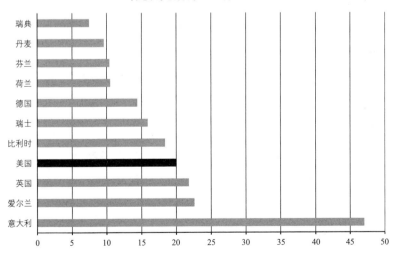

102. 文盲率

缺乏识字能力的人口所占百分比

103. 人均报纸数量

每 100 万人口拥有的报纸数量

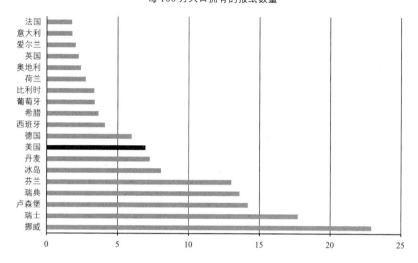

和比利时。[19] 根据另一份数据（统计人均报纸数量），美国排在除北欧国家（丹麦除外）以外的所有西欧国家之上。[20] 在过去的一周里，读过这些报纸的美国人比法国人或西班牙人多。[21] 美国也有很多图书馆。美国的大学得到广泛资助，大学图书馆的人均图书数量高于除芬兰、丹麦和冰岛以外的任何欧洲国家，这一点也不奇怪。[22] 长期以来，美国公共图书馆一直都有政府的资助，这一悠久传统意味着，与德国、英国、法国、荷兰、奥地利和所有地中海国家的读者相比，普通的美国读者能获得更好的图书资源（见图 104）。美国人确实也比大多数欧洲人更好地利用了这些公共图书馆的资源。2001 年，美国人平均每人借阅 6.4 本书，比德国人、奥地利人、挪威人、爱尔兰人、卢森堡人、法国人和整个地中海地区的读者都多。[23] 美国人还并不满足于借书看，他们人均购书的数量也比我们统计的任何欧洲人都多（见图 105）。按比例而言，除瑞士人、瑞典人、

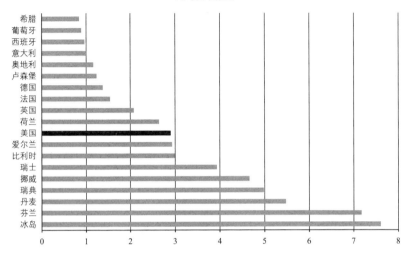

104. 公共图书馆数量
人均图书数量

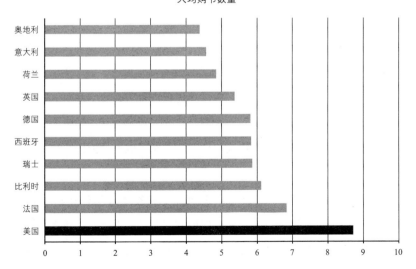

105. 图书销售量
人均购书数量

德国人和爱尔兰人之外，声称每月阅读一本书的美国人多于其他欧洲国家的人。[24] 美国人写的书也更多。按人均出版的数量计算，与欧洲国家相比，美国位于前列（见图 106）。

正如人们所料，美国人平均看电视的时间比大多数欧洲人都长，但英国人花在看电视上的时间更多，意大利人排在第三位（见图 107）。美国人每天看电视超过两小时的比例低于葡萄牙人、挪威人、丹麦人、芬兰人、荷兰人、爱尔兰人、德国人和英国人。[25] 是的，美国人看电影的频率比大多数（但不是所有）欧洲人都高。[26] 冰岛人更是热衷于看电影。

自以为优越的人可能会反驳说，美国人只喜欢流行文化——他们的书是垃圾，他们的电影是好莱坞出品。这样的不屑存在已久，在全欧洲此类人中广泛存在。1941 年 12 月，希特勒突然向美国宣战，当时他可能有其他的理由批评这个国家。一年后，希特勒哀叹美国的歌剧院太匮乏，尽管其公民的冰箱可能比德国人多（他不情愿地承认道）。[27] 准确地说，要比较各国歌剧院的数量，很难得到数据。但让我们考虑一下，作为一种合理的文化替代措施，看看有多少交响乐团好到足以赢得与德意志唱片公司（Deutsche Grammophon）的录音合同。事实上，只有德国在数量上高于美国。[28] 此外，在打造高雅文化所需的基础设施方面，只有瑞士在钢琴（当然是声学钢琴，包括立式和三角）人均交易率上高于美国，德国则紧追着美国排第三（见图 108）。如果只统计三角钢琴，美国人平均购买的钢琴数量是最接近的欧洲竞争对手瑞士的两倍，德国仍被甩在第三位。

我现在要谈的是高雅文化的一些指标（诚然有些草率），但人们关注到的必然是统计数据之光芒照耀的地方，而这远不是所有地方。虽然米其林指南仅在几年前开始对纽约进行评级，但纽约已经有了一定的星

106. 出版的图书
每 1000 人中出版的图书

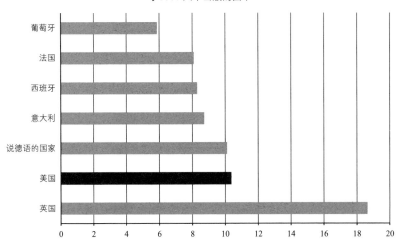

107. 看电视时间
平均每周看电视的小时数

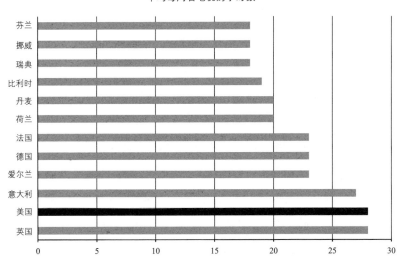

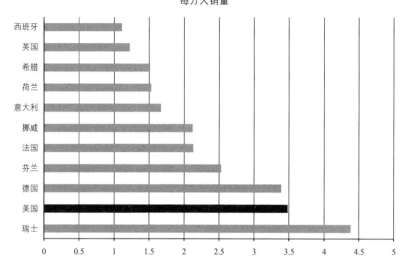

108. 钢琴年销量

每万人销量

级餐厅：当然，人均数量比巴黎少，但与伦敦（自称是当前的餐饮胜地）相媲美，且多于罗马和慕尼黑。用美食荒漠柏林来衡量德国是不公平的（见图 109）。如果我们将关注点从食物转向饮料，情况则大致相同。按占产量的比例衡量，美国获得满分的葡萄酒（罗伯特·帕克评分 100）比法国以外的任何欧洲国家的都多（见图 110）。

确实，在经济合作与发展组织定义的"休闲和文化"占国内生产总值的百分比方面，美国几乎低于任何欧洲国家，尽管与希腊大致相当，且只是略低于英国和爱尔兰。应该指出，这些数字包括政府对欧洲现有教会的拨款。除了冰岛人、奥地利人和英国人，美国家庭花在娱乐和文化方面的私人支出比欧洲人多。把国家拨款和私人支出加在一起，美国人花在提升生活品质的美好事物上的总支出位于欧洲中上水平。[29]

欧洲国家对高雅文化的补贴给欧洲大陆的公民带来了什么？先考察

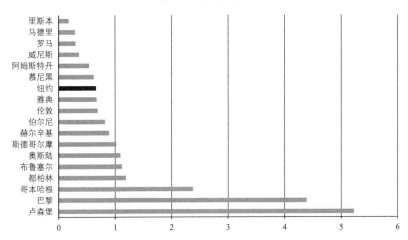

109. 米其林星级餐厅总量

每 10 万人拥有的数量

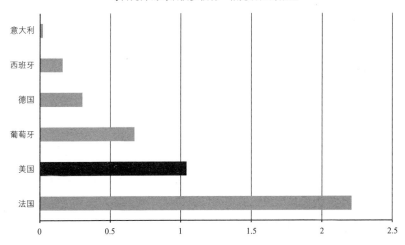

110. 满分葡萄酒

每百兆升葡萄酒获罗伯特·帕克满分的数量

一下世界著名歌剧院的入场费（见图 111）。如果以手头并不宽裕的歌剧迷走进歌剧院的次数来看，国家补贴似乎没有什么显著的优势。斯德哥尔摩的皇家歌剧院、巴黎的巴黎歌剧院和巴士底歌剧院是票价最便宜的。接着是票价居中的歌剧院，最便宜的票价在 11 美元到 20 美元之间。这类歌剧院包括伦敦科文特花园皇家歌剧院（Covent Garden）、哥本哈根歌剧院、斯卡拉歌剧院（La Scala）、巴伐利亚国家歌剧院，以及纽约的大都会歌剧院，旧金山和洛杉矶的一些歌剧院。最低档票价最高的是华盛顿特区和柏林的两家主要歌剧院。可以说，政府补贴的歌剧院和纯靠市场运作的歌剧院的票价存在一些差异，但没有巨大的鸿沟，也没有任何明显的区别。但包厢和观众厅的票价相差很大。特殊情况下，在伦敦，一个座席的价格可能超过 1000 美元。在美国，有四分之一的座席价格最高。在法国和意大利，最好的座席价格在 150 美元至 200 美元。但是幸运的德国人（至少在慕尼黑以外）以及斯堪的纳维亚人可以花不到 100 美元坐进豪华座席。（当然，这些价格都是以购买力平价计算的。）可以看到，无论是国家补贴还是市场支撑，所有歌剧院的最低票价都相对便宜，通常比电影票还便宜。欧洲大陆的最低价格有时略低于英语国家，但不会低太多，有时甚至根本不低。相对来说，在高端价位，英语国家富有的歌剧爱好者们都是自掏腰包。但是在欧陆国家，得益于对普通纳税人的高额补贴，富有者也享受折扣价格，是典型的里戈莱托打劫罗宾汉桥段。

文化不仅仅是审美家和鉴赏家感兴趣的东西，科学也应该视为它的一部分。无论是从研究者的数量还是从投入研究的经费来看，美国还拥有生产科学知识的高度发达的基础设施（见图 112）。只有芬兰和瑞典在这方面的支出占国内生产总值的比例更高一些。一个成效是美国的专利

111. 主要歌剧院的票价

购买力平价，2008 年

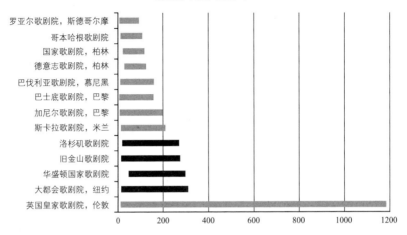

112. 研究与开发

投入经费占国内生产总值的百分比

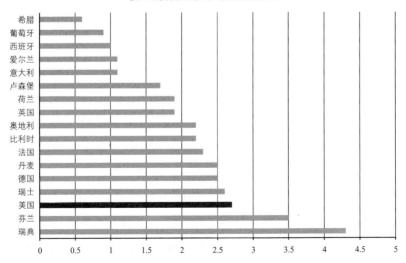

数量高居榜首——人均专利数量超过这里有数据可查的任何欧洲国家，尽管瑞典紧随其后（见图113）。从人口数量、获奖者的国籍、获奖者工作机构的国籍来衡量，美国在诺贝尔奖方面也取得了相当大的成功，人均获奖数量处于欧洲中间水平（见图114）。

接下来我们谈谈妇女及其权益和成就。赋予美国女性权利从一开始就受到欧洲的批评。[30]即使在今天，欧洲一些评论家仍将女性解放视为美国缺乏吸引力的特色。埃马纽埃尔·托德（Emmanuel Todd）主要关注他所认为的美国的"女性化"，即"阉割女性的国家"。[31]今天，大西洋两岸妇女的状况是怎样的呢？美国女性没有要求带薪休产假的权利，尽管这似乎并没有削弱她们的生育热情。由于平均年龄较小，她们比欧洲国家的姐妹生的孩子都多。[32]她们中的许多人都在工作（见图115）。只有斯堪的纳维亚国家从事经济活动的女性比例比美国高。而且，按照欧洲标准，与男性相比，美国女性的工资相当高（见图116）。反观欧洲，只有在斯堪的纳维亚国家和瑞士，女性的工资才高于男性同龄人。相比西欧（除了斯堪的纳维亚国家、比利时、法国和葡萄牙）的女性，美国女性上过大学的比例更高。[33]

在政治领域，美国女性的表现处于欧洲较差水平。在作为议会或相关组织的成员方面，爱尔兰、希腊、法国和意大利的女性代表更少（见图117）。希腊和意大利的女性部长比例较低，卢森堡和瑞士的女性部长比例相同。[34]但在经济领域，美国女性比欧洲女性做得更好。美国女性专业技术工人的比例高于冰岛（两国比例相同）以外的任何欧洲国家。女性立法者、高级官员和管理人员的比例也是如此（见图118）。在女性从事临时工方面，美国的比例低于欧洲各国；在女性从事兼职工作方面，美国的比例低于除葡萄牙、希腊和芬兰以外的欧洲国家。美国女性从事

113. 专利

每 100 万人口拥有量

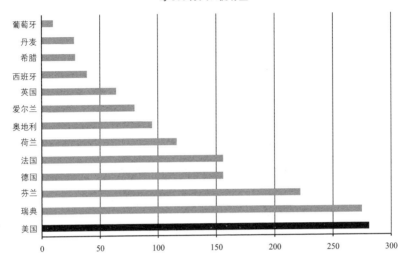

114. 各国获诺贝尔奖的数量

1950—2002 年中每 500 万人口（2005 年人口基数）获诺贝尔奖的数量

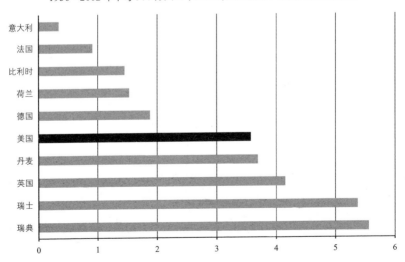

115. 职场中的女性

占总就业者的百分比

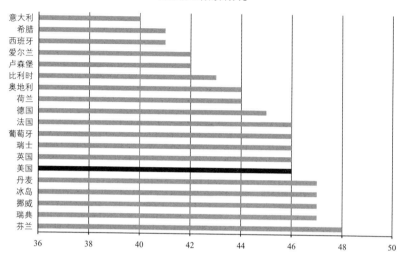

116. 女性收入

预计女性收入占男性收入的比率

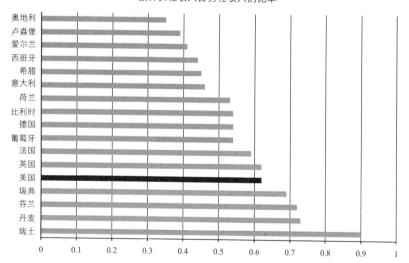

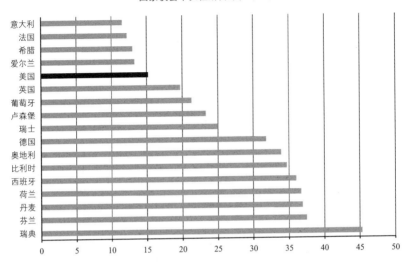

117. 议会中的女性

国家议会中女性所占席位（%）

意大利
法国
希腊
爱尔兰
美国
英国
葡萄牙
卢森堡
瑞士
德国
奥地利
比利时
西班牙
荷兰
丹麦
芬兰
瑞典

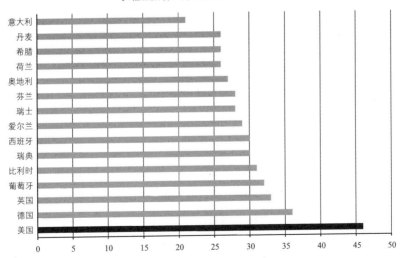

118. 领导岗位中的女性

女性立法者、高级官员和管理者（%）

意大利
丹麦
希腊
荷兰
奥地利
芬兰
瑞士
爱尔兰
西班牙
瑞典
比利时
葡萄牙
英国
德国
美国

粉领工作（pink-collar，一般由女性从事的工作）的可能性只有欧洲女性的一半。丹麦女性在欧洲劳动力市场上性别集中程度最高，意大利人最低。[35] 也许美国女性在职业上的成功部分应归功于她们在家庭中得到的支持。美国已婚男性参与家务劳动的表现比大多数欧洲已婚男性都好；只有挪威、瑞典的已婚男性参与家务劳动的表现可以比肩美国（见图119）。

119. 家务劳动中的性别划分

性别分工指数，分数越高，两性越平等

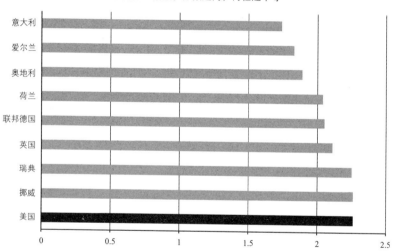

美国人在性方面通常被认为是严守道德和诚实谨慎的。但对相关习惯和态度的调查并不能证明这一点，至少与欧洲人相比是如此。和欧洲的一些国家一样，美国的一些州也认可同性婚姻（见图120）。有过同性恋关系的人所占的比例，美国和爱尔兰相差无几（见图121）。在婚外情、一夜情、性生活频率和伴侣数量等方面，美国人处于欧洲中间水平。承认有聚众淫乱行为的美国受访者，比例仅次于冰岛人，挪威稍低于美国排在第三（见图122）。美国拥有性怪癖的人比例也高于欧洲大多数国

120. 同性婚姻（或建立类似组合）

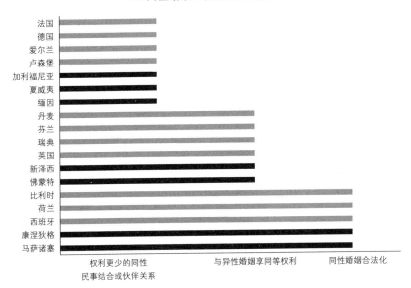

权利更少的同性 民事结合或伙伴关系	与异性婚姻享同等权利	同性婚姻合法化

121. 同性性经历

声称至少有 1 次同性性经历受访者所占百分比

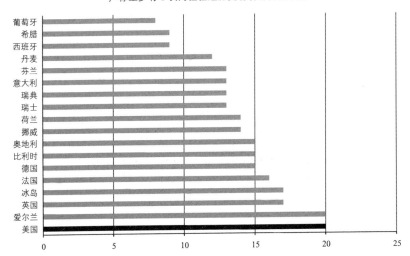

家，不过英国人和芬兰人更有勇气付诸实践（见图123）。在性方面最中规中矩者是德国人，其次是意大利人。

这样的行为会带来怎样的后果呢？按照欧洲标准，美国少女怀孕生子的现象非常普遍，几乎是英国（欧洲这一比例最高国家）的两倍。但是美国的婚外生子率为欧洲中等水平，低于英国、奥地利、法国和斯堪的纳维亚国家。[36] 反过来说，这某种程度上是美国结婚率高的结果——略高于丹麦（欧洲结婚率最高的国家），几乎是比利时（欧洲结婚率垫底的国家）的两倍。[37] 尽管堕胎行为在美国仍存争议，美国女性在堕胎的次数上和欧洲人相差不大（见图124）。只有在英国和瑞典，合法堕胎行为更加频繁。

122. 聚众淫乱行为
声称有此经历者所占百分比

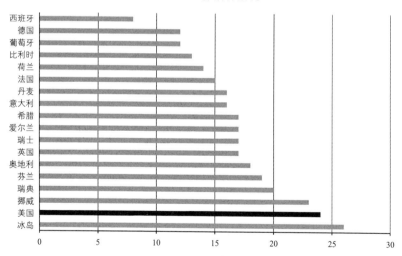

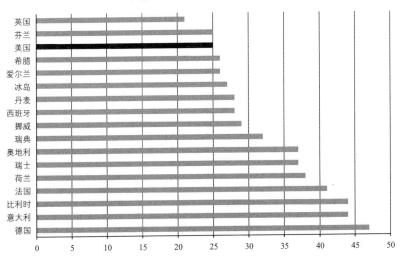

123. 不参与性放纵

声称不参与性放纵者所占百分比

（英国、芬兰、美国、希腊、爱尔兰、冰岛、丹麦、西班牙、挪威、瑞典、奥地利、瑞士、荷兰、法国、比利时、意大利、德国）

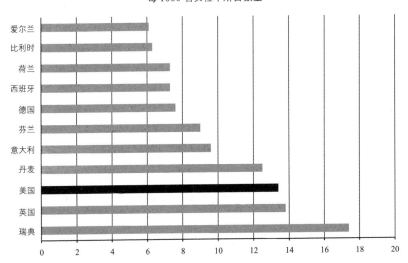

124. 合法堕胎

每 1000 名女性中所占数量

（爱尔兰、比利时、荷兰、西班牙、德国、芬兰、意大利、丹麦、美国、英国、瑞典）

第七章　环　境

　　在环境及环境保护方面，美国和欧洲并不像它们在《京都议定书》和全球变暖辩论中所展现的那样对比鲜明。大西洋两岸大众的态度看起来颇具可比性。从担心当前的人口趋势影响经济可持续性发展的人数所占的比例看，美国比任何欧洲国家都要少。强烈担心现代生活会危害环境的美国人所占比例在差异广泛的欧洲各国人中处于底端水平。但是，除了悲观的葡萄牙人，非常担心环境的美国人在比例上高于其他欧洲国家的人。相应地，早在阿尔·戈尔（Al Gore）和纪录片《难以忽视的真相》(*An Inconvenient Truth*)之前很久，与荷兰人、挪威人、丹麦人和芬兰人相比，认为全球变暖极其危险的美国人更多。除了瑞士人，声称非常愿意为保护环境付出更高代价的美国人比例也更高。为了保护自然，相比任何一个欧洲国家，愿意为此缴纳更高税款的美国人比例也更高。除了瑞士人和瑞典人，美国人也声称更愿意接受降低生活水平以实现这样的目标。[1]与英国人、瑞士人、荷兰人、德国人和所有斯堪的纳维亚人（不含丹麦人）相比，认为政府应该通过法律保护环境的美国人比例更高。[2]与德国、冰岛、奥地利、卢森堡、希腊、比利时、荷兰、爱尔兰、意大利、西班牙、葡萄牙相比，美国的企业管理人员更相信遵守政府颁布的环境标准有助于保持企业的长期竞争力。[3]

　　2008 年，耶鲁大学和哥伦比亚大学在一项比较研究中对各个国家的环境政策进行排名，美国的得分并不高，但比利时、荷兰和希腊的排名更差。[4] 美国环境政策的致命弱点是能源效率低下，这与该国幅员辽阔和极端的天气因素有关。至于大多数其他指标，美国的排名更好。美国在减少和控制污染方面的支出（公共和私人）占国内生产总值的百分比仅落后于奥地利、丹麦、意大利和荷兰。[5] 美国用于环境研究的政府预算比例较低，但高于瑞典和瑞士。[6]

尽管美国号称车轮上的国家，但美国人均拥有的汽车数量比法国人、奥地利人、瑞士人、德国人、卢森堡人和意大利人的要少（见图 125）。即便考虑所有道路机动车辆的数据，美国也低于葡萄牙，与卢森堡、冰岛和意大利处于同一水平。[7] 美国在汽车造成人身损害这一情况方面处于平均水平（见图 126）。在奥地利、西班牙、爱尔兰和比利时，每辆车造成的道路死亡人数更高。希腊是迄今为止最危险的驾驶地点，危险系数比最接近的比利时高出 50%。按人均开车里程计算，美国人比欧洲人高很多，比最接近的意大利人高约 70%（见图 127）。当然，美国人生活在一个人烟稀少（按照斯堪的纳维亚以外的欧洲标准）的大国家。如果我们稍作调整，把国家的规模考虑在内，只有芬兰、瑞典和希腊的汽车使用率较低（见图 128）。比较汽车出行里程与铺装道路长度的比率，意大利和英国要高于美国（见图 129）。比较每千米道路车辆的数量也是如此：美国低于除瑞典、挪威、冰岛和爱尔兰以外的欧洲国家。[8]

美国的公共交通还有很多不足之处，但除芬兰、瑞典和爱尔兰以外，美国在人均铁路千米数上比所有其他欧洲国家都要高（见图 130）。当然，每平方千米的铁路密度是较低的，这很大程度上归因于国土面积和人口密度。无论如何，这个水平仍然高于希腊、芬兰、挪威和冰岛，仅略低于瑞典和西班牙，这些国家的人口密度比较接近。的确，美国人自

125. 汽车拥有量

每1000人拥有汽车的数量

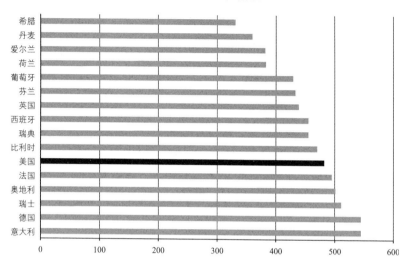

126. 道路交通事故死亡人数

每100万辆车

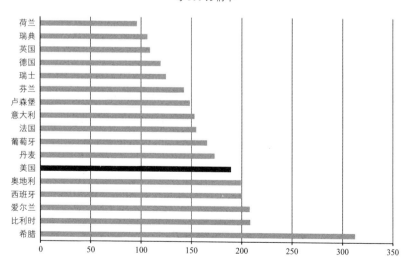

127. 汽车载客里程

私家车人均载客里程（每1000名旅客千米数）

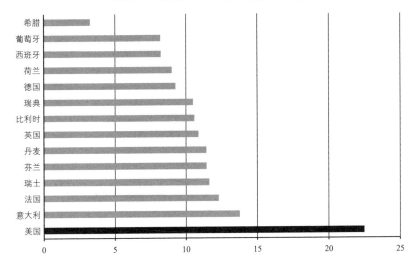

128. 单位国土面积汽车载客里程数

每平方千米国土面积每10万名旅客乘私家车旅行的千米数

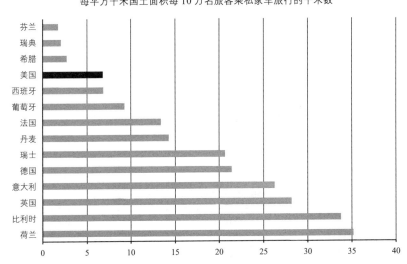

129. 每千米道路汽车旅客里程数

每千米道路每 10 万名旅客乘私家车旅行的千米数

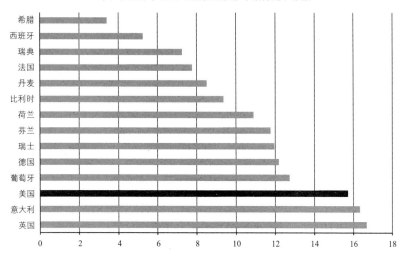

130. 铁路里程

每 100 万人口拥有的铁路长度（千米）

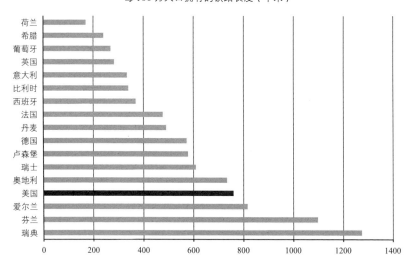

己并不怎么使用这个触角广泛的铁路网络。2004 年，美国旅客乘坐火车累计的里程比意大利人和英国人的多。[9] 不过对于一个面积更大的国家而言，这仍然意味着相对乘客数量要少很多。美国的铁路网络更多是运输美国人的货物（见图 131）。美国的人均铁路货运量是与其最接近的欧洲国家瑞典的三倍还要多。美国重视铁路货运而不是公路货运，这解释了铁路在美国运输产生的二氧化碳排放中占比较大（2.2%）、高于任何欧洲国家的原因。这也是为什么与挪威以外的欧洲国家相比，美国公路运输在所有运输产生的二氧化碳排放中占比较小（83%）的原因。[10]

通过公路运输货物对于生态保护没有好处。所有欧洲国家的公路货运比例都要高于美国。比例最高的爱尔兰，数值接近美国的四倍（见图 132）。因此，美国在人均卡车（货车）数量上低于欧洲国家，例如只有挪威、法国或奥地利的三分之一（见图 133）。而且，与普遍看法相反，美国人和欧洲人一样常常乘坐公共汽车，其数量比法国人、英国人和希腊人还要多。[11]

尽管国家幅员辽阔，航空旅行对国内市场很重要，但美国人人均乘飞机旅行的次数却少于瑞士人、爱尔兰人和卢森堡人（见图 134）。美国大城市里地铁的人均使用率处于欧洲中游水平。按人均计算，纽约人乘坐地铁的频率高于雅典人、柏林人和伦敦人，以及奥斯陆、布鲁塞尔和赫尔辛基的居民（见图 135）。除突出的纽约交通系统以外，波士顿地铁系统的年客流量也高于布鲁塞尔，旧金山高于阿姆斯特丹，费城高于鹿特丹，芝加哥高于汉堡。亚特兰大每年乘坐地铁的居民是格拉斯哥的 2.5 倍，按比例来说（这取决于城市的定义），亚特兰大的客流量略高或两者大致相同。华盛顿特区的客流量仅比罗马低 20%。[12] 美国在城市地区的车辆密度低于经济合作与发展组织的其他国家，而在农村地区，除了瑞典和奥地

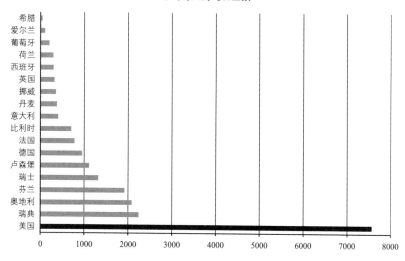

131. 铁路货运

平均每人的吨公里数

希腊
爱尔兰
葡萄牙
荷兰
西班牙
英国
挪威
丹麦
意大利
比利时
法国
德国
卢森堡
瑞士
芬兰
奥地利
瑞典
美国

0　1000　2000　3000　4000　5000　6000　7000　8000

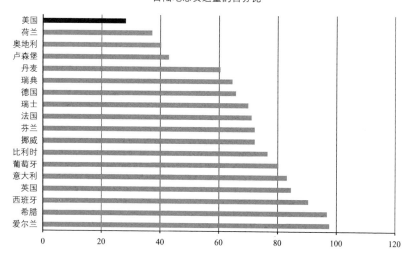

132. 公路货运

占陆地总货运量的百分比

美国
荷兰
奥地利
卢森堡
丹麦
瑞典
德国
瑞士
法国
芬兰
挪威
比利时
葡萄牙
意大利
英国
西班牙
希腊
爱尔兰

0　　20　　40　　60　　80　　100　　120

133. 货车数量

每 100 人使用率

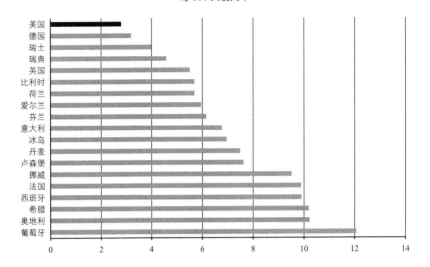

134. 飞机旅行

每年每 1000 人乘飞机旅行的次数

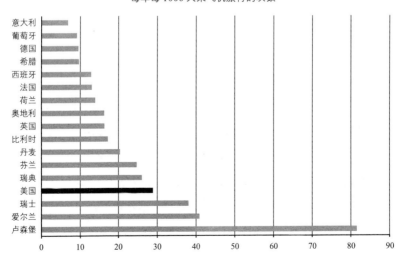

135. 地铁乘客

年地铁乘客与城市人口的比率

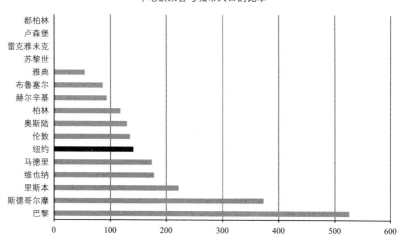

利，美国在车辆密度上高于其他国家。[13] 也就是说，美国人比大多数欧洲人更可能在需要开车的地方（没有公共交通的农村地区）使用他们的汽车。

美国人不擅长步行，每年人均步行里程不到最善步行的葡萄牙人的一半。他们也不是狂热的自行车爱好者。但西班牙人、希腊人、葡萄牙人和卢森堡人也不是，他们平均每天骑自行车的次数同样少，而法国人和英国人的骑行距离也就多出十分之一千米（一百米）。如果我们看一下所有出行中骑自行车所占的百分比，美国人并不比英国人（仅为1%）差。荷兰人骑自行车的次数平均是意大利人和法国人的九倍，几乎是瑞典人和德国人的三倍。骑自行车很难说是一种泛欧特色。[14]

我们都知道这种刻板印象：美国人独自坐在他们稀奇古怪的 SUV 中，而欧洲人则一本正经地挤在火车里。但相反的情形（很少有人想到）

同样是真实的：美国人在短暂的假期里节俭地在当地露营，而德国人每年两到三次飞往普吉岛或果阿度假，英国人则每月乘飞机去他们在西班牙太阳海岸的度假屋。[15] 如果试图衡量整体交通足迹，我们将面临棘手的问题。正如我们所知，美国的二氧化碳排放量一开始就很高，但在这个排放量中运输排放量的占比并不过分，处于欧洲各国的中游水平（见图136）。如果我们计算人均运输消耗的能源，美国的数字很高，是大多数欧洲国家的两倍以上（卢森堡除外，其数字又翻了一番）。

然而，各国在人口密度、国土面积以及公民交通距离等方面各不相同。人口稀少的斯堪的纳维亚国家和爱尔兰的人均交通能源使用量高于丹麦、英国、德国和荷兰等人口密集的国家。以每平方千米——换句话说，总量除以国土面积——来衡量交通能源使用量，美国的数据高于斯堪的纳维亚国家（但在很大程度上处于同一级别），与奥地利、西班牙、

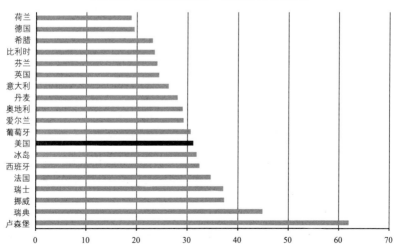

136. 交通二氧化碳排放量
交通运输中燃料使用排放的二氧化碳量所占百分比

法国、葡萄牙、希腊和爱尔兰相当，明显低于人口稠密的比利时、丹麦、德国、意大利、卢森堡、荷兰和英国。如果我们将这些因素结合起来，同时考虑在交通上使用能源的消费者和他们必须跨越的距离，进而创建一个每人每平方千米能源（以百万吨油当量为单位）的衡量标准，那么结果如下：法国是欧洲效率最高的国家。除丹麦和冰岛外，斯堪的纳维亚国家紧随其后。然后是一些人口更稠密而又节省的国家：意大利、西班牙、德国和英国。再然后是使用量很大的国家：比利时、奥地利、丹麦、冰岛、爱尔兰、荷兰和瑞士。但在这一指标上，美国低于任何欧洲国家，每人每平方千米使用的能源大约是最高效的欧洲国家（法国）的六分之一。也就是说，如果我们考虑到每个国家所面临的人口学和地志学条件，美国的交通能源使用效率与欧洲国家相比是相当不错的。[16]

不用说，将人口学、地理学和地志学考虑在内的计算是适用的。因此，如果我们看一下用于家庭取暖的能源，1998年德国、法国、芬兰、丹麦、挪威和瑞典在公民人均能源使用上超过了美国。考虑到斯堪的纳维亚更冷的天气因素而将数据进行修正，他们的能源消费模式就会降到不那么奢侈的水平，低于美国人。然而，德国人和法国人在取暖能源使用上比美国人更浪费。[17]

按照欧洲的标准，美国人已经城市化了。美国大城市人口的比例高于任何欧洲国家（见图137）。尽管对美国郊区有一些先入之见，但这些城市的人口密度其实相当高，处于欧洲范围的下半部分，与斯堪的纳维亚半岛的城市相当。事实上，统计数据的公正性让我们大吃一惊，洛杉矶是美国人口最密集的城市之一，平均人口密度比纽约市高出约三分之一（见图138）。

美国人人均产生大量垃圾，挪威人的情况更糟，爱尔兰人和丹麦人

137. 城镇人口

100万以上人口城市总人口所占百分比

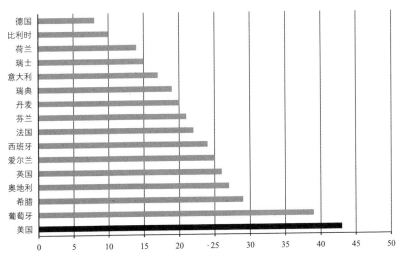

138. 城市密度

主要城市地区的人口密度（每平方英里居民数）

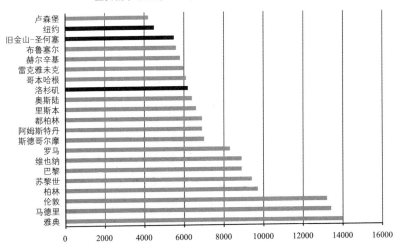

则紧随其后（见图 139）。但美国人的垃圾回收做得与芬兰人和法国人一样好，比英国人、希腊人和葡萄牙人更好（见图 140）。自 1990 年以来，美国人的人均垃圾产生量几乎没有增加，而所有有据可查的欧洲国家都出现了急剧增加——西班牙增长超过 70%，意大利增长接近 60%，挪威超过 40%，和丹麦、奥地利几乎相当，瑞典则超过 30%。[18]

《卫报》这样打消读者对回收报纸的疑虑："旧世界是在人类与其周围环境联盟的基础上发展起来的，虽令人感到不安但可以理解。美国是建立在征服基础之上的，不仅是对印第安人的征服，还有对地形的征服。"[19] 然而，尽管欧洲有如此普遍的观念，但按照欧洲的标准，美国环境保护的力度是很强的。杰里米·里夫金坚持认为，与美国人不同，欧洲人"热爱自然的内在价值，这从欧洲人对乡村的关注和他们维护自然景观的决心中就可以看出来"[20]。实际上，美国受保护的领土比例大约是法国、英国甚至瑞典（尽管其拥有广阔的北极公园）的两倍。16 个欧洲国家中有 11 个在受保护的土地比例上低于美国（见图 141）。美国水域——海洋领土——被划为自然保护区的比例高于除丹麦以外的其他欧洲国家。[21]

通过比较美国和欧洲受到灭绝威胁的动物种类，也可以看到这样的结果。以已知物种的百分比衡量，濒临灭绝的哺乳动物所占比例，只有爱尔兰、英国、芬兰、葡萄牙和荷兰比美国少（见图 142）。自诩为生态保护先锋的德国，有高于美国两倍以上的物种处于危险之中。类似的情况也适用于鱼类和鸟类。显然，这样的差异与定居点的大小和人口密度有关联，但这样的关联性在美国不如斯堪的纳维亚半岛（除丹麦以外）那么强，后者的人口更为稀少。尽管如此，故事远不止这些。为什么像丹麦或荷兰这样人口稠密的国家比爱尔兰和瑞典这样人口稀少的国家留

139. 城市垃圾

人均城市垃圾产生量（千克）

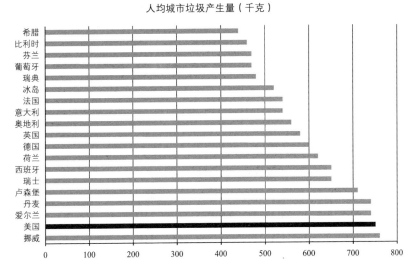

140. 垃圾回收

垃圾回收所占百分比

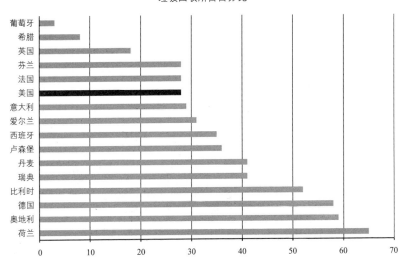

141. 保护区

主要保护区占国土面积的百分比

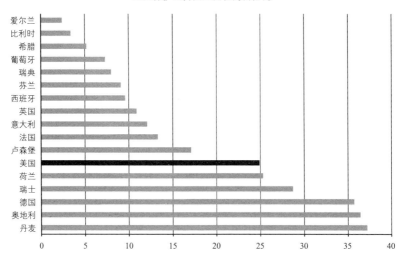

142. 受威胁的哺乳动物

已知受威胁物种所占百分比

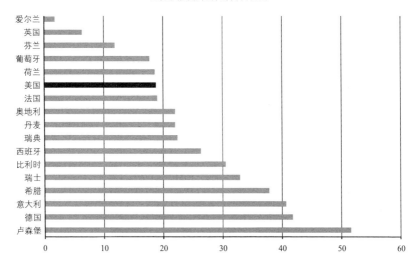

出更多的土地作为自然保护区？按比例来说，为什么在德国受到威胁的哺乳动物比在英国的要多得多，而英国的定居点却更密集？这些也是选择和政策的结果，而不仅仅是由地理人口决定的。

美国的森林覆盖率也比大多数欧洲国家的要高。不出所料，瑞典和芬兰（人口密度分别为美国三分之二和二分之一的国家）是欧洲的领跑者，西班牙、奥地利、葡萄牙和卢森堡紧随其后（见图143）。美国森林资源的开发强度（以年生长采伐所占百分比衡量）低于比利时、葡萄牙、瑞士、英国、奥地利、希腊、爱尔兰、芬兰、瑞典和丹麦。[22]

美国有机农业用地占总耕地的百分比低于欧洲国家。[23]但美国人对有机食品的消费量与欧洲水平相当，高于荷兰、瑞典、意大利、法国和比利时（见图144）。传统美国农民使用化学物质的程度远低于欧洲国家。部分原因是他们种植转基因作物，从而很少使用杀虫剂（见图145）。只有芬兰、瑞典和爱尔兰的农民每平方千米农田喷洒农药比美国少。意大利人的化学物质使用量是美国的六倍多，比利时人甚至更多。同样，按比例算，荷兰农民使用的氮肥是美国人的五倍，只有葡萄牙人使用得更少（见图146）。按照欧洲的农业标准，美国农业几乎一开始就是有机的。作为可用资源的一小部分，美国的用水量处于中等水平（见图147）。以产量衡量，结果大致相同，大多数地中海国家都排在美国之上。[24]

用国内生产总值来衡量，美国的工业排放量非常高，只有一氧化碳的排放量低于欧洲规模。在挥发性有机化合物方面，美国的情况比挪威、葡萄牙和希腊要好，和西班牙一样，和瑞典相差不大。在氮氧化物方面，美国的情况比冰岛要好，西班牙、希腊、葡萄牙紧随其后。在硫氧化物方面，希腊、葡萄牙和西班牙的排放量比例更高，美国和冰岛几乎一样糟糕（见图148）。在过去十年左右的时间里，这些污染物排放在美国的

143. 森林覆盖

占陆地面积的百分比

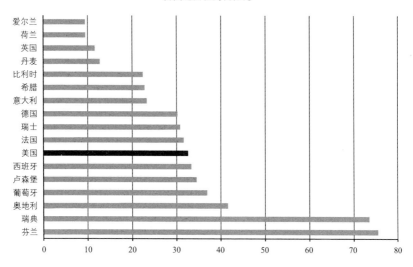

144. 有机食品

其销量占食物总销量的百分比

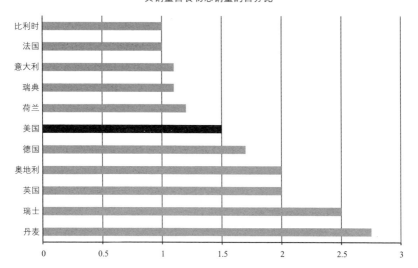

145. 杀虫剂使用

每平方千米农业用地所用吨数

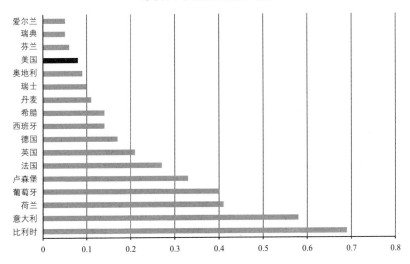

146. 氮肥使用

每平方千米农业用地所用吨数

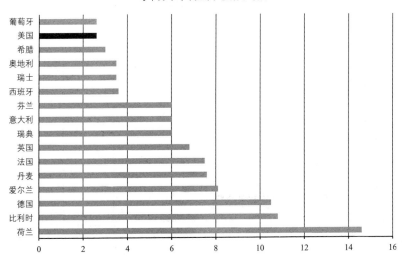

147. 用水量

用水量占可再生资源的百分比

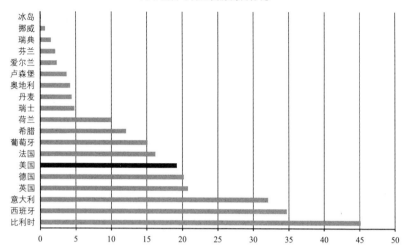

148. 硫氧化物排放

每创造 1000 美元国内生产总值所排放的千克数

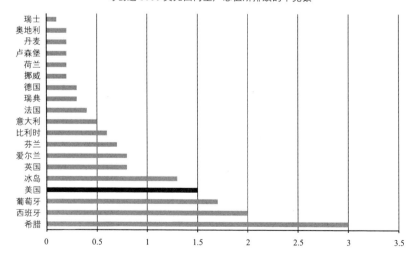

下降速度与在几个欧洲国家一样快。从1990年到2002年，美国的硫氧化物排放量下降了34%，处于欧洲中游水平，好于冰岛、希腊、葡萄牙和西班牙。在氮氧化物方面，美国的改善比奥地利、希腊、冰岛、爱尔兰、葡萄牙、西班牙和挪威要快。[25]

按照欧洲标准，美国城市颗粒物浓度仅为中度（见图149），而且下降得比奥地利、挪威、葡萄牙和瑞士要快。[26]以美国因空气质量最差而出名的城市洛杉矶为例：根据经济合作与发展组织1993年的数据，尽管洛杉矶臭氧排放高于所有欧洲城市，但在大多数其他污染指标上，洛杉矶的情况要更好。一氧化碳的平均水平比测量过的欧洲城市低至少一半；二氧化氮的排放与伦敦大致相同；铅排放低于卑尔根以外的其他欧洲城市，与马格德堡相同；二氧化硫排放低于特隆赫姆以外的其他欧洲城市；悬浮颗粒浓度则只比奥斯陆、哥德堡和特隆赫姆高。[27]换句话说，通过这些参数对比，和洛杉矶（一个拥有1300万居民的大都市）的空气质量相当的欧洲城市，是靠近大西洋沿岸的那些斯堪的纳维亚小镇。

按照欧洲标准，就每个工人每天排放的有机污染物而言，美国的水污染程度为中等（见图150）。可用于对比的数据比较难找。但以更具体的指标看，特拉华河的溶解氧含量似乎比易北河以外的欧洲其他河流都要好，而密西西比河也比塞纳河、阿尔诺河和默西河要好，和阿迪杰河、克莱德河的水平差不多。就生化需氧量（水质的另一种衡量标准）而言，密西西比河实际上处于原始状态，除了丹麦的斯凯恩河（Skjern）和葡萄牙的杜罗河（Douro）等较小的河流外，欧洲其他河流无法与之相比。特拉华河的这一指标则在欧洲河流中居中。在磷含量方面，特拉华河、密西西比河这两条美国河流也处于中间位置。它们在铵含量方面表现出色，并且铅、铜和铬的含量相对较低。[28]

149. 大气颗粒物

特定物质 10 微克 / 立方米

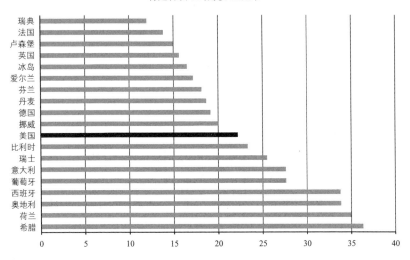

150. 有机水污染物排放

每位工人每天的排放量（千克）

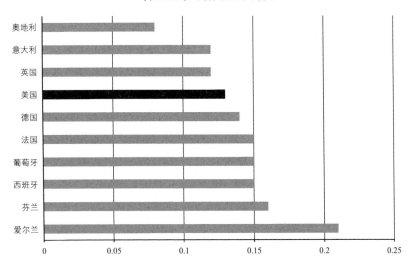

美国的年人均用电量处于高位水平，但低于除丹麦以外的其他北欧国家（见图151）。美国的能源效率（以每单位国内生产总值的能源消耗量衡量）并不出色，但比冰岛、卢森堡和芬兰的要好，仅略低于瑞典和挪威的水平（见图152）。人均石油使用量很高，但美国人低于比利时人和卢森堡人（在这里，他们的数据是一起报告的），仅比冰岛人和荷兰人略高（见图153）。按照经济产出的一项功能来衡量，美国的石油使用量仍处于欧洲正常范围内，实际上低于葡萄牙、希腊、比利时、卢森堡、荷兰和冰岛（见图154）。美国人均能源消耗量很高，但只比芬兰高一点，低于冰岛和卢森堡。

在过去25年里，美国每单位国内生产总值的能源消耗急剧下降，德国、丹麦、瑞典、英国和爱尔兰等几个欧洲国家的情况也是如此。从1973年到2000年，美国每单位国内生产总值的能源消耗量下降幅度更大（接近

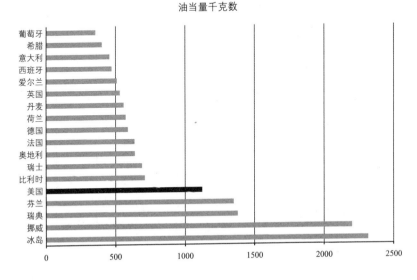

151. 人均用电量

油当量千克数

152. 单位国内生产总值能耗

每 1000 美元油当量吨数

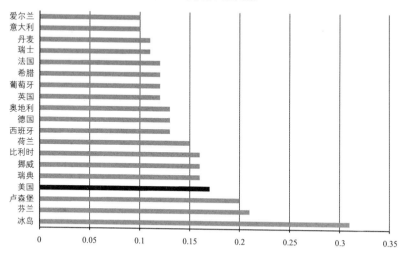

153. 人均石油消费量

每 1000 人每天消耗的桶数

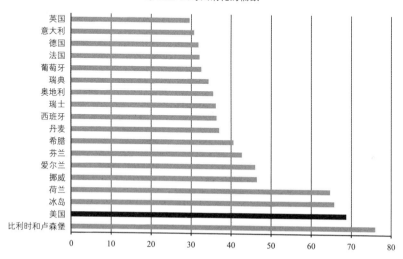

154. 单位国内生产总值石油消耗量

每 10 万美元国内生产总值所耗吨数

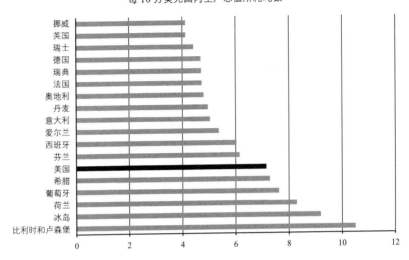

50%），超过了几乎所有经济合作与发展组织国家。[29] 同样，自 1980 年以来，美国人均能源消耗量也在下降，尽管幅度较小（7%）。在我们所调查的欧洲国家中，仅丹麦、瑞典和德国是这样的情况。其他所有西欧国家，人均能源消耗量都有所上升，有的上升还很明显：西班牙超过 75%，爱尔兰和希腊达到 55%，冰岛达到 40%，奥地利、比利时、意大利和芬兰达到 20%。[30]

众所周知，美国一直是世界上的二氧化碳排放大国。如果按照产量来衡量，尽管美国略高于其竞争者——卢森堡和芬兰，但并不明显超出欧洲的规模。[31] 对比各国截至 2003 年的数据，自 1990 年以来，在温室气体排放量是增加还是减少方面，美国处于中间位置（见图 155）。以每单位国内生产总值的二氧化碳排放量（按购买力平价计算）衡量，美国的数据在 1990 年至 2002 年间下降了 17%。与九个西欧国家相比，美国单位产量的减排幅度更大，葡萄牙和西班牙的排放则有所增加。按人均

155. 1990—2003 年温室气体排放量的升降

总体温室气体排放量，以 1990 年为 100

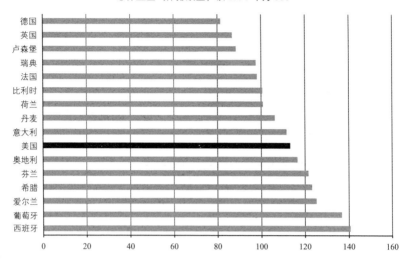

156. 太阳能

占总能源消耗的百分比

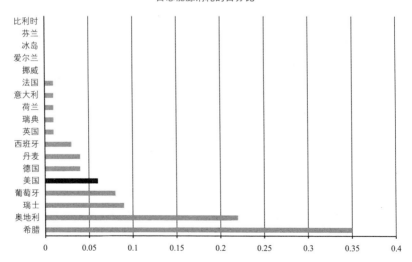

157. 清洁技术产业风险投资

人均美元

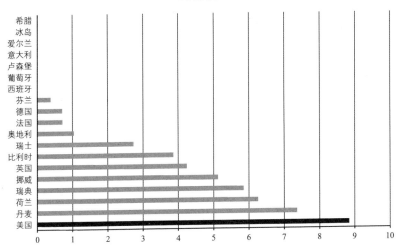

158. 核废料

能源供应总量中每100万吨油当量所产生的核废料吨数

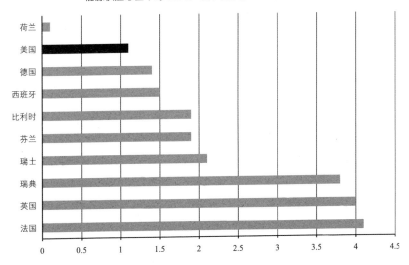

计算，美国的二氧化碳排放量略有增加（1.5%），比我们正在研究的12个国家的表现要好。[32] 美国每单位能源使用过程中二氧化碳的排放量（即能源的碳排放强度）低于挪威、爱尔兰、丹麦和希腊。[33]

杰里米·里夫金声称，欧洲文化与自然的联系意味着它将比美国更坚定地从化石燃料转向可再生能源。[34] 但事实并非如此。在可再生能源的产出方面，无论是沼气、固体生物质能、地热还是风能，美国在所有方面都处于欧洲中间位置。例如，太阳能占总能源消耗的百分比，仅葡萄牙、瑞士、奥地利和希腊比美国高（见图156）。美国人使用的运输燃料中，所谓生物来源（实际上是不准确的用语，因为通常意义上的石油只是非常古老的生物柴油）所占的百分比仅次于德国和瑞典。[35] 按比例来说，美国投资者在清洁技术上的投入比欧洲国家投资者要更多（见图157）。从占总能源供应的比例来看，美国产生的核废料量处于中等水平（见图158）。

第八章　公民社会

接下来，要量化公民社会的特征是复杂而棘手的，但我们不妨尝试一下。美国人通常被认为在政治意识形态上异常反政府，按照欧洲的标准，几乎就是无政府主义者。想象中的美国人都认同依靠个人，不像欧洲人那样倾向于让国家帮助最贫困的人，并且更有可能认为穷人是失败者。[1]然而，态度调查并不能一致证明这种两极分化。按比例来说，除西班牙人外，美国人比欧洲人要更加遵守法律。[2]除西班牙人、瑞士人和芬兰人以外，表示非常信任政府的美国人比欧洲人的比例要更高（见图159）。2007年皮尤基金会的一项调查发现，与德国人和意大利人相比，担心政府控制过多的美国人比例较低，和法国人处于同一水平，比英国人仅高一个百分点。[3]除爱尔兰人外，美国人对他们的公务员制度的信心要比欧洲人高。相应地，表示信任政府官僚机构的美国人几乎是瑞典人的五倍（见图160）。这样的结论不是说说那么简单，可能既体现了人们的愿望，也反映了现实情况。美国人对其国家机构的信任可以通过他们的纳税意愿来更具体地衡量。与许多欧洲人不同，美国人积极纳税。论地下经济的规模，只有奥地利和瑞士的与美国的一样小。地中海国家，比如希腊和意大利，避税比例要高得多——超过美国的三倍（见图161）。蒙大拿州的生存主义者（他们深受欧洲媒体的喜爱）窝在棚屋里，为被围攻做着准备，并决心抵抗政府的征税，他们的表现在普通美

159. 信任政府

问卷中肯定回答者所占百分比

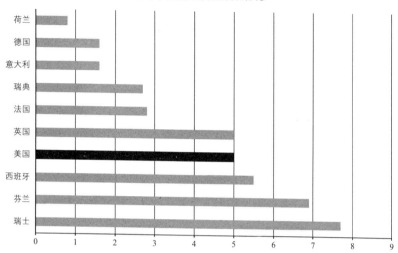

160. 信任政府官僚机构

问卷中肯定回答者所占百分比

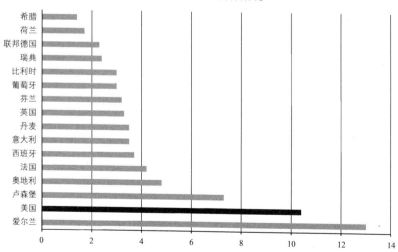

161. 地下经济

占官方国民生产总值（现金支付法）的百分比

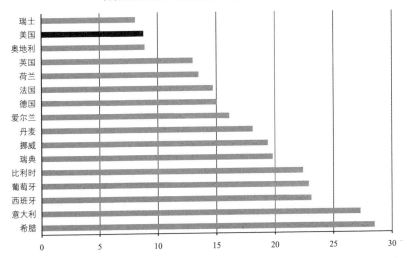

国人中是罕见的。这就好比那些为了实现野心而随时准备杀戮和戕害无辜者的巴斯克或科西嘉分裂分子，在普通欧洲人中也是少见的。

威尔·胡顿等观察家所表达的简单两极论，即将美国的个人主义与欧洲的团结一致形成二元对立，最近也开始让位于更复杂的分析模式。[4]最新和最有趣的概念转变是由瑞典的记者亨瑞克·伯格伦（Henrik Berggren）和历史学家特拉家德（Lars Tragardh）提出的。他们认为，不仅瑞典人比美国人更崇尚个人主义，而且北欧福利国家的全部意义与其说是团结一致，不如说是让公民相互独立——年迈的父母不依靠他们的孩子，妻子不依靠丈夫，父辈不依靠后代。换言之，瑞典人寻求的是通过国家实现个人的独立自主。[5]

罗伯特·普特南（Robert Putnam）和其他社会科学家对公民合作和有凝聚力的公民社会的衰落感到遗憾，他们认为后者曾经定义了美国。[6]

也许美国在电视和互联网时代变得更加不合时宜。但按照欧洲标准，它仍然是一个主要基于信任、合作和自愿遵守协会规范的社会。和斯堪的纳维亚半岛以外的欧洲人相比，美国人更信任彼此（见图 162）。除了丹麦人、意大利人、奥地利人和瑞士人之外，美国人比斯堪的纳维亚以外的欧洲人都更抵触反社会行为。[7] 除 30 万冰岛人外，美国人比欧洲人更频繁地加入公民协会（见图 163）。无论是出于有偿还是志愿，活跃于民间社会组织的劳动力，只有荷兰、比利时和爱尔兰的比例比美国的高。意大利的水平仅比美国的三分之一高一点；奥地利则只达到美国的一半。[8] 有时有人会指出，美国公民这种积极参与通常与教会成员资格有关。但即使是最精简的数据（去掉参加教会、不那么自愿的工会以及社会运动）也表明，除荷兰人之外，美国人比其他欧洲人都更加渴望参与到协会中。[9]

有人认为美国是多元文化部落的大杂烩，每个群体都有主张自己独立身份的权利，这也被证明是夸大其词。尽管奥巴马赢得了总统选举，但在美国政治中完全摒除种族歧视的期望不太可能实现，当然一个具有混合血统和不同文化经历的总统当选也表明了美国战胜先天社会两极分化现象的野心。从更为现实的意义上说，对亚文化群体在多大程度上被赋予集体权利进行量化，美国与英国、德国、丹麦、挪威基本上都处于欧洲的中游水平。与法国、瑞士、爱尔兰和葡萄牙等旨在推进移民融入的国家相比，美国甚至更愿意冒险破坏社会结构。但与荷兰、瑞典相比，美国不太倾向于允许少数族裔孤立和自我管理，因为他们的政策是"一切照旧"[10]。

公民的慈善行为和志愿精神是美国社会的一大特色。按占国内生产总值的比例来衡量，美国的慈善捐赠比任何欧洲国家都要多（见图

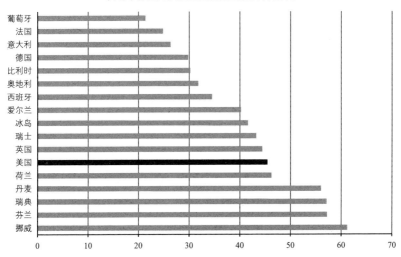

162. 对他人的信任

问卷中肯定大多数都值得信任者所占百分比

葡萄牙
法国
意大利
德国
比利时
奥地利
西班牙
爱尔兰
冰岛
瑞士
英国
美国
荷兰
丹麦
瑞典
芬兰
挪威

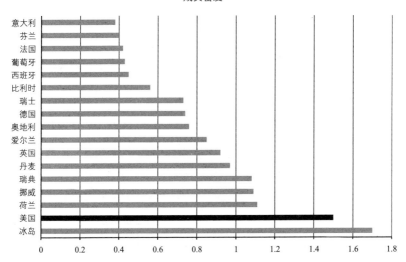

163. 公民协会

成员密度

意大利
芬兰
法国
葡萄牙
西班牙
比利时
瑞士
德国
奥地利
爱尔兰
英国
丹麦
瑞典
挪威
荷兰
美国
冰岛

164）。美国人付出的比例是他们最接近的竞争对手英国人的两倍多，是德国人的七倍多，几乎是法国人的十几倍。尽管差异容易被夸大，不过毫无疑问，税法中关于慈善捐赠税收可抵免的政策部分促成了这样的结果。其他国家的税收制度——比如英国和德国——也允许类似的抵免额，但没有促进类似高数额的捐赠。

　　税法不太可能促进公民社会利他的另一面：志愿服务。除瑞典人外，从事志愿工作的美国人比欧洲其他国家的都多（见图165）。相比欧洲人，他们参与献血的次数更频繁，法国人则紧随其后（见图166）。私下和自愿捐献的血液更安全，欧洲人悲惨地认识到，在艾滋病流行初期，由于他们不愿意献血，他们不得不依赖进口的和受感染的血浆产品。[11] 在一些统计中，除瑞典人外，美国人不仅比欧洲人更愿意捐献器官，而且实际捐赠的频率也仅次于西班牙人、奥地利人、葡萄牙人和比利时人。在另外一些统计中，美国人远比欧洲人更愿意捐献活体器官和遗体器官。[12]

　　参加议会选举或类似选举的美国人比例低于除瑞士人以外的其他欧洲人（见图167）。经济越富裕、受教育程度越高的美国人，在参与投票方面越像欧洲人。穷人和受教育程度低的人最不可能行使他们的选举权。[13] 美国人会和欧洲人一样讨论政治（见图168）。的确，声称对政治非常感兴趣的美国人比例高于除德国人以外的欧洲人。[14] 声称自己是政党活跃成员的美国人数量上也超过欧洲各国公民。[15] 美国人参与其他政治活动也比许多欧洲人更频繁。按比例来说，除挪威人、芬兰人和爱尔兰人之外，在近期联系过政治家或政府官员的美国人更多。[16] 除瑞典人以外，美国人签署请愿书和参加抵制活动的次数比欧洲人多。美国人比我们纳入考察的七个欧洲国家的公民更频繁地参加示威。除意大利人、荷兰人、比利时人、法国人和希腊人以外，美国人甚至比欧洲人更频繁地占领建筑物

164. 慈善捐赠

个人慈善捐赠占国内生产总值的百分比

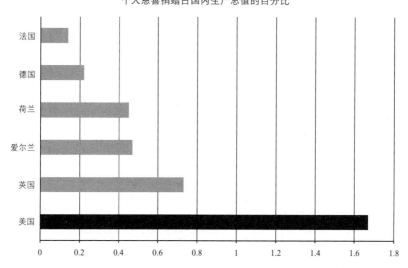

165. 志愿者工作

成人志愿者数量所占百分比

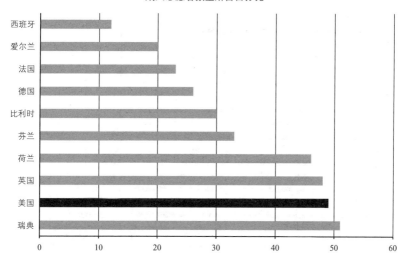

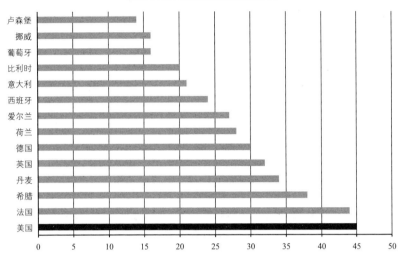

166. 献血

问卷中回答经常献血者所占百分比

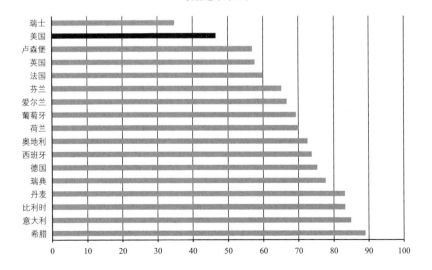

167. 投票率

议会选举（％）

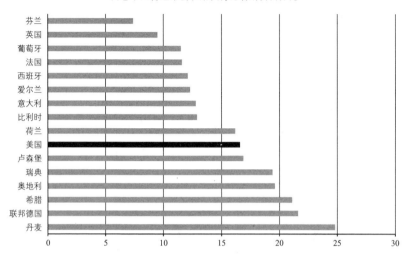

168. 讨论政治的频率

问卷中回答经常会和朋友讨论者所占百分比

或工厂。然而，超过四分之一的希腊人表示他们在抗议中占领过建筑物。如果是真的，则表明国家已陷入混乱；如果是假的，则只是一种想象罢了。[17]

许多美国人独自抚养孩子，这一情况甚至比欧洲单亲家庭最为普遍的英国还要普遍（见图169）。按照欧洲标准，美国家庭很少一起吃饭，频次只比芬兰人稍多一些（见图170）。

但美国父母经常与子女交谈（见图171）。只有五个欧洲国家在这方面做得更好一些。即便从其他方面来看，美国家庭的凝聚力也是很强的。除西班牙人和葡萄牙人以外，美国人更多地认为他们的父母值得无条件尊重，这一点与意大利人持平。[18]许多美国人将年迈的父母留在家里，而不是送他们去某个机构（见图172）。相比之下，荷兰人和瑞典人送父母去养老院的可能性大约高出50%，西班牙人和意大利人的可能性少得多。

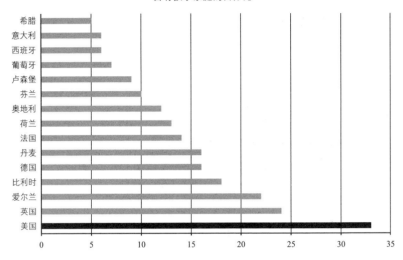

169. 单亲家庭

占有孩子家庭的百分比

希腊
意大利
西班牙
葡萄牙
卢森堡
芬兰
奥地利
荷兰
法国
丹麦
德国
比利时
爱尔兰
英国
美国

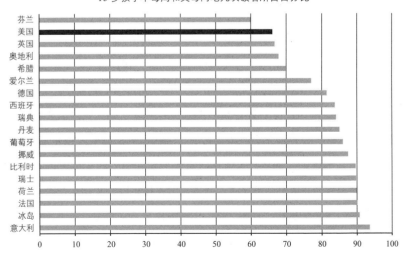

170. 和父母一起吃饭

15岁孩子中每周和父母同吃几次饭者所占百分比

芬兰
美国
英国
奥地利
希腊
爱尔兰
德国
西班牙
瑞典
丹麦
葡萄牙
挪威
比利时
瑞士
荷兰
法国
冰岛
意大利

171. 和父母交谈

15 岁孩子中每周会有几次花时间和父母交谈者所占百分比

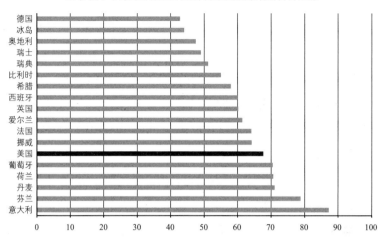

172. 入住机构的老人

65 岁以上人口所占百分比

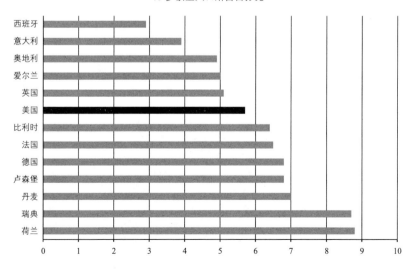

但也不用过分解读这些数字。养老院使用率低很可能反映了政府负担能力差以及补助金缺乏，而不是家庭关系密切。

但美国家庭确实看起来关系密切。美国人兄弟姐妹之间常常互相拜访，频率仅次于注重家庭的意大利人和西班牙人。与英国、丹麦、芬兰、挪威和法国相比，在美国父母日常探望成年子女的频率更高，子女也更常去探望父母。朋友圈似乎也很发达。除意大利人和芬兰人以外，很少有美国人说他们在工作场所没有密友。就至少拥有 10 个朋友的情况来看，美国人在比例上比德国人、奥地利人、意大利人、西班牙人、法国人、瑞士人和芬兰人多得多。与奥地利人、意大利人、西班牙人、法国人、丹麦人、瑞士人和芬兰人相比，说至少有 10 个亲密的朋友住在附近的美国人更多。朋友之间日常拜访的次数也比大多数欧洲人要多。[19] 除法国以外，只有地中海地区和爱尔兰的独居人口比例低于美国。除爱尔兰人和荷兰人以外，美国人更少在社交上对外隔绝，不与他人接触。[20] 美国人不像地中海人或英国人那样经常外出就餐、过夜，但外出次数比斯堪的纳维亚人、荷兰人和德国人要多。[21]

第九章　民族主义

美国人是爱国主义者和民族主义者，但并不比欧洲人更突出（见图173）。不出所料，德国人最不为自己的国家感到自豪，葡萄牙人（而不是美国人）的国家自豪感最强，爱尔兰人紧随美国人之后。2007年的一项调查显示，大部分意大利人认为他们的文化比包括美国在内的纳入考察的其他国家都要优越。[1]另一项调查发现，只有爱尔兰人更加一致地对自己的民族感到自豪。对比美国人，更多的奥地利人、爱尔兰人、法国人和丹麦人声称他们觉得与自己的国家非常亲近。美国人比任何欧洲人都更有可能认为自己的国家好于大多数国家。但相对而言，更多的葡萄牙人、丹麦人和西班牙人认为，如果其他人也像他们一样，世界将会变得更好。相比德国人、奥地利人、西班牙人、法国人、丹麦人、芬兰人，更多的美国人承认他们国家在某些方面令他们感到羞耻，这一发现令美国人的爱国热情更为理性。[2]

没有哪一个国家的公民比认同后民族（post-national）公民的瑞典人更坚定地在出口产品中体现自己的民族主义抱负。瑞典制造商或者他们的广告公司，似乎坚信瑞典人的身份是一个卖点。宜家的墙壁装饰体现出瑞典人对与自然之间超乎寻常的密切关系的沉思，据说这正是瑞典人与其他人的区别之所在。袋装的瓦萨（Wasa）薄脆饼干也是如此。阿斯克（Asko）的广告语是"瑞典制造"（Made in Sweden），并装饰在

173. 各国民众认同感
问卷中肯定自己国籍者所占百分比

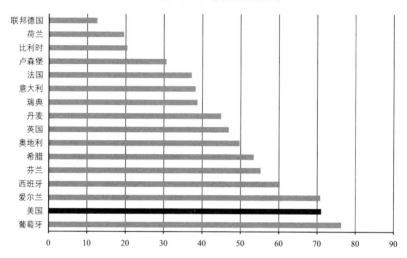

其产品的显著位置。虽然这并不一定会让人相信阿斯克的洗碗机比竞争对手的更好，但它确切地清楚表明了阿斯克的原生国籍。绝对伏特加（Absolut Vodka）的标签"瑞典之国"（Country of Sweden，一反常态的不太通顺的英语表达）也起到同样的作用。萨博（Saab）标榜自己的汽车是"诞生于喷气式飞机"（Born from Jets），显而易见是在暗示该公司是瑞典军事工业的支柱企业。

美国一位深有同感的观察家约瑟夫·约菲（Josef Joffe）写道："这片土地上的国家标志太多了，而欧洲没有一个加油站会悬挂超大的国旗。"[3] 对于加油站来说这也许是事实。再者，美国人没有在脸上画星条旗的习惯，也不会醉醺醺地越过边境北上意图殴打加拿大足球迷。再想想那些声称后民族主义者的丹麦人的行为。据说，在1219年塔林战役——丹麦基督徒加入十字军讨伐异教徒爱沙尼亚人的一场战役期间，丹麦国旗（丹麦语为 Dannebro，意为"丹麦人的旗"或者"红色的旗"）作为上帝的象征从天而降。由于给他们的国旗附加了如此神秘的民族主义，丹麦人对用国旗装饰他们的圣诞树不以为意。而在美国，只有满腔怒火的反动派才会有着如此的装饰冲动。但丹麦人对此并不反感，丹麦文化研究所（Danish Cultural Institute）在其网站上愉快地向德国人解释说，这是一种深受当地人喜爱的传统仪式。事实上，在 19 世纪，当丹麦人和德国人争夺石勒苏益格和荷尔斯泰因时，国旗的颜色——红色和白色——便成为丹麦人圣诞装饰的特征。[4] 调查显示，芬兰人（82%）、丹麦人（83%）、挪威人（87%）和瑞典人（85%）都比美国人（71%）更愿意为自己的国家而战。[5] 或许至少斯堪的纳维亚人的后民族主义被夸大了。他们不安地处于俄罗斯人和德国人之间，深知建立一支优良军队的价值。

第十章　宗教和科学

即使在宗教问题上，我们也有理由质疑美国和欧洲之间是绝对对立的老一套观点。我们暂且不论世俗化的欧洲在多大程度上是宗教世界的另类。诚然，美国和欧洲存在着宗教上的差异，但差异既不是人们通常认为的那样明显，也不是人们通常认为的那样难以鉴别。人们常说美国人比欧洲人更笃信宗教。这些事情很难量化，但数据肯定能提供启示。1999 年，自称无神论者的美国人占人口的比例（1.4%）比欧洲国家中无神论者所占的比例低（两者的差距很小），和爱尔兰、奥地利的这一比例非常接近（几乎无差别）（见图 174）。但话说回来，除了法国（占 14.2%）之外，没有哪个欧洲国家承认无神论者的比例超过人口的 8%。美国人比法国人更接近（低于一个标准差）欧洲平均值，法国人高出欧洲平均值三个标准差。[1]

从比例来看，自认信奉宗教的美国人比葡萄牙人和意大利人要低。[2]比起爱尔兰人和葡萄牙人，说自己信奉上帝并永远信奉上帝的美国人比例要低得多，仅比意大利人稍高。[3]坚定信奉上帝的美国人比例高于北欧人，但与天主教国家信奉上帝者的比例大致相当（见图 175）。如果取消状语"坚定"，那么美国在这一比例上将与地中海国家，当然还有爱尔兰的数字相同（见图 176）。同样，美国比瑞典更接近欧洲平均值（高 1.6个标准差），作为信奉上帝者比例最低的欧洲国家，瑞典低于欧洲平均值

174. 无神论者

宣称无神论者所占百分比

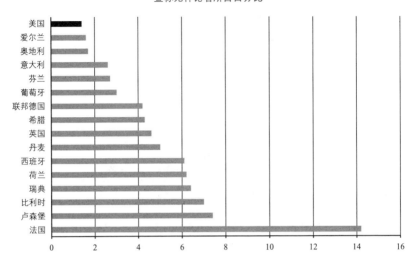

175. 坚定信奉上帝者

坚定上帝存在者所占百分比

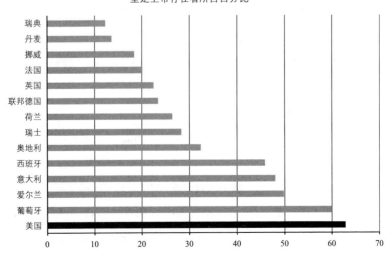

176. 信仰上帝者

宣称信仰上帝者所占百分比

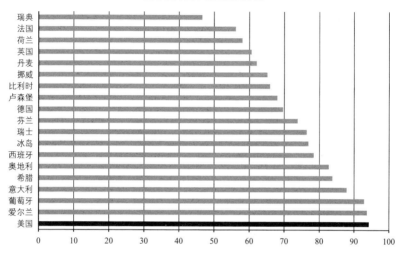

1.9 个标准差。从百分比来看，每周不止去一次教堂的美国人（16.4%）多于任何一个欧洲国家的公民（爱尔兰为 13.3%）。[4] 但到目前为止，每周去一次教堂的美国人总数比爱尔兰人更少，和葡萄牙人、意大利人相差不大。美国每周去教堂的人数比例是唯一远超欧洲平均值（1.2 个标准差）的，而丹麦的这一比例（1.07 个标准差）则低于欧洲平均值（见图 177）。超过 25% 的美国人声称从未去过教堂，与芬兰人的这一比例相同，而意大利人的这一比例只有 12%。[5]

从比例来看，相信死后有来生的美国人比欧洲人多。但是，除丹麦外，西欧至少有一半的人相信死后有来生，在一些国家（意大利、爱尔兰、葡萄牙、瑞士），这一数字超过了三分之二。[6] 从比例来看，每天祈祷多次的美国人比欧洲人多，每天坚持祈祷的美国人比葡萄牙人少，每周都祈祷的美国人比英国人、意大利人、爱尔兰人、西班牙人、葡萄牙人和瑞

177. 每周去教堂参加宗教活动者

宣称每周都去教堂参加宗教活动者所占百分比

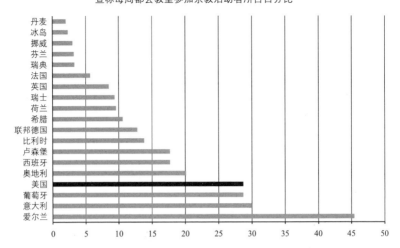

士人少。从不祈祷的美国人的比例是爱尔兰人的两倍多。[7]世界价值观调查组织在2005—2006年进行的抽样调查显示，认为祈祷能为道德问题提供答案的意大利人比美国人多，认为祈祷能够满足精神需求的意大利人和芬兰人比美国人多。承认自己有宗教信仰的意大利人比美国人多。[8]

如果我们从人们面对民意调查者所说的转而关注他们所做的，美国和欧洲宗教信仰之间的鲜明对比将进一步减弱。美国的人均基督教会众（Christian congregation）数量在欧洲标准内，明显低于希腊，仅略高于英国（见图178）。据世界价值观调查组织的调查，加入宗教派别的美国人比瑞典人、荷兰人、卢森堡人、法国人和比利时人更少（见图179）。美国天主教徒与欧洲天主教徒上教堂人数占总人口的百分比基本相当（见图180）。西班牙人和爱尔兰人更经常上教堂。美国教会的资金并不特别充足，无论是按成员平均还是按人口平均，尽管这里只显示了按人口平均的数据（见图181）。六个欧洲国家在教会收入上比美国高。

178. 基督教会众

以 100 万人口为基数

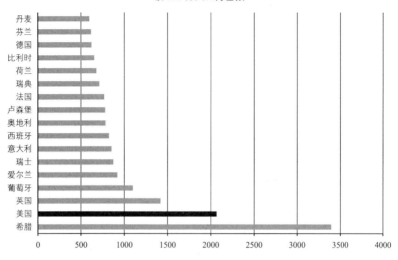

179. 加入宗教派别者

声称自己属于某宗教派别者所占百分比

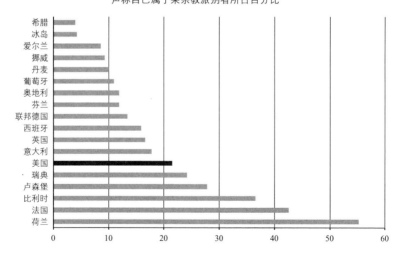

180. 去天主教堂做礼拜者

35 岁以上人口中每月至少参加一次礼拜活动者所占百分比

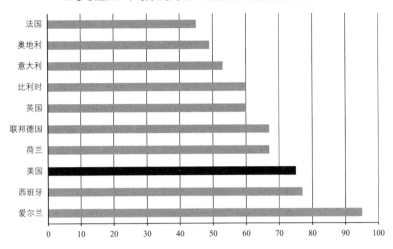

181. 教堂的收入

按人口计算的平均收入（美元）

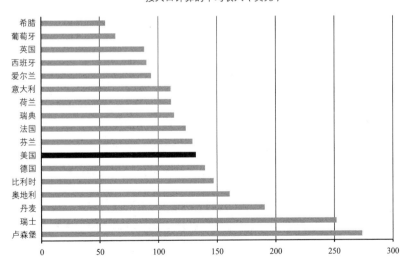

新近的分析声称，美国的教会比欧洲的教会更活跃是基于市场驱动的原因：更激烈的竞争使得教会的奉献种类更加丰富，质量也更高，而欧洲受国家垄断的宗教已经不再能满足公民的精神需求。[9]简而言之，欧洲教会面临着和经营垄断的餐馆一样的问题。事实上，在精神上的满足和饮食上的满足之间，甚至在宗教信仰和肥胖之间，可能存在相似之处。事实常常证明，如果食物种类繁多，人们就会吃得更多。宗教也是如此吗？塔列朗（Talleyrand）能在 18 世纪末讥讽美国有 32 种宗教却只有 1 种调味汁，今天自助餐桌则堆满了丰盛的食物和宗教。美国人比欧洲人（英国人除外）明显地更喜欢在多种食物中进行选择。[10]类似的喜好似乎也适用于宗教。

因此，如果问题出在供给而不是需求，那就意味着大西洋两岸的精神渴望没有太大差别，得到的满足感却有差别。在欧洲，只有瑞典人、德国人和西班牙人比美国人更少去思考生命的意义。其他欧洲人则比美国人更多地思考重大问题。[11]换句话说，与其说是宗教心态与世俗心态之间的差异，不如说是如何满足很大程度上（即使不是全部）相同的精神需求的差异。因此，虽然各种精神上的需求在美国通过宗教组织得到了满足，但它们在欧洲可能会找到其他的表达方式。世界价值观调查组织在这里提出了一些有趣的问题。[12]例如，除了丹麦人和荷兰人，更多的欧洲人说他们信奉上帝，而不是把自己描述成宗教信仰者（美国人也是如此）。这表明内心信念和外在行为之间存在断裂。此外，在一些最世俗的国家里，把那些要么相信人格化的神，要么相信某种精神力量、生命力量的人加起来，我们得到的总数要高于那些仅仅说他们信奉上帝的受访者。冰岛、芬兰、荷兰和瑞典的情况也是如此，但德国的情况勉强算如此，法国和丹麦的情况则完全不同。在更传统的欧洲宗教国家，人们的内心和外在并不存在这种断裂。换言之，在大多数世俗国家，人们似乎信奉某种更高的权力，而这是在调查对上帝的信仰时提出一个简单的问题所无法采集到的。

美国人确实在宗教信仰上与欧洲人有几个重要的不同。既相信天堂又相信地狱的美国人占总人口的比例要高得多。这对老一套观点是有利的，但是应该考虑到两者（只相信天堂者和只相信地狱者）之间同样重要的平衡问题。理论上，人们可能认为这两者同生同变，如果没有另一个，你就不可能始终如一地相信这一个。但那是低估了人类精神在这个世界上自如适应的能力。通过调查对天堂和地狱的态度，人们得出的第一个结论是，现代人是不可救药的乐观主义者。他们可能不像他们的祖先那样相信来世。但就他们所相信的来世而言，他们更倾向于认为来世是天堂而不是地狱。

然而，更重要的是那些相信天堂的人和那些相信地狱的人之间的关系，以及我们从中所了解到的现代世俗主义（modern secularism）。在美国，这两类人的比例几乎相等：五个天堂的信徒对四个地狱的信徒。在意大利，两者的比例大体相同。接下来是中间组的国家——德国、英国、西班牙和法国，其两者的比例大约是 5∶3。最后，世俗化程度最高的国家也是天堂的信徒与地狱的信徒比例最大的国家，丹麦和芬兰的这一比例约为 2∶1，瑞典和荷兰的这一比例接近 3∶1。从平淡无奇的统计数据中可以看出，在世俗化程度更高的国家，首先关心天堂和地狱的人更少。但对于那些思考这类问题的人来说，国家越是世俗化，他们对天堂的重视程度越会高于地狱。世俗化也许已经淡化了对地狱的恐惧，但并没有完全消除对天堂的渴望。

所有这些都不能也不应该阻止人们相信大西洋两岸存在着宗教差异。

但是，正如大西洋两岸诸多方面一样，这一方面的差异被夸大了。那些批评美国人虔信宗教的欧洲观察家，常常对他们自己文化中基督教情感的普遍表达视而不见。事实上，观察欧洲的美国人经常对旧世界的世俗主义主张感到困惑，因为在这里，宗教的表现是如此频繁，如此明显，如此公开，却又如此明显地被认为是理所当然而不予注意。每一本丹麦护照上都有一幅画于 10 世纪的耶稣受难像，即使护照的持有人像现在很多人一样是虔诚的穆斯林。[13] 巴伐利亚州学校的墙上悬挂着十字架，诸如"上帝保佑"之类的问候语司空见惯，英国学校会举行圣公会晨祷，丹麦、瑞典、挪威、冰岛、芬兰、英国和希腊的国旗都描画有基督教的核心标志——十字架。

代表英国左翼的《卫报》写道："在美国的学校、工作场所和公共机构，宗教随处可见。士兵和政治家以一种在英国似乎不合适的方式在召唤上帝。"[14] 真的吗？伊丽莎白二世的头衔就是信仰的捍卫者。英国圣公会的 24 位高级主教（senior bishop）被称为精神领袖，占据着上议院席位。2006 年，他们积极阻止了将安乐死合法化的法律。[15] 他们长期影响着电影审查制度、堕胎法、婚姻法、色情业许可证等。德国哲学家尤尔根·哈贝马斯（Jürgen Habermas）声称，在欧洲，很难想象一位总统会以祈祷开始他的日常事务。然而，这正是英国议会所做的事情。[16] 杰里米·里夫金认为，据说大约 70% 的美国人喜欢在学校祈祷，这一事实证明了他们对宗教的极度虔诚。[17] 那么，法律要求英国公立学校的学生每天参加基督教礼拜活动，这是什么迹象？[18] 或者牛津大学和剑桥大学的正式晚宴上总是以基督教的祷告开始，以波尔图葡萄酒结束，又是什么迹象？

在意大利，天主教会时常干预政治，2005 年反对将人工受孕法放宽至未婚夫妇（包括同性恋）。[19] 梵蒂冈官方建议司机开车时祈祷。[20] 在其他国家，司机甚至不得在驾驶时使用手机通话。丹麦议会每年都以礼拜仪式开幕。在荷兰，所有党派的政治家都会在教堂的讲坛上发表主题演讲。[21] 德国宪法第139条规定星期日为休息和灵魂陶冶日。德国的天主教和新教教会都可以并且已经让那些观点与官方教义不同的神学教授从他们在州立大学的职位上离开。在我们观察的18个欧洲国家中，足足10个国家有政党在议会中以"基督教"一词命名。[22] 基督教民主党是欧洲议会中迄今为止最大的团体。对所有这些政党来说，基督教信仰有助于塑造它们的意识形态和纲领。

已经去世的教皇、梵蒂冈城国国家元首约翰·保罗二世（John Paul II）被认为治愈过病人：一位患有帕金森病的法国修女，一位患有肺癌的年轻人。[23] 刘易斯岛（外赫布里底群岛）严守安息日律令，高尔夫俱乐部和体育中心周日都不营业，操场上设有禁止儿童在休息日使用的标志。[24] 我们不要忘了，直到几年前，欧洲大陆仍有人在新教和天主教、伊斯兰教和东正教之间的宗教冲突中被杀害。严肃的辩论者、大量的舆论团体，以及一些欧洲国家最近都试图让欧盟宪法将欧洲文化定义为基督教文化。斯堪的纳维亚的牧师们在他们的布道坛上神秘地暗示，欧盟盟旗上的12颗星象征着布鲁塞尔把隐秘的圣母玛利亚崇拜强加于北部新教地区。在希腊，东正教宗教课（religious instruction）在公立学校是必修的，只有非东正教徒才有可能免修，而且非东正教的传教活动是被禁止的。[25] 目前在欧洲，基督徒和穆斯林正就是否允许修建清真寺进行斗争。

大西洋两岸宣称的神学上的分歧很大程度上只是世俗主义和笃信宗教之间的差异。同样，这种差异也体现在欧洲方面是天主教和高教会派基督新教（high-church Protestantism），美国方面是低教会派归正基督教

（low-church reformed Christianity）。在欧洲人看来，美国与众不同的地方并不是信仰某种超然的东西，而是它那涉及个人的、强调平民的、感情外露的表达。美国天主教徒很少会引起欧洲人的注意，尽管他们同源且熟悉。更确切地说，美国天主教是福音派和信奉正统派基督教的新教。

作为对比，举一个神学上的争论（各方意见不一）为例：圣公会（英国国教）及其内部对于是否授予同性恋者教职的分歧。美国的圣公会教徒是高教会派。正如欧洲人所理解的那样，圣公会是一种对女性、同性恋者、少数群体宽容的宗教，换句话说，它力求不向其信徒提出任何会干扰他们世俗生活方式的要求，或使他们因赞成低教会派后情绪混乱而难堪。与此同时，为了阻止分裂，坎特伯雷大主教（日常关注碳排放、循环利用和多元文化等困境）犹豫不决，试图迎合非洲和亚洲的基督徒会众，对他们来说同性恋行为是一种罪恶的、下地狱的行为，应该被诅咒，硫黄火球是他们布道的灵丹妙药。在世俗的英国，这条宗教的尾巴正在摇动体面的圣公会信仰这条狗。＊而在宣讲福音的美国，生活方式问题凌驾于圣公会对实际神学的任何严肃讨论，更不用说善与恶了。

总的来说，如果美国人比大多数欧洲人更笃信宗教，这并不意味着他们对科学的整体信仰更少。理性和宗教之间的选择似乎不是零和博弈。世界范围内的数据表明，一个对科学有坚定信仰的社会也对宗教有坚定信仰，大西洋两岸各国的数据证实了这一点。[26] 确实，从比例上说，坚定认同达尔文进化论的美国人不多。[27] 但是，在其他方面，美国人相信启蒙计划（Enlightenment project）——人类理性有理解和掌握自然的能力。他们在批准动物实验以拯救人类生命方面排在欧洲的中间。他们比所有

＊　尾巴摇狗，即长尾效应，指小众最终会影响甚至决定大众。——译者注

欧洲人（挪威人除外）更清楚地认识到，只要摄入足够的人造化学物质就会致癌的说法是错误的，而且他们比挪威人和瑞士人以外的欧洲人更清楚地认识到，暴露在任何程度的放射性物质下的人一定会死亡也是不确切的。除了斯堪的纳维亚半岛人（排除瑞典人），美国人对转基因作物的所谓危险性比欧洲人更为乐观。[28]

相应地，从占总人口的比例来说，同意科学弊大于利这一观点的美国人比欧洲人（但除去荷兰人、挪威人、瑞典人和法国人）更少（见图182）。赞成科学帮助了他们认知世界的美国学生比欧洲各国（除意大利和葡萄牙外）的学生都多。针对人类过于依赖科学而缺乏信仰的观点，2006年，在完全反对此说者的占比上，美国位于欧洲各国的中间；在全心全意接受此说者的占比上，意大利高于美国。[29]相对而言，在相信占星术者的占比上，美国低于法国、德国和英国三个欧洲主要国家（见图183）。在使用顺势疗法者的占比上，美国也比欧洲国家少（见图184）。

182. 相信科学弊大于利者
持此观点者所占百分比

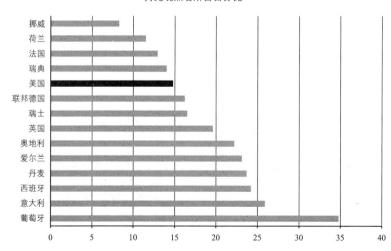

183. 相信占星术者

严肃对待占星术者所占百分比

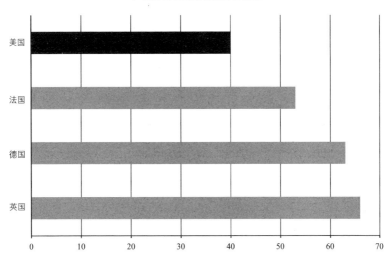

184. 顺势疗法

使用顺势疗法者所占百分比

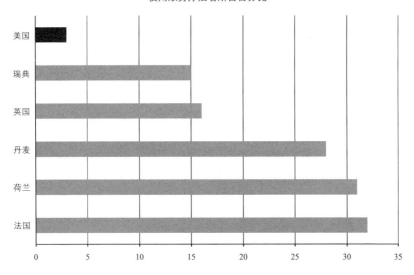

尽管国际社会调查项目没有向美国人提出这些问题，但也许值得注意的是，近半数的德国人和葡萄牙人以及三分之一以上的瑞士人和奥地利人认为，幸运符确实能给人带来好运。奇怪的是，只有四分之一的爱尔兰人对此表示认同。大约三分之一的德国人、奥地利人、爱尔兰人，甚至更高比例的法国人和瑞士人，相信算命者能够预见未来。超过40%的德国人、奥地利人、瑞士人和比例几乎相当的法国人，以及四分之三的爱尔兰人，相信用信仰疗法治病者拥有上帝赐予的力量。40%的德国人、瑞士人和法国人相信一个人出生时的星象会影响他的一生。最后，让大西洋两岸声称的宗教分歧变得模糊的一个事实是：相信宗教奇迹者在葡萄牙所占的比例高于在美国（79%），紧随其后的是爱尔兰（71%）、奥地利（65%）、德国（62%）和瑞士（60%）的这一比例略低。[30]

第十一章 移民同化

现在，我们从信仰的世界转向治外法权。直到最近，人们才开始认为欧洲和美国在对外来人口的同化方面有着可比性。美国是一个移民国家，欧洲则不是。而现在情况已经不同了。美国的外国出生人口总体水平仍然高于除瑞士和卢森堡以外的欧洲国家（见图185）。然而，随着越来越多的外国人把欧洲当作自己的家，这种差别正在缩小。但是在欧洲，计算外来人口数量的做法是很奇怪的。在那些有着满满恶意和强大势力的反移民政党的国家（丹麦、奥地利、挪威、荷兰、法国和瑞士），政府官员希望淡化那些可能被视为外国人的存在。而在其他国家，政府机构可能更喜欢多算外来人口的数量，或许是为了提升自己在多元文化上的功绩。

研究一下经济合作与发展组织于2005年和2007年关于外来人口的两份报告的差异。[1]这些报告中的数据分别来自2003年和2005年，尽管是十年前即1993年和1995年的统计，也可作为比较。正如所料，在2003年至2005年期间，所有欧洲国家的外来人口数量都有所增加。但在报告中，一些国家的外来人口数量在两年内增长如此惊人，这一定是对数据的重新调整所致，而不是实际流入了如此多人口。在许多情况下，新的出版物中1995年的这一数字也高于之前出版物中2003年的这一数字。例如，在2007年的出版物中，奥地利1995年的外来人口

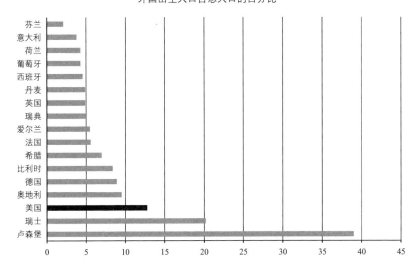

185. 外国出生人口

外国出生人口占总人口的百分比

比是11.2%，而在2005年的出版物中，奥地利2003年的这一数字只
有9.4%。比利时、法国、爱尔兰、荷兰、挪威和其他几个国家也存在
类似的偏差。如果我们再看经济合作与发展组织所宣称的精准数据，这
一谜团会更为加深。2005年，就我们所关注的几个国家的"外来人口"
（foreign population），只有美国的这一数字反映的是"外国出生人口"
（foreign-born）。然而，2007年，欧洲的数字也是"外国出生人口"，除
了希腊、意大利和西班牙的数字是"外来人口"。"外国出生人口"当然
是一个比"外来人口"更窄、更精确的分类。除了记录上的失误，"外国
出生人口"可以通过标准发行的统计数据来确定。然而，谁算"外来人
口"则是一个更加模糊的问题。19世纪90年代末，维也纳反犹太人的市
长卡尔·卢埃格尔（Karl Lueger）曾这样回答"谁是犹太人"的问题：
"这是我决定的事情。"类似的情况在这里也适用。

第二代和第三代移民，无论有无公民身份，都被视为外来人口？尽管更新的数据使用了更精确的分类（"外国出生人口"），但这个群体往往比更早的、更模糊的、更具包容性的分类（"外来人口"）更大，甚至在同一时期也是如此。这表明，数据的膨胀尤其引人注目，尽管无法确定这一混乱的根源。

对数据进行重新评估的一个最显著的例子是瑞典。这个国家有着开明的行政部门，没有明显反对移民的民粹主义政党。我们可以更仔细地研究一下它的数据。2005年，瑞典人声称1993年时的"外来人口"比例为5.8%，十年后的2003年下降到5.1%。然而，两年后的2007年，瑞典人说他们在2005年有12.4%的"外国出生人口"。这些数据意味着，如果不考虑其他人口统计事件（出生、死亡、移民等），在2003年和2004年期间，大约有65万外来人口（相当于2005年瑞典总人口的7%以上）移民到瑞典。更令人困惑的是，经济合作与发展组织声称，在1995年，瑞典的外来人口占总人口的10.5%，这几乎是瑞典人自己在2003年早些时候公布的1993年数字的两倍。

如果我们转而审查2005年瑞典政府关于外来人口犯罪率报告中使用的数据，情况就不同了。这是一份没有任何夸大的报告，善意地揭示外来人口在瑞典的犯罪率与其所占的比例不相称。所列数据是1996年在当局登记（瑞典境内的所有人都是如此）的那些出生于外国的居民。[2] 报告显示，在当年8900954人的总人口中这些外来人口确切地说有574781人，占6.46%。而这些外来人口中，四分之一以上是斯堪的纳维亚人，主要是芬兰人，也就是说，他们与瑞典人在文化上的差异好似威尔士人和英格兰人。如果我们不算欧洲人，但算上土耳其人（该报告的作者曾殷勤地将他们算作欧洲人），那么我们得到的突出而引人注目的外来人口比例为 2.58%。当然，这不是应该嗤之以鼻的，但也不是善意的瑞典行政部门可能喜欢想象的多元文化天堂。

瑞典似乎无法统计出自己本国的外来人口。法国明确拒绝这样做，认为将之搞清楚是歧视性的。想起那句古老的格言——"没有规矩，不成方圆"，人们应该担心欧洲没有正视潜在的最重要的国内政治问题吗？这些新来者如何成功地融入社会？关于这个宏大的话题，几乎没有可靠的比较数据。如果能有一些数据让我们对欧洲移民社区的贫困率、房屋所有权、婚外恋、教育成就等有一些重要的了解，那将是很有趣的。不过，这样的数据很难获得。

我们知道美国人对外来人口的态度通常比欧洲人更友好。占总人口不到三分之一的美国人相信，只有共享一个国家的风俗和传统，外来人口才能完全融入其中，这一比例与奥地利、法国和丹麦（所有有着强烈反移民倾向政党的国家）持此观点者的占比相当，是德国、荷兰、挪威和芬兰持此观点者的一半。另一方面，这里考察的所有国家都一致认同移民通过带来新的思想和文化改善着一个国家，美国在认同率上排名欧洲中间位置，英国、法国和挪威排名靠后。[3]美国的外来人口表现似乎更好一些，或者至少比欧洲的外来人口少惹些法律上的麻烦。按比例看，美国监狱里的外来人口还不到监狱总人数的一半。相比之下，在瑞典、挪威和德国，外来人口被监禁的可能性是本国人的两倍多。在瑞士和丹麦，这一比例几乎是三比一，而在希腊，这一比例不低于八比一。[4]确实，许多欧洲国家只是缓慢而勉强地授予外来人口以公民身份，否则被监禁的外来人口可能就是本国人口了。但即使考虑到这一点，这一对比也是惊人的。

在没有更好数据的情况下，两个比较数据提供了一些关于移民如何同化的初步结论。我们考察了移民的子女和本国生人的子女之间教育成就的差距。在数学方面，美国这两类学生的差距比欧洲国家小，不到德国和比利时的四分之一（见图186）。在阅读方面，结果是相似的，尽管瑞典人比美国人更能同化外国学生（见图187）。但总的来说，作为一个移民的后代，作为一个第二代公民，几乎在所有的欧洲国家都会比在美国遇到更多的教育障碍。第二项指标量化了本国人口和外来人口之间失业率的差距。美国的男性移民实际上比美国本地男性表现得更好（见图188）。意大利也是如此。在希腊，外来的身份无关紧要。但在欧洲国家，外来人口失业的可能性远远高于当地人。例如，芬兰在2004年虽然有10%的本国男性劳动力失业，但外来人口的失业率却高出此数据一倍多。

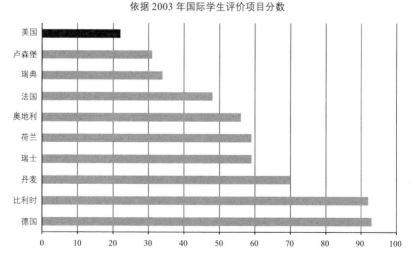

186. 美国本地人和移民之间数学分数的差距

依据2003年国际学生评价项目分数

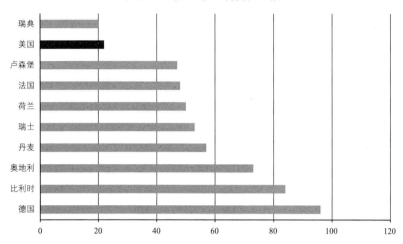

187. 美国本地人和移民之间阅读分数的差距

依据 2003 年国际学生评价项目分数

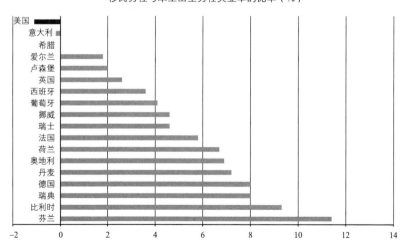

188. 增长的失业率

移民男性与本土出生男性失业率的比率（％）

也许这样的结果与移民政策和被接纳的移民类型有关。如果欧洲国家只允许寻求庇护的人入境，而美国欢迎的是第三世界受过教育的精英，那么我们就可以理解为什么后者容易融入社会，而前者却没有。但事实远非如此。美国和欧洲的大多数移民都是打着家庭团聚的幌子入境的。2000 年进入美国的移民，只有 13% 是出于经济或就业原因得到批准的。单单英国一国允许入境的高技能外来人才，在绝对数量（当然因而也在相对数量）上都要高于美国。[5] 普通的美国移民更可能是来自危地马拉的农民，而不是来自班加罗尔的软件工程师。此外，由于许多欧洲国家没有以经济为基础的移民政策，寻求庇护的外来者在某种程度上是一个自我选择的群体。他们通常是经济移民，必须说服边境当局认为他们值得庇护。毫无疑问，那些愿意支付高昂的费用并排除万难前往申根国家边界的人，在国内并不总是最穷的。从这一点来看，移民到美国的人要比土生土长的美国人上大学的概率低。除比利时、德国和芬兰以外，其他欧洲国家的情况恰恰相反：移民来的人比当地人受教育的程度更高。[6] 例如，在奥地利，只有南斯拉夫和土耳其的男性移民比本国人获得大学学位的可能性要小。其他地区的男性移民，无论是来自东欧、中东、非洲，还是来自发达国家的某个地方，上大学的可能性都是奥地利本国人的两倍至三倍多。[7]

第十二章　合并和分裂

　　人们常说，美国在经济上比欧洲更不平等，贫富分化更严重。平均而言，美国比大多数欧洲国家更富有。美国在中位数收入（由处于收入分配中心的接受者赚取）上高于除卢森堡以外的所有欧洲国家（见图189）。美国在人均收入上也比除挪威以外的欧洲国家都要高。[1]当然，这与普遍存在的贫困和不平等现象是一致的。如果收入分配不均，较高的平均水平可能会遮蔽顶层不成比例增加的财富以及底层的极度贫困。美国人似乎比欧洲人更能容忍不平等。诚然，从比例上说，认为收入差距是必要的激励措施的美国人要比德国人、西班牙人或是英国人少，但认为现有收入差距并不过大的美国人比例低于欧洲人。和许多欧洲人一样，美国人也不同意政府应该采取行动缩小收入差距。[2]

　　事实上，从许多方面看，美国确实存在严重的不平等现象，尽管很少像人们通常认为的那样明显。原因之一，除瑞士（亿万富翁人数的比例是美国的两倍多）外，美国的人均亿万富翁人数比任何欧洲国家都多（见图190）。美国市场在本质上并不比欧洲市场更血腥。就其本身而言，它所造成的不平等并不比大西洋彼岸更严重。美国的税前收入不平等情况与欧洲国家差不多。[3]但是，在扣除税收和转移支付之后，美国的收入不平等表现得更加明显。这方面的一项标准是将全国收入中位数的60%以下定义为贫困。按照这个标准，美国在贫困人口比例上比任

189. 中位数收入

美元（购买力平价）

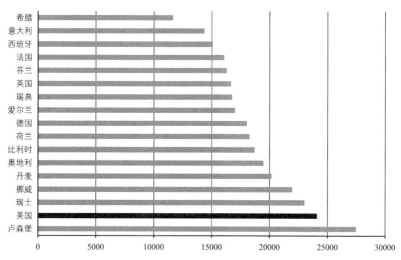

190. 亿万富翁人数

每 100 万常住人口中的数量

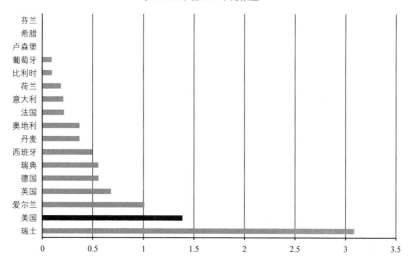

何欧洲国家都要高，但紧随其后的英国、爱尔兰、西班牙和希腊拉开的差距并不大（见图191）。

如果我们着眼于另一端——数据体现通常更好的富人，情况看起来差不多。直到20世纪末，在西方国家，收入向最富裕群体集中的情况一直与此类似。在20世纪初，最富有的人确实非常富有。1918年，约翰·洛克菲勒在美国总资产净值中所占的比例超过了2000年美国富豪排名的前三位（比尔·盖茨、劳伦斯·埃里森和保罗·艾伦）。[4]收入的分配也不成比例。1928年，占1%的美国最富有的群体创造了国民总收入的20%，其中的0.1%将国民总收入的8.2%纳入囊中。同年在英国，0.1%最富有者的收入占国民总收入的比例稍高（8.5%）。1913年，美国这一比例超过11%，且在1928年达到历史最高点。然而，之后的大萧条尤其是第二次世界大战摧毁了许多金融巨头，大幅降低了最富有群体收

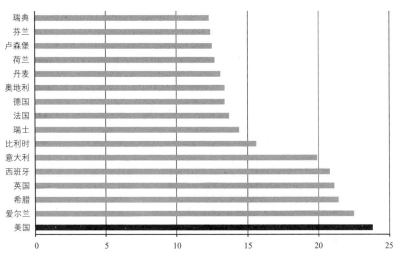

191. 贫困人口

收入中位数60%以下人口占总人口的百分比

入在总收入中的比例，这一部分群体的收入构成也开始从资本和股息转变为工资。到 20 世纪后面几十年，在以英语为母语的国家，最富有的群体不再是高票息券持有者，而是收入丰厚的经理人，但他们在总收入中所占的比例远低于之前的这一群体。

这种情况一直持续到 20 世纪 80 年代。那时，西方分裂了。欧洲大陆国家中最富有的公民享有国民总收入的份额稳定在 20 世纪 70 年代达到的相对低的水平，其资本收入继续发挥着更大的作用。在以英语为母语的国家和瑞典，财富越来越向最高阶层集中。到 1998 年，最富有的美国人的收入占国民总收入的 14%，这一比例仍然低于 70 年前的全盛时期，但几乎比 1973 年时翻了一番。英国这一比例的情况基本相同，1998年约为 12.6%，比 1978 年时增长了一倍多。[5]

然而，瑞典则徘徊在盎格鲁－撒克逊和欧洲大陆两个极端之间。如果我们只看工资收入，瑞典符合欧洲大陆模式。不过，如果加上获利的资本收益，情况就要另当别论。斯德哥尔摩证券交易所（Stockholm Stock Exchange）在 1980 年至 2007 年间股价上涨 20 倍（同一时期纽约、伦敦和巴黎的股价上涨了 5—6 倍），资本收益在瑞典最富阶层的收入中所占的比例比其他国家的更为突出。与以英语为母语的国家一样，瑞典的所得税累进率也下降了。[6]考虑到这一点，瑞典的高端收入在 20世纪末再次开始增长，与英美国家的情况一样。收入集中于最富阶层的程度仍然低于美国和英国。算上资本收益，1999 年瑞典顶尖富豪的收入占总收入的 10% 以上，而 1998 年美国的这一比例只略高于 16%。从一个更加平等的基础开始，瑞典的这一趋势一直在上升，而在较大的欧陆国家中，最富有者的收入一直保持不变。[7]

收入是一回事，总财富是另一回事。两者是相关的，但并不成正比例。那些高收入的人可能会——也可能不会——变得富有，这取决于他们是否消费、存钱或者捐款。与收入相比，财富有着不同的、更显著的社会影响。它可以被继承，帮助形成一个富人阶层，这个阶层并不是靠某一代人的意外之财就能维持的。收入差距的数据表明，美国的这一情况比欧洲各国都要明显。但若从财富的差距来看，结果就不那么明确了。财富通常比收入更集中，因为财富是一辈子的积蓄，而且可以传给一位继承人（除了遗产税和拿破仑继承法）。在美国，富豪阶层所拥有的财富占总财富的比例在 20 世纪已经大幅下降，并且与收入相比，也没有再次上升。对于顶尖富豪来说，这一比例在 1930 年达到了超过 40% 的最高值，在 2000 年下降到略低于 21%。对于第 100 百分位的富豪来说，这一比例 1919 年为 11%，2000 年为 3.9%。[8]

在尝试进行国际比较时，困难就来了。一些欧洲国家在财富集中度上低于美国。例如，在 1994 年，法国顶尖富人拥有总财富的 21%，第 10 百分位的富人拥有总财富的 6%。美国的对应数字分别为 22% 和 9%。西班牙的数字更低（1994 年分别为 16% 和 5%）。[9]相比之下，其他国家的财富集中度要高得多。在瑞士，资产净值集中在最高层。1997 年，瑞士占 1% 的超级富豪拥有所有财富的 35%，比同年美国的这一比例（21%）高出 14 个百分点。只有在繁荣的 20 世纪 20 年代，美国的超级富豪拥有总财富的占比与今天的瑞士超级富豪一样。[10]这些数据只统计了那些实际居住在瑞士的人。它们忽视了住在其他地方的欧洲富人把巨额财富放在这个国家。[11]如果这一点更加清楚的话，那么其他的比较就更加模糊了。在最近的一次统计中，最富有的 10% 的美国人所拥有的财富占总财富的比例很高，但比瑞士和丹麦低，比法国和瑞典稍高（见图 192）。联合国大学世界经济发展研究所（UN University's World

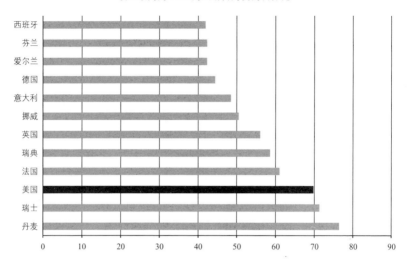

192. 超级富豪

收入最高的 10% 的人所占财富的百分比

Institute for Development Economics Research）按年汇编的财富分配数据显示，2000 年，在最富有的 1% 人口所持财富占总财富的比例上，美国低于英国和挪威，只比瑞典略高。[12]

让我们仔细地考察一下瑞典，因为这个国家经常衬托出美国的不平等。以标准数据衡量，瑞典的财富集中度已经与美国不相上下。2000 年，瑞典顶尖富人拥有的财富占总财富的21.9%（美国为20.8%），而第 100 百分位的瑞典富人为自己积累的财富与同等地位的美国人一样多，为3.9%。[13] 然而，这些数字可能还被低估了。首先，富有的瑞典企业家多年来把自己和他们的财富转移到国外，从而退出了瑞典的税收体系。其次，为了阻止税收流失，瑞典当局开始给予家族企业的控股者极大的财政减免（否则他们可能会逃至海外），以使他们保留瑞典国籍。

以下是对该影响的一个简单计算：瑞典首富（宜家创始人英格瓦

尔·坎普拉德，住在国外）的财富，用占瑞典国内生产总值的比例表示，是比尔·盖茨的财富在美国国内生产总值中占比的 20 倍。当然，瑞典是一个小国。但如果我们把瑞典所有亿万富翁的财富加起来，他们的净资产（850 亿美元）在瑞典国内生产总值中的占比是 18.6%，两倍于美国所有亿万富翁总资产（1.35 万亿美元）在美国国内生产总值中的占比（9.7%）。考虑到这些数字并未统计瓦伦堡家族（Wallenberg family，享有免税特权的大企业，拥有瑞典证券交易所 40% 公司的控股权），瑞典社会的财富集中度实际上应该还会更高。

这些数字证明了什么？亿万富翁的居住地在很大程度上是由税收制度决定的。富裕的美国人没有转移至国外的财政动机，因为无论他们住在哪里，他们的税务机关都认为他们是征税的对象。《福布斯》列出的美国亿万富翁中，只有 2% 生活在美国以外。相反，三分之一的瑞典亿万富翁逃至他国。事实上，如果我们计算居住在瑞典国内的瑞典亿万富翁的财富在瑞典国内生产总值中所占的比例，结果与美国的这一数字相当，即 7%。拥有三分之二巨额财富的三分之一瑞典富有家庭生活在国外。通过这种方式，瑞典税务机关无疑使他们的国家更加平等。当然，这不是使瑞典更富有，因为财富已经外流，也不是进行再分配，而是更加平等。在欧洲税收体系中，逃税者不再参与国民经济核算，而是进入瑞士、列支敦士登或开曼群岛等避税天堂。从比例上看，富裕的欧洲人在海外持有的财富是美国富人的 2.5 倍多。[14] 通过不入账，欧洲的逃税者降低了所有欧洲国家的贫富差距。他们不只是把财富从一个国家转移到另一个国家。

有鉴于此，我们再回到瑞典这个例子，如果加上从瑞典转移走的财富，再加上瑞典税务机关给予家族企业（控股人数很少）的税收减免，瑞典顶尖富人的净资产会增加 50%。用类似的方法计算，美国顶尖富人的净资产仅增加了 3%（2004 年的数据）。在 2000 年，瑞典顶尖富人的财富占比达到 42%。同一年，美国的这一比例只是瑞典的一半。[15]

　　在考察了最高收入和最低收入之后，我们得出了两者之间的关系，或者说是衡量出了两者的差距。卢森堡收入研究（Luxembourg Income Study）最新的一波数据显示，在 1999 年至 2004 年期间，从基尼系数（衡量一个国家或地区收入差距的常用指标）来看，美国是收入差距最大的国家（见图 193）。正如我们所看到的，近年来英语世界的收入差距越来越大。但事实并非总是如此。通过对 20 世纪 70 年代到 90 年代中期几十年累计数据进行的其他比较，可以发现这种现象并不如此严重。其中之一，比较最富有的五分之一人口与最贫穷的五分之一人口的收入比，美国位于排名中部，低于爱尔兰，高于挪威和葡萄牙。[16]另外是比较平均的基尼系数，从排名上看，美国是比法国、爱尔兰和葡萄牙收入

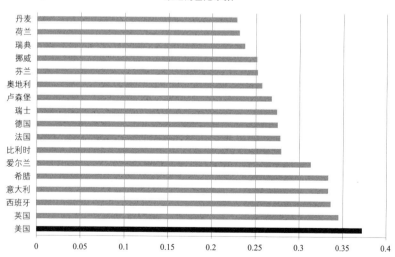

193. 收入差距
最近的基尼系数

更平等的国家（见图194）。修正后的数据显示，除法国以外，所有地中海国家以及爱尔兰在基尼系数上都要高于美国。[17]根据卢森堡财富研究（Luxembourg Wealth Study）的最新数据，一项针对家庭净资产的基尼系数的比较显示，瑞典的收入差距大于美国，这很大程度上是因为三分之一的瑞典人净资产为负数，欠债超过了自己的资产。按照这种核算，德国的收入差距只比美国略小（见图195）。

与欧洲国家相比，美国的收入和财富差距的确很大，而且近年来这种差距越来越大，尽管目前的危机有望缓和这种差距。然而，分配不均和贫困不是一回事。广泛的收入分配是否意味着许多美国人都很穷？由于美国的平均收入（按购买力平价，2000年为24119美元）比欧洲国家高出40%以上（欧盟最初的六个国家为16735美元），而且收入分配比欧洲更为分散，因此按比例很可能更多的美国人处于相对贫困——例如中等收入的60%。但由于平均收入一开始就很高，这并不一定意味着相对贫困的人都是贫困的。如果我们比较大西洋两岸事实上的而不是相对贫困的人口数量，结果会有所不同。

大多数欧洲政府对贫困的定义是相对的，即收入低于国家平均收入的一半或60%。如果收入差距被压缩，就像许多欧洲国家的情况一样，低于相对贫困标准的人数就会减少。但这并不一定意味着他们是富裕的，除非与收入等级高于他们的人有关。如果我们把欧盟最初六个国家中位收入的一半作为绝对贫困线，西欧的贫困公民比例则要高于美国。用1993年的数字计算，美国大约有10%的人口是穷人，而在欧盟最初的六个成员国，这个数字大约是12%。对于占西欧大部分的欧盟十五国来说，几乎20%的人口位于绝对贫困线之下（见图196）。我们使用更多的最新数据对每个西欧国家的数字进行分解时，也发现了类似的结果。以2000

194. 收入差距

20 世纪 70 年代至 90 年代的平均基尼系数

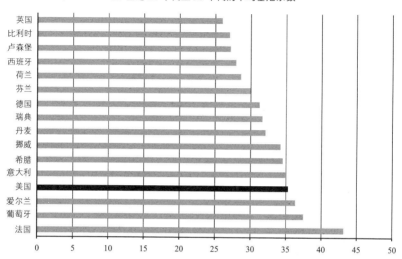

195. 家庭净资产的分配

基尼指数

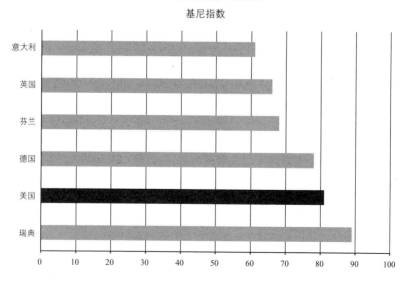

196. 低收入人口

低于欧盟六国收入中位数 50% 的人口所占百分比

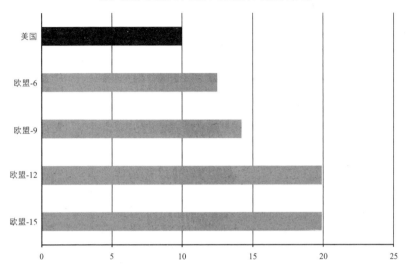

年欧盟最初六国平均收入的 60% 作为绝对贫困线，不仅地中海国家的贫困人口比例高于美国，英国和爱尔兰以及法国、芬兰、瑞典的贫困人口比例也高于美国（见图 197）。

另一方面，情况看起来差不多。美国采用的是绝对贫困标准，即人均收入低于某一数量。受各种技术原因限制，很难对美国和欧洲各国的贫困标准进行比较。欧洲的统计数字是可支配收入（收入加上转移支付减去税收），而美国的统计数字是税前和转移支付后的收入。如果我们不用美国的标准，而是把上面我们用的欧洲绝对贫困标准作为美国绝对贫困标准的合理指标，欧美之间的研究结果是有可比性的。如果贫困意味着要靠低于美国平均收入 60% 的等量物资（2000 年）生活的话，那么只有两个北欧国家（挪威和丹麦）和最富有的欧陆国家卢森堡和瑞士的贫困人口比例低于美国（见图 198）。

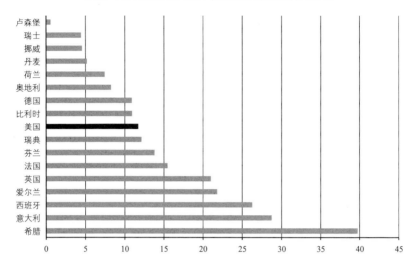

197. 绝对贫困（欧洲标准）

2000 年低于欧盟六国收入中位数 60% 的人口所占百分比

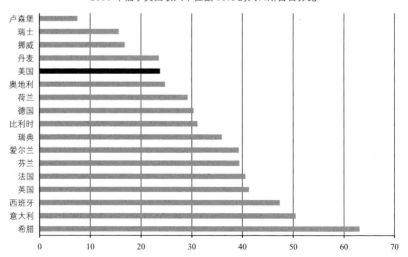

198. 绝对贫困（美国标准）

2000 年低于美国收入中位数 60% 的人口所占百分比

如果我们能在欧洲各国找到与美国官方绝对贫困程度相对应的数据，情况似乎也相似。当儿童基金会衡量儿童贫困程度时，结果是相似的。用相对贫困来衡量，从比例上看，美国儿童比欧洲儿童更贫困，美国的比例是22%，意大利的比例是21%，英国的比例是20%，差别不大。但将美国的贫困标准应用到大西洋彼岸，西班牙、意大利、英国和爱尔兰的贫困儿童比例则高于美国的。德国和荷兰的表现稍好。[18] 总之，无论你是用美国的还是欧洲的标准衡量，美国贫困人口的百分比（以绝对贫困标准衡量，而不仅仅是同一国家内相对其他人的贫困程度）在与欧洲国家一起排名时位置居中。

不用说，这些数字是按购买力平价计算的，这意味着它们至少说明了美国和西欧国家之间的生活成本差异。然而，在美国各州中，它们可能无法解释这些。即使20世纪90年代中期最暗淡时的收入计算，也大体上符合我们在这里提出的观点。以贫困人口前10%这一群体的收入来看，美国高于英国，与瑞典和芬兰几乎相同。即使是在美国所有社会群体中处境最差的美国贫困儿童，也比英国的贫困儿童境况更好。[19] 威尔·胡顿向我们保证，"尽管［美国］的总人均收入更高，但其贫穷的境况绝对比欧洲的同等群体差"，但他完全错了。[20]

这引发了欧洲和美国之间更广泛的可比性问题。美国不仅是一个国家，也是一个大陆，或者至少是一个大陆的一大部分。欧洲国家却并不是如此。然而，人们往往将美国作为一个国家与任何一个欧洲国家或一组欧洲国家进行比较，而不是将欧洲大陆作为一个整体来比较。这也可能影响大西洋两岸的比较结果。北美这样的大面积地区有着多样的生活开支和工资水平，而丹麦或荷兰这样的小国则没有，或者至少多样化程度更低。换言之，衡量美国国内的收入分配，不仅仅是看比尔·盖茨与一个单身母亲在福利方面的社会经济差距。它同样涵盖了曼哈顿居民和密西西比州图珀洛居民之间地理和生活成本上的差异。

但在欧洲，衡量收入分配的是奥斯陆律师与卑尔根渔民之间的差距，而不是瑞士制药公司首席执行官与西西里农民（更不用说斯洛伐克的罗姆人了）之间的差距。考虑到卢森堡的人均国民收入总值是葡萄牙的3倍，或者伦敦市中心的人均国内生产总值是葡萄牙北部的5倍，欧洲作为一个整体在收入和财富上的差距可能比任何一个欧洲国家内部都要大得多。[21] 的确，有一组经济学家就将今天的欧洲描述为与20世纪30年代的美国很相似，因为它包含了一些极度贫困的地区，尤其是南方腹地，这些地区在经济上都是同质化的。该研究小组还发现，欧洲大陆（欧盟十五国）在制造业收入不平等程度上比美国高出约30%。欧洲大陆的薪酬差距要比美国各地高出40%左右。[22]

正如人们对一个幅员辽阔的国家所预想的那样，美国各地区人均国内生产总值差距很大，为全国人均国内生产总值的65%—332%。但英国的差距更大（为全国人均的60%—446%），而法国的差异与之差不多（为全国人均的77%—316%）。当然，这意味着在整个西欧，这一差距至少和美国一样大。在英国、西班牙、葡萄牙、意大利、德国、丹麦、比利时和奥地利，衡量地区国内生产总值差距的基尼指数与美国相同或更高。另一方面，美国各地区劳动生产率的差距比欧洲大部分国家的都大，而在失业率方面，美国处于中间位置。[23] 关注欧洲各国这些方面差距的研究相对少。[24] 但是，社会学家奥利·康格斯（Olli Kangas）和韦利·马蒂·里塔卡里奥（Velli-Matti Ritakallio）最近证明了欧洲内部很大程度上被忽视但广泛存在的地域收入差距。这种差距在欧洲各国内部也存在。在意大利，最富裕地区（米兰）的相对贫困标准是最贫穷地区（西西里）

的两倍多。欧洲最富裕的地区和最贫穷的地区之间也存在这种现象。卢森堡的贫困标准是西班牙的 2.7 倍。[25]

欧洲还并不像美国那样是一个完整的经济体。文化和语言上的障碍使劳工无法像在美国一样在欧盟国家间自由流动。事实上，欧盟内部的流动性出奇地低。到目前为止，欧洲国家的绝大多数外来居民来自欧盟以外的国家，而不是欧盟内的其他国家。[26]然而，随着一些西欧国家欢迎东欧阵营的公民，这种情况可能正在改变。在过去几年里，60 万波兰人移民到英国，这可能预示着一个新时代的到来，缩小着工资差异。要将美国大陆与欧洲大陆相比较仍然很困难。同时，也没有再比拿美国与丹麦相比较更令事实失真的了。

结果是，要比较相似，人们应该将收入和财富的社会差距与地域跨度区分开来。几乎没有人做过这样的比较。这里所迈出的，充其量只是初步的和尝试性的一步。如果我们对美国各州和大多数欧洲国家的收入样本抽取最高五分位和最低五分位的比率，结果可能会令人吃惊（见图 199）。收入差距似乎要比作为大陆的美国与任何一个欧洲国家的比较所揭示的要细致得多。比较最高五分位平均收入与最低五分位平均收入的比率，威斯康星州小于法国，犹他州小于西班牙。这也许并不令人奇怪。但在这个比率上，亚拉巴马州小于英国，俄亥俄州小于意大利，这却似乎是值得报道的新闻。

如果我们以绝对值衡量贫困人口的百分比，结果是相似的。如果我们以购买力平价计算，把 2000 年欧盟六国平均收入的 60% 作为贫困线，结果同样出乎意料（见图 200）。在此统计中，美国没有哪一个州的绝对贫困人口比例比得上希腊、西班牙、意大利和爱尔兰，哪怕是按此标准衡量后名列美国最贫困地区的阿肯色州。亚拉巴马州、田纳西州、得克萨斯州和俄克拉何马州的贫困人口比例比英国还少。密西西比州的贫困

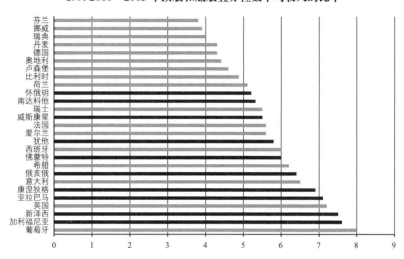

199. 2000—2003 年顶层和底层五分位数平均收入的比率

芬兰
挪威
瑞典
丹麦
德国
奥地利
卢森堡
比利时
荷兰
怀俄明
南达科他
瑞士
威斯康星
法国
爱尔兰
犹他
西班牙
佛蒙特
希腊
俄亥俄
意大利
康涅狄格
亚拉巴马
英国
新泽西
加利福尼亚
葡萄牙

0　1　2　3　4　5　6　7　8　9

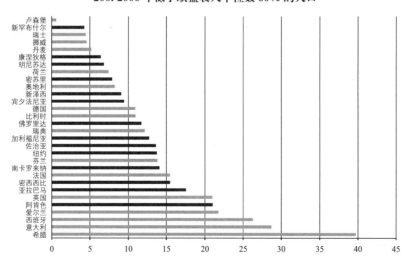

200. 2000 年低于欧盟收入中位数 60% 的人口

卢森堡
新罕布什尔
瑞士
挪威
丹麦
康涅狄格
明尼苏达
荷兰
密苏里
奥地利
新泽西
宾夕法尼亚
德国
比利时
佛罗里达
瑞典
加利福尼亚
佐治亚
纽约
芬兰
南卡罗来纳
法国
密西西比
亚拉巴马
英国
阿肯色
爱尔兰
西班牙
意大利
希腊

0　5　10　15　20　25　30　35　40　45

人口比例与法国相同。爱达荷州和南卡罗来纳州则更少。纽约、加利福尼亚，以及包括佐治亚州在内的其他六个州，贫困人口比例都少于芬兰。佛罗里达州、俄勒冈州、堪萨斯州和北达科他州的贫困人口比例比瑞典少。印第安纳州、俄亥俄州、密歇根州、内布拉斯加州、南达科他州、宾夕法尼亚州、新泽西州和威斯康星州以及其他八个州的贫困人口比例都低于德国。爱荷华州、马里兰州和密苏里州的贫困人口比例比奥地利少。康涅狄格州和明尼苏达州的情况比荷兰好。新罕布什尔州是美国贫困人口比例最低的州，少于丹麦、挪威和瑞士，但不包括卢森堡。

将一个大陆与各个国家进行比较的复杂性也体现在其他方面。如果一个人按州将美国的数字拆开，然后视同为国家将它们的数字按大小插入欧洲各国行列之中，得到的比较结果与只比较欧美两个大陆的平均值或将美国与欧洲国家进行比较不同。那些主张美国和欧洲之间存在根本性差异的观察人士，实际上并没有认真对待欧洲这个概念。他们精心挑选佐证自己结论的国家和计算结果。这就是为什么，在跨大西洋的比较中，斯堪的纳维亚半岛、德国，有时还有英国，都会始终如一地定期露面，而地中海周边主要国家却经常被忽视，小国则几乎从未被提及。

例如，杰里米·里夫金声称他证明大西洋两岸在世俗主义方面存在一条巨大的鸿沟。他在证明时有选择地只引用了斯堪的纳维亚半岛教会的统计数据，而忽略了地中海地区。[27] 同时，严肃的分析表明，在可量化的宗教虔诚程度方面，美国并没有明显地比意大利和爱尔兰更特殊。[28] 芬兰在国际学生评估项目的教育排行榜上排在榜首，每个人都很高兴地把它作为欧洲成就的典范，其他表现优异的还有韩国、中国香港、加拿大和新西兰等。如果是这样的话，我们必须注意芬兰的其他特征（大概与欧洲相同）以助力解释这一点，例如排斥性移民政策使芬兰人口（及其学龄儿童）在种族上比亚洲或东欧阵营以外的任何工业化国家都更加同质化。如果欧洲这个概念有什么意义的话，它必须包括它的所有成员国，富裕的和贫穷的，信仰新教的和信仰天主教的，北欧的和地中海的。没有人会允许来自美国的数据被同样精心挑选，算上康涅狄格州但不算上亚拉巴马州，列入明尼苏达州但不列入密苏里州，等等。

为了演示这种按州拆分数据的效果，可以考虑以监禁率列一个统计图，它显示出不可否认的显著差异（见图201）。即使美国最低的监禁率（缅因州）也略高于欧洲最高的监禁率（葡萄牙）。但是，就拿美国与欧洲唯一截然不同的可量化数据来说，那就是谋杀率。即使在这一方面，一旦我们突破了常规的地理区划，结果也不像通常认为的那样两极分化。如果我们把这些数字拆开，把它们定位在美国各州和欧洲各国的地理位置上，我们会发现谋杀率排列情况出人意料（见图202）。当然，巨大的差异仍然存在。美国大多数州在谋杀率上仍然高于大多数欧洲国家。但现在的差别更加细微。美国一些州（北达科他州、新罕布什尔州、缅因州和威斯康星州）的谋杀率在"欧洲数值"。要达到欧洲的谋杀率，就意味着要低于瑞士的谋杀率。这样的话，除了前面提到的美国各州外，下列各州也符合条件：康涅狄格州、马萨诸塞州、罗得岛州、佛蒙特州、爱荷华州、明尼苏达州、内布拉斯加州、南达科他州、爱达荷州、犹他州、怀俄明州、夏威夷和俄勒冈州。[29] 相反，一些欧洲国家，比如瑞士和芬兰，则在向"美国数值"发展。

对工会成员的分析得出了类似的结果（见图203）。加利福尼亚州的工会会员率比西班牙的高，新罕布什尔州和威斯康星州的工会会员率比法国的高，华盛顿的工会会员率比瑞士的高。这些结果也许并不令人吃惊。但事实证明，纽约州的工会会员率比那些有组织的劳工强国德国和荷兰要高。鉴于纽约州的经济规模只小于西欧的五个国家，这不是一个

201. 囚犯

每 10 万人口中囚犯的数量

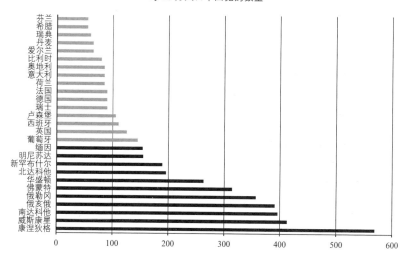

202. 谋杀犯

每 10 万人口中谋杀犯的数量

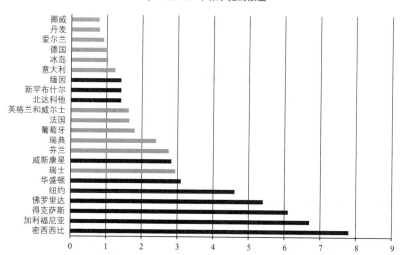

203. 工会会员占工人总数百分比

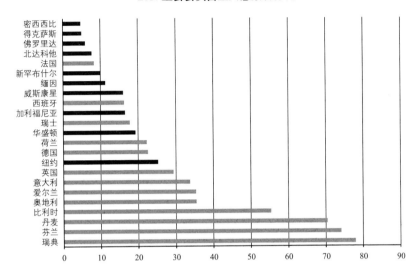

微不足道的成果。

如果我们以同样的方式分析平均预期寿命，会得到类似的结果（见图204）。只有幸运的夏威夷居民比瑞典人活得更长。但是新罕布什尔州、明尼苏达州、爱荷华州、北达科他州和犹他州的居民与挪威人一样长寿，甚至寿命更长。在威斯康星州、佛蒙特州、罗得岛州、马萨诸塞州、康涅狄格州、科罗拉多州、内布拉斯加州、加利福尼亚州和华盛顿州，居民的寿命至少和荷兰人一样长。在俄勒冈州、爱达荷州、南达科他州和纽约，居民的寿命比德国人长。在弗吉尼亚州、缅因州、得克萨斯州、宾夕法尼亚州、俄亥俄州、新墨西哥州、新泽西州、密歇根州、伊利诺伊州、马里兰州、怀俄明州、堪萨斯州、蒙大拿州、佛罗里达州、特拉华州、亚利桑那州和阿拉斯加州，居民的平均预期寿命都比丹麦人长，密苏里州人和印第安纳州人则和丹麦人活得一样长。一般来说，只

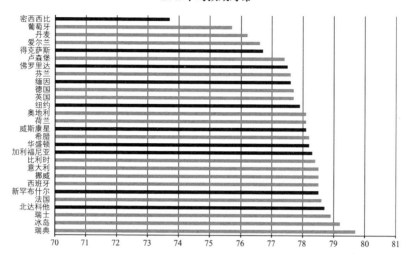

204. 平均预期寿命

有在像亚拉巴马州、阿肯色州、佐治亚州、路易斯安那州、密西西比州和俄克拉何马州这样的南部贫困州，居民的平均寿命才会比欧洲人的短，至少比较欧洲各国的平均寿命是如此。

毫无疑问，国家以下各层级的数字将揭示欧洲类似的微小差异。例如，2000年苏格兰初生男婴的平均预期寿命（73.6岁）与伊利诺伊州、印第安纳州和密苏里州的处于同一水平，但是克莱德赛德城市群（大格拉斯哥地区，男性平均预期寿命只有71.3岁）与亚拉巴马州、路易斯安那州、南卡罗来纳州和田纳西州在平均寿命上不相上下。格拉斯哥本身（69.2岁）仅比美国统计上最差的地方华盛顿特区（68.5岁）稍高一点。[30]作为美国的首都，华盛顿特区有着巨大的贫民区且没有腹地。进一步缩小范围，我们发现，在格拉斯哥的卡尔顿社区，男性只能期望活到54岁。相比之下，最受生活摧残的美国男性群体是南达科他州松岭印第安人保护区内和周围各个县（香农、贝内特等）的居民，他们有望活到62

岁。华盛顿的黑人男性平均寿命达到 63 岁。[31]

如果我们看看可接受的死亡率（良好的医疗保健已经避免了不必要的死亡），会发现美国没有一个州能超过欧洲死亡率最小的法国。但是明尼苏达州和犹他州的表现比排名第二的西班牙和意大利要好。瑞典和荷兰的死亡率超过了阿拉斯加州、科罗拉多州、蒙大拿州、缅因州、新罕布什尔州、南达科他州、华盛顿州、佛蒙特州和怀俄明州。德国的死亡率低于康涅狄格州、夏威夷、爱达荷州、爱荷华州、马萨诸塞州、内布拉斯加州、新墨西哥州、北达科他州、俄勒冈州和威斯康星州。丹麦的死亡率超过了亚利桑那州、加利福尼亚州、佛罗里达州、堪萨斯州、新泽西州和罗得岛州。英国和纽约州并驾齐驱。[32]

正如我们前文所看到的（见图 10），将美国各州的数值插入欧洲各国数值行列的方法也适用于最低工资。比较最低工资，华盛顿州、康涅狄格州、俄勒冈州和佛蒙特州高于法国，俄亥俄州高于荷兰，缅因州高于比利时，威斯康星州高于英国，明尼苏达州高于爱尔兰，南、北达科他和新罕布什尔州高于葡萄牙、西班牙和希腊。换句话说，说美国的最低工资低于欧洲的最低工资是一种误导。在失业率这一特征上，美国作为一个整体比欧洲表现得更好，但对这一统计数据进行拆分，可以发现类似的地区交错现象。一些欧洲国家（主要是斯堪的纳维亚半岛、英语国家以及荷兰）的失业率为"美国"水平，而一些美国州，如密西西比州，失业率为"欧洲"水平（见图 205）。

在结束如何将一个大陆规模的国家与一个由小国组成的大陆进行比较的问题之前，值得一提的是角落里那只众所周知的超大号大猩猩。它的名字是地缘政治影响力。大西洋两岸巨大的面积差异影响了美国和欧洲之间的所有比较。近几十年来，美国在军事实力上与欧洲的差距越来

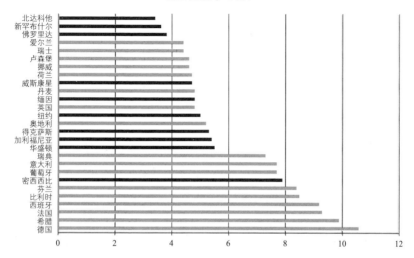

205. 失业率（%）

越大。美国在经济实力上与欧盟不相上下，但作为一个更加无缝的单一市场，它仍然是一个强大的竞争对手，而且在政治和意识形态方面，规模也很重要。换言之，作为社会，这些横跨大西洋的国家可能不像通常认为的那样不同，但作为国家，它们之间的差距仍然很明显。这种地缘政治的不平衡歪曲了欧洲人对美国的看法，但毫无疑问，反过来也歪曲了美国人对欧洲的看法。在20世纪，对于美国的干预和影响，欧洲既需要又反感，既寻求又抵制。对于作为一个国家的美国，欧洲是一个遭受屈辱的地缘政治乞求者，这影响了欧洲对美国作为一个社会的看法。欧洲反美主义的许多比喻都源于这种不平衡的关系，正如它们来自任何实际的凭经验的观察一样：巨大的、急躁的、鲁莽的、粗暴的、暴力的、危险的，诸如此类的。因此，欧洲人在蔑视和崇拜美国时所燃起的狂暴激情，与他们对新英格兰的漠不关心有着明显的区别：是亲堂兄弟，而不是只会调情的女人。

第十三章　水火不容?

那么, 我们只需要了解这些吗? 美国和欧洲之间当然是有差别的。但在几乎所有情况下, 这一差异并不比欧洲国家之间的差异更大, 甚至会更小。欧洲的情况跨度如此之大, 以至于美国很容易轻松地融入其中。因此, 要么不存在统一的欧洲, 要么美国就是一个欧洲国家。以更合理的方式表述, 北大西洋两岸的相同至少和差异一样显著。是的, 欧洲和美国之间存在差异: 一方面, 体现在谋杀率和监禁率以及枪支持有率上, 更有争议的还有相对贫困率; 另一方面, 体现在公民社会的力量、同化能力和宗教信仰的某些方面。其他的差异体现在程度上, 而不是种类上, 如社会政策、税收、劳动力监管、不平等、环境政策。

大西洋两岸其他备受关注的差异很容易被夸大, 比如死刑。在大西洋两岸, 民众的意见分歧可能没有官方政策那么大。尤格夫(YouGov)、《经济学人》(Economist)联合进行的一项民意调查发现, 美国人和英国人的回答几乎相同, 大约五分之一的受访者始终赞成处死谋杀者, 而同样数量的受访者则总是反对。[1]美国仍在执行死刑, 而且大多数美国人在某些情况下支持死刑。然而, 美国有 12 个州没有死刑, 另有 5 个州在过去 30 年里没有实施过死刑。如果加上自 1976 年以来只处决了 5 人或更少人的州, 我们会发现超过半数的州实际上没有死刑。[2]理论上讲, 它未来可能会被废除。美国会变得完全不同吗? 法国在 1981 年废除死刑后发生了深刻的变化吗？各国废除死刑（英国在 1998 年，比利时在 1996 年，西班牙在 1995 年，意大利在 1994 年，希腊在 2004 年）后发生了深刻的变化吗？他们那时才真正成为欧洲人吗？ [3]

就社会、经济、政策和环境等绝大多数有可比数据的指标而言，美国的数据位于欧洲范围。仅有少数指标，美国超出了欧洲最低值或最高值。但它往往更接近欧洲的异常值，而不是最低值或最高值。通常，美国的数据也比欧洲极端情况的数据更接近欧洲的平均水平。美国的劳动法规很宽松，但它并不比英国、丹麦宽松多少。美国的公共部门规模较小。但是美国与瑞士、爱尔兰、西班牙之间的差距要小于这些欧洲国家与瑞典之间的差距。按比例来说，美国人信仰上帝的人数比欧洲的新教徒多，但也不比地中海的天主教徒或爱尔兰人多多少，且通常根本不会更多（视调查问题而定）。毫无疑问，美国的军事实力和预算是难以匹敌的。但即使美国是唯一的超级大国，其军事行动也不能完全脱离欧洲。军费支出比较合适，尽管算是勉强可以接受。［希腊人在国防上的支出占国民生产总值的比例更高（见图 206）。］美国的人均军事支出（2003 年为 1275 美元）比其最接近的竞争对手挪威（2005 年为 884 美元）高出约 44%，比法国和英国的军事支出高出约 70%。[4] 然而，美国武装部队的规模不大（见图 207）。就人口比例而言，它的排名低于斯堪的纳维亚国家、希腊、瑞士和西班牙等七个国家。

如果我们观察不同时间的变化，这里呈现的图表会有所不同吗？就像我在这里所说的那样，即使美国和欧洲的差异没有人们想象的那么大，它们之间的差异是否会加剧呢？或者说，欧洲和美国可能正在相互接近？很难找到可以对大西洋两岸进行比较的统计数据，哪怕只是某一个时刻。而要在较长时间内找到可进行比较的数据就更困难了。仅就这

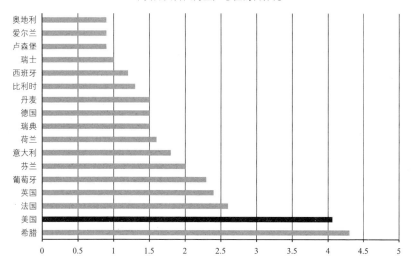

206. 国防支出

军费开支占国内生产总值的百分比

奥地利
爱尔兰
卢森堡
瑞士
西班牙
比利时
丹麦
德国
瑞典
荷兰
意大利
芬兰
葡萄牙
英国
法国
美国
希腊

0　0.5　1　1.5　2　2.5　3　3.5　4　4.5　5

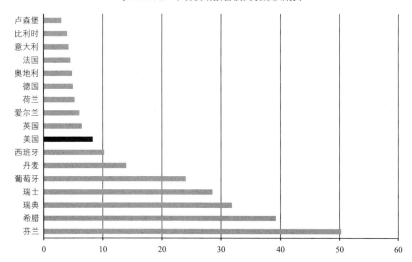

207. 武装部队

每 1000 人口中现役或预备役武装部队成员

卢森堡
比利时
意大利
法国
奥地利
德国
荷兰
爱尔兰
英国
美国
西班牙
丹麦
葡萄牙
瑞士
瑞典
希腊
芬兰

0　10　20　30　40　50　60

里所涉及的主题，我们才有可能回答此类问题。著名的社会政策学者延斯·阿尔伯对这一问题进行了详细的研究。他得出结论（他的结论适用于扩大后的欧盟，而不是这里所用的狭义的西欧）：在过去十年左右，欧洲内部的差异即使不大于美国和欧洲之间的差异，也已经与之相当。某种程度上存在着趋同，与其说是欧洲内部的趋同，不如说是美国和欧洲某些地区（尤其是所有盎格鲁－撒克逊国家和斯堪的纳维亚半岛）之间的趋同。以就业率为例，欧洲理事会 2000 年在里斯本召开会议决定到 2010 年将欧盟就业适龄人口的比例提高到 70%。根据延斯·阿尔伯的计算，美国早就超过了这个目标。在欧洲，盎格鲁－撒克逊国家、卢森堡、荷兰和斯堪的纳维亚半岛的这一比率已经接近美国。整个大陆和地中海国家则没有达到。[5] 换句话说，欧美已经趋同，但这是指欧洲部分地区和美国之间。（如果我们把美国的数据按州分解，我们会发现这种趋同也是特指一些美国地区而不是所有地区。）趋同既不是发生在欧洲内部，也不是发生在整个欧洲和美国之间。

　　再举几个例子，以说明一段时间内的比较中所涉及的问题。美国没有全民医疗保险被理所当然地视为体现了大西洋两岸社会政策体系明显是多么不同。当然，差异并不是欧洲国家普遍采用了英国国民医疗服务体系的模式，而美国则没有。的确，一些欧洲国家采用了英国模式，但另一些国家则是公私体系结合，和美国一样。例如，在荷兰，人口的36%（2005 年的数据）由私人医疗保险覆盖，62% 由公共医疗保险覆盖。（美国的这两个比例分别为 59% 和 27%。）甚至 10% 的德国人都有私人保险。在许多欧洲国家，私人的补充性保险弥补了公共保险的不足，私人投保的人口所占比例为：丹麦 28%，德国 9%，荷兰 64%，法国 86%，奥地利和瑞士三分之一。即使在英国，也有 10% 的人购买附加保险。[6]

这种补充保险通常可以满足国民保险公司所承担的大量自费费用。自付费用比例，法国和德国大约为 10%，芬兰、奥地利、意大利和西班牙等国大约为 20%，瑞士超过 30%。（相比之下，美国是 15%。）[7]

　　大西洋两岸在医疗保健方面的主要区别在于：即使是那些没有国家资助的全民健康保险制度的欧洲国家，也要求它们的公民享有医疗保险，而美国仍然允许其公民继续没有保险。尽管如此，越来越多的美国人要么为自己购买私人保险，要么属于公共保险项目覆盖的群体（穷人和老年人）。1940 年，有医疗保险的美国人占 9%。到 1960 年，这一数字已经上升到 73%。二十年后的 1987 年，这一比例为 87%，到 2005 年略微下降到 84%（见图 208）。

　　对于趋同，这说明了什么？首先，很大程度上取决于时间范围。在过去二十年中，投保的美国人的比例一直在适度波动，其中 85% 的人都被某一种形式的医疗保险所覆盖。当然，保险水平出现任何的下滑都可

208. 医疗保险覆盖人口所占百分比

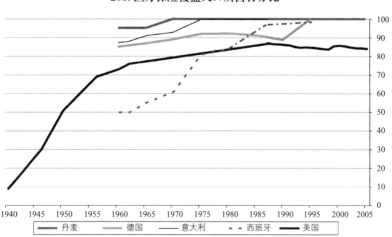

以解释为开始与欧洲在很大程度上实现全民覆盖不同，而任何上升的波动则被视为开始与欧洲趋同。更有可能的是，这些波动只是一个体系的微小变化，这个体系已经通过自愿加入实现了它所能做到的，现在需要立法来实现普遍性。然而，从更长远的角度看，以1960年至2005年之间的任何日期为起点，美国和欧洲之间是趋同的，正如新近实现全民医保的国家，已经趋同于斯堪的纳维亚半岛和英国等先实行的国家（西班牙、葡萄牙、瑞士、希腊、奥地利、比利时、法国等）。

或者以大西洋两岸政策的趋同为例。与大多数欧洲国家相比，美国接受高等教育的年轻人较早达到较高水平。但战后，所有发达国家都在朝着这个方向发展。美国高等教育的入学率从1970年的47%增长到1995年的81%（见图209）。斯堪的纳维亚半岛则从一个低得多的起点开始，到1995年达到了美国1970年左右的入学率。在瑞典，从我们绘制的图表可见，从1970年到1995年，入学率从22%上升到48%。丹

209. 高等教育入学
大学适龄人口所占百分比

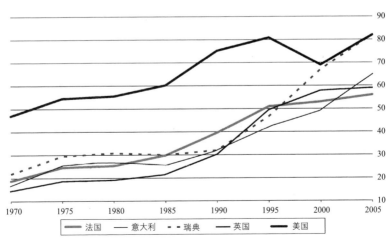

麦、英国和法国的增长情况非常相似。地中海国家紧随其后。到1995年，意大利和希腊的这一比率上升到42%，西班牙的达到48%，葡萄牙的达到39%。1995年至2005年，大西洋两岸的差距缩小了，但一些欧洲国家之间的差距更大了。如果我们征引联合国教科文组织的数据，到2005年，美国有82%的年轻人继续接受高等教育。斯堪的纳维亚国家在比率上接近美国：冰岛为70%，瑞典为82%，挪威为78%，丹麦为81%。相比之下，欧洲大陆则稳定在较低水平。法国的这一比率为56%，虽然我们没有德国的数据，但英国、大陆小国和地中海国家占据了中间位置（英国和荷兰的比率为59%，西班牙和意大利的比率为65%）。正如我们在就业率方面所看到的一样，欧洲的一些地区（斯堪的纳维亚半岛）和美国几乎完全趋同。欧洲其他部分（中欧、英语国家、地中海部分地区）则并不与之趋同。

最后，以工作时间为例。如果我们看一看从19世纪晚期到现在这一个长时段，我们会看到这些国家的平均工作时间总体上下降了，从1870年非常高的水平下降到今天的一半（见图210）。这个长时段的走向不会动摇我们对之前所得结论的信心，因为我们只看到了一段时间的数据。美国人的工作时间，虽然比例很高，但仍在欧洲范围内。平均而言，丹麦人和芬兰人工作更努力。换句话说，这种趋同并没有把美国和欧洲分开。工作时间缩短的总体趋势中最近出现的微小变化也是如此。1990年至1998年，一些国家的普通工人开始延长工作时间：不仅有美国人，还有瑞典人、荷兰人、丹麦人和意大利人。当然，鉴于与1990年的数据点间隔很短，这可能只是统计上的短暂波动。或者，这可能是全球化和随之而来的竞争所鼓励的一种新趋势。不管怎样，关于趋同的结论与工作时间的结论大体相同。

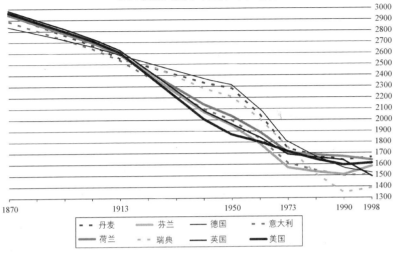

210. 就业人员每年工作的小时数

图例：
- - - 丹麦　　—— 芬兰　　—— 德国　　- - 意大利
—— 荷兰　　- - 瑞典　　—— 英国　　—— 美国

对于我们看到的许多不同的变量，大多都没有长时段进行统计的数据。但如果有人这样做了，他们会为这里呈现的简单图表增加很多东西吗？要说对整个欧洲都适用的话，即使不是不可能，也是很困难的。趋势（趋同或其他）只描述特定的活动领域，无论是社会政策、教育、卫生成果、就业，还是政府的发展。趋同或趋异通常不是发生在美国和作为一个整体的抽象的欧洲之间，而是发生在美国与欧洲的某些地区（斯堪的纳维亚半岛、以英语为母语的边缘地区、欧洲大陆、低地国家或地中海地区）之间。反过来，这些地区与欧洲其他地区，当然也与美国的各个地区，有着相似的摇摆不定的关系。欧洲内部的差异常常就像欧洲不同地区与美国之间的差异一样大。当然，这是我们一直在强调的核心观点。我们对 20 世纪 90 年代末到 21 世纪初欧美关系的粗略描述并没有明显改变，只是通过观察长时段统计的数据变得更加复杂了。

趋同或趋异的任何运动方向在很大程度上取决于所选择的时间范围。

在某些方面，美国和欧洲正在彼此偏离。而在另一些方面，它们或它们的一部分正在趋同。例如，在过去十年里，美国的经济不平等现象一直在增加，这一点与英国和瑞典一样。对于其他大陆国家来说，不平等现象似乎已经趋于平缓。但在 20 世纪 80 年代，英国的不平等现象增长比美国更快。瑞典从 1983 年到 1991 年是如此，荷兰从 1985 年到 1990 年也是如此。[8] 如果我们考察一个非常长的时间段，即衡量 1740 年至 2003 年人口中最高收入者（5%）的财富份额，最令人印象深刻的是考察中的七个国家（美国和六个欧洲国家）。事实上，根据一份长时段数据的汇编，在 20 世纪 90 年代，就最富裕阶层中排名后四个百分点的人的财富份额而言，美国远远低于瑞士、瑞典、法国和丹麦，与挪威大致相当。[9] 时间跨度越大，趋同现象越明显。在任何情况下，通过改变时间的范围，人们都可以很容易地改变数据的输入，从而得出不同的结论。就我们在这里提出的观点而言，使用长时段统计数据而不是某一时刻的数据没有任何好处。正如一个人可以（如果他愿意的话）用某一时刻的数据炮制出一本书，用一个长时段的统计数据也可以。从这个意义上说，一个长时段（至少是五年或十年）只是一个跨度更大的时刻。

这就引出了最后一个方法论问题。有学者认为，即使是发达国家和其他类似国家，彼此的区别也只是政治和制度等方面的，而不仅仅是程度上的。当然，美国和欧洲在组织和制度上存在着系统性差异。美国实行多数投票的总统制和两党制。它是高度分权的联邦制国家。它没有欧洲式的国家集体谈判制度，也从未产生过一个成功或有影响力的工党。另一方面，欧洲在政治上非常多元：它拥有世界上仅存的神权政体——梵蒂冈，以及斯威士兰以外唯一的绝对君主专制政体——列支敦士登。甚至不丹也已经成为君主立宪制国家。

想想意大利的超级议会制和政府走马灯式的轮换。它与实行了75年几乎垄断的社会民主主义的瑞典（或被基督教社会联盟统治半个世纪的巴伐利亚州）不同，而实行两党制的英国、爱尔兰、法国、希腊和西班牙或多或少也与美国不同。法国有一个拥有实权的、直接选举产生的总统，这一点很像美国。芬兰和冰岛也一样，但欧洲其他国家都是议会占主导地位。德国人、比利时人、西班牙人和奥地利人，更不用说瑞士人了，都和美国人一样了解联邦制。英国和法国实行多数投票制度。在奥地利，98%的工人参加集体谈判，而英国的这一比率只有34%。英国社会学家哈罗德·维伦斯基（Harold Wilensky）对发达国家进行了权威的比较，强调了制度差异的关键作用，指出人们误以为美国与英国、爱尔兰、瑞士有许多共同特性。[10]

美国从来没有一个取得成功的工党。这种缺失是美国例外论第一次进行阐释的核心，德国社会学家、经济学家维尔纳·桑巴特1906年在《为什么美国没有社会主义》一书中提出经典质疑：为什么美国没有社会主义？试图回答这一问题，最新的尝试并不是把比较的目光投向欧洲，而是澳大利亚，后者是另一个新英格兰国家，虽与美国不同，但确实发展了一个工党。[11]但这种比较提出了一个问题：主要的结构性差异有多重要？澳大利亚比美国有更多的社会主义成分。然而，就我们在这里所看到的所有统计指标而言，除了全民医疗保险之外，在其他方面（尤其是与社会政策相关的方面），澳大利亚与美国的差异并不比与欧洲的更小。因此，问题在于，政治制度最终是否会使欧洲与其他发达国家分路而行。这条重要的分界线是沿大西洋而下的吗？或者说，政治上的差异在团结欧洲的同时，也会横切欧洲吗？

看看福利国家的历史编纂就会明白我的意思。"福利国家"曾经是一个典型的概念，用来说明美国和欧洲之间的差距。早期的记录将世界划分为两部分：一小部分是协作主义福利国家（solidaristic welfare state），类似威廉·贝弗里奇时代的英国和斯堪的纳维亚；另一大部分是当时被称为剩余型福利国家（residual welfare state）的国家。[12] 哥斯塔·艾斯平 - 安德森（Gøsta Esping-Andersen）1985 年出版的《反市场的政治学》（*Politics against Markets*）或许是这个二元分类法的经典构想。[13] 然而，在下一本书中，艾斯平 - 安德森已经从摩尼教的二元论转为基督教的三位一体。他并没有设想一根带有两个端点的单轴，福利国家沿着这根单轴被定位在不同的理想地方，而是构想了福利国家发展的三条不同路线：社会民主主义福利国家体制（斯堪的纳维亚）、自由主义福利国家体制（美国、英国、澳大利亚、新西兰、日本）和保守主义福利国家体制（德国、法国、意大利和比利时）。[14] 这些福利国家的形式在性质上是不同的，对应不同的社会、政治和历史环境——而不仅仅是同一路线上的不同点。从我们的观点来看，重要的是，在艾斯平 - 安德森的三位分类法中，欧洲国家最终在这三条路线上都有所发展。没有一个类别可以归入所有欧洲国家。

一旦有可能突破传统福利国家的二元分类法，困难就出现了。在二元模式中，要么是协作主义福利国家，要么被置于剩余型福利国家的框子。关于哪个国家适合哪一类，几乎没有争论。一旦分类更为细致，分歧就出现了。澳大利亚被置于外面的黑暗之中，或和美国一样被归为自由主义福利国家，他们都惊骇不已。[15] 他们无法证明澳大利亚是一个社会民主主义福利国家，也不愿把它归为保守主义福利国家，于是发明了一个新类别：激进福利国家（radical welfare state）。[16]

随着时间的推移，福利国家的分类越来越多。理查德·罗斯（Richard Rose）比较了各国的支出和财富，将福利国家分为四类。他把芬兰和瑞士这两个欧洲国家，和美国、加拿大、日本、澳大利亚归入同一组（经济富裕，政府规模不大）。他也把欧洲发达国家和其他发达国家混在一起。[17]最近，德国、法国和低地国家的基督教民主政党长期拥护的基督教民主福利国家思想开始受到人们更多的尊重，但是福利国家理论家对此并不十分重视。[18]意大利社会政策学者莫瑞吉欧·费雷拉（Maurizio Ferrera）提出了地中海或南欧福利国家模式的概念，以描述意大利、西班牙和葡萄牙发展起来的（不可持续的）高支出、低税收的社会保障体系。[19]激进的福利国家已经不仅仅包括澳大利亚、新西兰和英国（它们至少是表亲），还包括了芬兰（英勇的异系配合）。[20]

其他最近的研究也使用了四个类别，欧洲福利国家至少涵盖其中三个类别。[21]重新审视艾斯平－安德森的研究，我们认为应该有五个类别而不是三个。[22]蒂莫西·史密斯（Timothy Smith）关于法国社会政策的另一项最新研究表明，就劳动力市场政策而言，斯堪的纳维亚半岛、低地国家、加拿大和美国的劳动力市场份额与法国的劳动力市场份额相当。[23]弗朗西斯·卡斯尔斯（Francis Castles）和他的同事进行了一系列研究，对研究中的每个国家都出乎意料地去类型化，有助于打破早期的分类方法。没有一个国家被定位为任何更广泛类别的代表或象征。每一个都有它自己的特点。[24]将福利国家类型化的行为越来越麻烦，而且与现实相悖。弗里茨·沙尔普夫（Fritz Scharpf）就某些国家（丹麦、荷兰、瑞士和澳大利亚：终于在一起了！）面对经济全球化在维护劳动力市场、社会保护政策等方面能力所下的结论，与他引用的艾斯平－安德森经典的三个类型划分——自由主义、保守主义和社会民主主义福利国家——格格不入，因为他研究的国家很显然超出了这三个类型。[25]最引人注目的是，艾斯平－安德森已经完全放弃了这种分类方法，他预测福利资本主义至少有 18 个不同的世界。[26]

毫无疑问，我们可以发现许多不同的福利国家，就像美国人的宗教信仰或法国的酱汁一样多。但至少学者们同意，欧洲国家并没有合而为一。福利国家类型化已经沦为自身成功的牺牲品。随着分类变得越来越多样、灵活和复杂，它们开始接近每个国家发展的独特历史现实。它们变得更加真实，但它们也不再作为理想类型那么有用。在最新的和高水平的研究中，任何仍在使用的分类法都不能将所有欧洲国家或仅仅是欧洲麻利地进行归类。

类似的横切也可以在学者们对资本主义的分类中找到。彼得·霍尔（Peter Hall）和大卫·索斯基斯（David Soskice）对这一问题进行了一项非常有影响的研究，将大西洋两岸各种类型的资本主义制度进行分组：德国、斯堪的纳维亚国家和荷兰是协调式市场经济，地中海国家可能是另一种类型的资本主义，英国、爱尔兰和美国则是自由式市场经济。[27]仲纳斯·彭图逊（Jonas Pontusson）关于自由市场经济和社会市场经济的著作有一个暗示性的副标题"社会欧洲对自由美国"。但事实上，他的分类方式并没有削弱大西洋中部：爱尔兰和英国作为自由市场经济体加入美国的行列，只有北欧国家符合社会市场经济的条件，而地中海国家则被归为各自独立的类型。[28]对于大西洋两岸而言，差异就这么多。

但概念分类已经够多了！我们的观点已经阐明了。一旦类型扩展到发达国家而不仅是欧洲，它们就开始将非欧洲国家（澳大利亚、加拿大、新西兰、日本或美国）与欧洲的各个地区打包在一起。将欧洲作为一个整体与其他国家（包括美国）在重要类别方面进行区分的研究几乎没有，如果有的话，也很少。正如我在本书中所说的，区分的主线几乎从来没有沿着北大西洋延伸。[29]

第十四章 生而不同？

回到本书的主要论题：美国和欧洲有什么明显的差异？按比例计算，美国每年被谋杀的人数、被监禁的人数和拥有枪支的人数都超过欧洲任何国家。死刑仍然存在。宗教信仰更加狂热和广泛。参与投票的公民百分比更低。享有集体谈判权的工人相对较少，州政府的税收较低。不平等在某种程度上更为明显。美国的情况就是这样。在几乎所有其他方面，欧美之间的差异都只是程度上的，而不是种类方面的。通常情况下，这种差异并不存在，或者如果存在的话，也不会比西欧内部间的差异更大。这至少表明，目前影响广泛的、认为大西洋两岸存在根本差异的主张有夸大之嫌。

即使社会暴力方面的鲜明差异也要分析是如何得出的，这样的结论并未得到统计数据或坊间传闻的有力证实。毫无疑问，大西洋两岸的谋杀率的确相差悬殊。当然，谋杀是令人震惊的、突然的意外死亡，令社会不安，使幸存者失去亲人和哀恸万分。我们扩大范围，考虑一下意料之外的、直接的、非正常的其他死亡。自杀通常被认为是患病者、年老者被迫做出的一种选择，因为他们预见到死亡的不可避免，因此不会去改变他们周围的世界。但事实上，自杀在各个年龄段的情况大体是一致的。在冰岛、爱尔兰、英国和美国，选择自杀的年轻人（低于 45 岁）比老年人多。在芬兰、卢森堡、荷兰和挪威，选择自杀的年轻人和老年人数量几乎相等。在其他地方，选择自杀的老年人数量稍多。但总的来说，选择自杀的年轻人和老年人的比例大约为1∶1。[1]大体上说，男性多在年轻时或可能仍是丈夫、父亲和儿子时选择自杀，也常在年老后以及自己的行为可能对其他人不会造成过大影响时选择放弃生命。对于活着的人来说，亲人的自杀所带来的不安与亲人被谋杀是同样的，或更甚。同样，致命的事故无疑也是改变生活的重大事件。谋杀、自杀和致命事故三者都是无法预测的、令人意外的但可以避免的。它们带来的震惊都是巨大的。如果综合考虑它们造成的死亡率，美国的数值处于欧洲中间地带，低于比利时、丹麦、芬兰、法国、挪威和卢森堡（见图211）。

是的，欧洲和美国是有差异的。美国有更多的枪支，更多的监禁，更多的宗教信仰，更少的税收，更少的政府。但同样，你可以基于主题，为几乎任何一个西欧国家制定例外论。本书列出的每个图表都有最高值

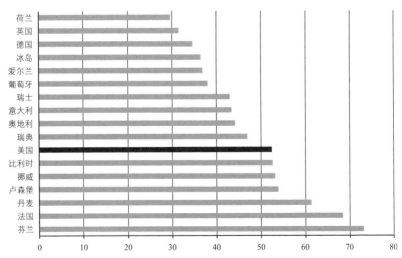

211. 灾难性死亡

每10万人中因谋杀、致命事故和自杀而死亡的人数

和最低值，但美国并不总是最高值或最低值。英语母语国家的边缘群体常常处于两端（在社会政策的许多方面处于低端，在贫穷、不平等和谋杀以外的其他犯罪方面处于高端）。通常，它们是地中海国家（宗教、能源使用、避税、选民投票、家庭凝聚力等处于高端；外国援助、教育支出与成就、两性平等、环境事务、民间社会的发展等处于低端）。有时，它们是斯堪的纳维亚国家（社会开支、性别问题、民间社会凝聚力和志愿服务方面处于高端）。尽管欧洲内部存在许多差异，除那些在别处并不知名、只待在本国的讲演者外，没有人会卷入荷兰、瑞典、希腊或爱尔兰例外的原则性讨论中。没有人会参与讨论任何一个欧洲国家例外，因为没有人在意这个问题。美国例外论并不是基于证据自然而然产生的。相反，为了支持出于其他原因而得出的结论，人们费劲地整理了一些证据。起作用的不仅仅是差异。

在关于数量的比较上，美国通常靠近欧洲框架内的地中海国家。这让北欧人大吃一惊。美国人知道，他们的国家同时受到北欧和地中海的影响。可以说，地中海国家是西欧最贫穷的国家，有些国家直到最近才结束独裁统治，所有国家都在努力变得更加繁荣，以更加像他们的北方兄弟。因此，争论继续进行：要求地中海国家代表欧洲，或至少部分代表欧洲是不合理的；建议将谈判桌另一端的美国在某种程度上也置于欧洲框架内，是一种争论的花招。

这一论点有两种抗辩。首先，也许意大利渴望成为瑞典那样的国家，但渴望程度肯定比不上密西西比州希望像马萨诸塞州那样。随着黄油／石油分水岭以南的地区越来越富裕，越来越像北方，美国梅森－迪克森线（Mason-Dixon line）以南的地区也越来越富裕。其次，与北欧标准趋同的数据是不确定的，如果有的话，则指向相反的方向。人均国内生产总值并不决定政治文化。尽管美国和瑞典都是富裕的民主国家，但它们仍然不同，正如日本虽也是一个繁荣的发达国家，但还没有发展成欧洲式的福利国家。[2] 如果这样的趋同是事实，那么它也存在于欧洲内部。我们没有理由怀疑意大利将变得更像瑞典，它的确正变得更为富有。正如我们所见，关于社会政策模型的学术文献可谓百花齐放。由于地中海的福利制度和经济与北欧国家有着如此明显的不同，它们被安全隔离在各自的类型。这种融合，如果有的话，经常发生在美国和部分北欧国家之间，就像发生在欧洲内部的南北方之间一样。

欧洲人经常把美国看作一个极端的国度：有时是数值最小的，但常常是数值最大的那个。伯纳德-亨利·莱维（Bernard-Henri Lévy）认为自己是一个富有同情心的观察者，宣称从停车场、机场到竞选预算、公共赤字，一切都很庞大是美国的基本特征之一。[3] 这种看法是由相对规模决定的：一只獾自然会对大象这样庞大而笨拙的动物感到惊奇。占据一个大陆的美国，可能会比欧洲大陆的任何一部分都更极端。然而，正如本书所暗示的那样，这种看法在欧洲和在美国都可谓深入人心。例如，人均收入方面，欧洲最贫穷的国家（葡萄牙）和最富有的国家（挪威）之间的跨度，比美国最贫困的州（密西西比州）和最富有的州（康涅狄格州）之间要大。[4] 在男性预期寿命方面，美国寿命最长的州（夏威夷州）和最短的州（密西西比州）之间差距为 6.7 岁，大于欧洲表现最好的国家（冰岛）和最差的国家（葡萄牙）之间的差距（4.8 岁）。然而，如果欧盟再添一个新成员（斯洛文尼亚除外），天平就会向另一边倾斜。[5] 或者，把女性劳动力参与率作为衡量现代经济的基本指标。美国各州间的差异没有欧洲内部那么极端：西弗吉尼亚州和南达科他州相差 20 个百分点，而意大利和冰岛之间却相差 31 个百分点。[6]

大西洋两岸始终如一的差异也许是，总体而言，美国在国家干预上少于欧洲国家，并且美国人需要并期望国家更少地干预他们的生活。然而，这是事实吗？按照欧洲的标准，美国在某些方面是自由放任的，比如就业法和整体税率。但是，即使按照欧洲的标准，美国在其他方面也是相当干预的。诚然，政府的开支很低。但是，政府的活动不只是再分配，也不是单靠支出水平来衡量。政府的许多活动是高度干预的，尽管与再分配措施相比，它们基本上是免费的。（或者更确切地说，政府利用的成本不是直接由税收支付的。）

长期以来，美国更像是斯堪的纳维亚国家而非地中海国家，一直对公民的不良习惯进行微观管理，例如规范饮酒和吸烟。在这方面，欧洲效仿了美国的做法，甚至德国、意大利和法国都宣布在酒吧和餐厅等场所吸烟为非法。在《论自由》（1859）一书中，约翰·斯图亚特·密尔探讨政府对道德的监管时，用以举例的是美国而不是欧洲：执行安息日的法律、酒类管制和对摩门教徒的迫害。尽管受众很广，但认为美国政府总是倾向于自由放任、社会机构残缺不全的观点，已被最新的历史研究所颠覆。正如我们现在所知，即使在 19 世纪，美国政府也是强大的、雄心勃勃的干预者。[7] 美国复杂的未来历史将显示其政府在各方面都并不弱小。相反，它将研究美国为什么选择介入公民生活的某些方面，而不是其他方面。同样，欧洲国家所关注的领域以及国民对干预的容忍程度也存在很大差异。用单一风格涵盖欧洲国家的一切，从地中海地区的无政府主义到德国式的盲目服从（Kadavergehorsamkeit），这种想法只是个神话。

美国长期以来一直赋予残疾人以特殊的权利和保护，所做的努力远远超过大多数欧洲国家。1990 年的《美国残疾人法》仍然是国际标准。

在欧洲，残障人士偶尔还得凑合着采取一些社团主义措施，比如保留的某些职位（至少直到最近）：英国为残疾人提供的电梯司机和停车场服务员职位，希腊为盲人提供的电话总机操作员职位，意大利为盲人提供的按摩师职位。[8]

在公共卫生方面，美国一直比许多欧洲国家更为严格，对传染性疾病实施严厉控制。在防治艾滋病的过程中，美国采取了与瑞典、奥地利和德国巴伐利亚州类似的严格措施，而其他欧洲国家则更为自由放任。[9]美国政府对儿童的疫苗接种要求比许多欧洲国家更加严格，他们坚持对水进行氟化处理，对牛奶和奶酪进行巴氏杀菌，这是地中海国家无法比拟的。美国国税局的强力手段和锲而不舍也是无法匹敌的，它对生活在世界各地的美国公民征税，并参照他们在这期间的一切收入。事实上，从税收的角度，美国国税局让美国人几乎不可能放弃成为美国公民。在美国，反垄断法或反竞争法也比欧盟实施得更早且执行得更严格。在药品检测和监管方面，美国长期以来比许多其他发达国家更加严格。美国的联邦航空当局实施了世界上最有效的安全限制。正如银行和信贷危机所表明的，美国政府在必要时并不回避干预经济。总体来说，美国对白领犯罪的控制和惩罚要比世界其他地方更严厉。

美国法院对生产者和服务提供者处以严厉的惩罚，要求他们遵守严格的责任标准。欧洲人常常把美国的各类消费者保护法视为保姆国家（这不是人们经常听到的适用于美国的概念）负担繁重的证据。约翰·米克尔斯维特（John Micklethwait，彭博新闻社总编辑）和阿德里安·伍尔德里奇（Adrian Wooldridge，《经济学人》驻华盛顿记者）曾报道："在欧洲人看来，有时美国人似乎决心将几乎每一种危害都定为犯罪，归为病态，进行监管或立法。"[10]在环境立法方面，美国是行动早和严格的干预者。[11]美国曾经是一个版权流氓国家，现在却成了知识产权最严厉的执法者之一。美国人被允许购买枪支这件事可能会让许多欧洲人感到惊讶，但美国人却温顺地严格按限速标准驾驶，要知道，有些限速甚至会激怒意大利人，更不用说德国人了。在德国，高速公路的限速被认为是对公民权利的限制，没有任何政党支持每小时80英里的限速提议。德国人的口号"自由公民，自由驾驶"（Freie Fahrt für mündige Bürger）对美国人来说是不可思议的，美国公民拥有武器的权利在德国人看来同样如此。当然，与欧洲人相比，美国人遭受国家最直接强制措施（比如囚犯接受监禁）的比例要高得多。监禁是极端的干涉主义。事实上，考虑到欧洲囚犯中外国人的比例非常高，大西洋两岸的反差就更令人吃惊了：美国的监狱中关押着本国年轻人，尤其是黑人和西班牙裔男子；欧洲的监狱则关押着外国人。

美国政府在某些方面的支出很低，比如失业救济金和养老金的法定部分，但在其他方面（不仅是军队）则更为慷慨，如研发和教育。美国政府和企业在生物医学研究上的巨额支出——直接反映为医疗保健支出占国内生产总值很大一部分比例，使得世界其他国家可以搭便车。[12]对于那些幸运地获得公共资助医疗保健服务的美国人来说，美国是在大肆挥霍。当然，并不是所有的美国人都能得到这一慷慨的保障。如此多的费用花在相对少的人身上，以至于每个受助者的金额几乎比第二高的国家（卢森堡）高出近50%，是欧洲其他大部分国家的两到三倍，是希腊水平的六倍。[13]这比在失业救济上花费的钱更多，不用说，肯定是不可取的，不管是因为造成很多人失业，还是因为给予失业者太多，都使他们与劳动力市场隔绝。福利国家追求的是不一定高额但有效的支出。如果政府能说服他们的公民多吃鱼，就可以节省在公共场所安装除颤器的费用。光靠增加公共支出并不能保证理想的结果。有时，同样的（或等效的）结果也可以通过其他方式得到，结果比过程更重要。

本书关注的正是结果，而不只是实现的过程。充分就业（full employment）总比许多人失业要好，即使冗余的人得到了慷慨的待遇。健康和安全条例得到合理执行，比支付伤残抚恤金更好。预防胜过治疗。通常，类似的结果可以通过不同的途径得到，但结果不能是唯一的追求。有的用任何可能的方法都无法得到。幸福部把迷幻药放在饮用水里，就像 1968 年描述美国反主流文化的电影《狂野街头》（*Wild in the Streets*）一样，会被认为太走捷径了。为了美化失业数字而让失业人员"流亡"也并不合乎俗礼，尽管将他们登记为学生或视为残疾人退休是标准的策略。但在许多方面，相似的目标可以通过不同的方式实现。有时，某些方式可能比其他方式更好。有时，选择哪种方式可能并不重要。[14] 没有任何地方记载只有一种方法可以解决现代社会的问题，或者一个时代的最佳解决方案将永远是这样。

考虑为出门在外提供通信的问题：付费电话是公共解决方案，移动电话是私人解决方案。在这种情况下，公共解决方案在很大程度上为私人解决方案所掩盖。在发达国家，移动电话几乎全员普及，公共付费电话的使用则在稳步下降。在第三世界，移动电话是落后优势的一个典型例子，因为它可以不用配备固话技术所需的庞大基础设施。在穷国和富国，私人解决方案都胜过公共解决方案。不使用移动电话的人越来越少，公共付费电话最终将完全消失，富裕国家可能还有剩余的网络，在公共补贴的支持下，以备紧急情况和赤贫者使用。

一个标准答案并不能一劳永逸地解决一个问题。无论公共的还是私人的解决方案，都不可能以永恒的观点来看一件事。根据技术和社会环境的不同，最佳的可行答案也会发生变化。可以通过公共网点或私人网吧提供电脑，也可以开发穷人也能买得起的便宜笔记本电脑。同样，如果目标是提高人口受教育水平，那么必须通过各种国家资助和国家运营的教育系统来实现吗？或者可以用多种方式来实现，包括一些私人的方式？只要结果差不多就行了吗？一个国家必须以某种方式实现一个目标吗？或者说，它已经达到目标就足够了吗？如果我们的目标是让所有人都接受教育并能从中受益，如果我们同意不必以某种特定的方式实现这一目标，那么欧洲和美国在根本上是相似的。

我们一直在研究的其他结果呢？如果以不同路线实现同一目标是合理的，那么大西洋两岸通常在社会政策上形成的对比就会缓和。在美国和欧洲，对待老年人和残疾人的方式大体相当。美国的失业救济金就像格林童话中的继母。但近年来，美国的失业人口比例低于欧洲，这在某种程度上要归功于灵活的劳动法规。美国的劳动力市场和社会政策提供了可以与欧洲的社会政策解决方案相比的一揽子计划，这是可以接受的折中办法吗？这最终是一个政治问题，在这里无法回答。但我们是否愿意让这成为区分美国和欧洲的试金石呢？或者我们是否愿意让百花齐放？

大西洋两岸的卫生政策存在明显差距：欧美承保范围之比为100%：85%。在这种情况下，我们不希望仅仅被结果蒙蔽了双眼。如前所述，美国婴儿死亡率低于欧洲。如果能在欧洲出生，没有人会愿意生而为一个贫穷的美国孩子。在美国，没有保险并不意味着得不到治疗。没有保险的人也能获得医疗机会（不仅仅是在医院急诊室），但这肯定意味着一个人得不到最优良的待遇。例如，在美国，没有保险的人比那些有保险的人更有可能在癌症晚期才得到诊断，而且不太可能治愈。[15] 但是，在一个技术先进的医疗系统中获得不公平待遇，是否比在一个效率较低的医疗系统中获得公平待遇更糟糕？单从健康效果来判断，答案并不那么确定，当然，接受比同胞更差的医疗服务一定会让人感到羞辱、悲伤和愤怒。

我们没有未参保人群的五年癌症生存率，但是我们有针对美国黑人癌症生存率的调查数据。当然，黑人和没有保险者不是一回事。大约有12%的美国白人和20%的非裔美国人没有医保。基于社会的和遗传的因素，黑人和白人患病的状况有所差异。无法得享高质量的医疗服务，远不是解释黑人比白人死亡年龄偏低的唯一原因。事实上，鉴于黑人的可避免死亡率是白人的两倍多，选择做一个没有保险的白人比一个有保险的黑人会更好。[16]综合以上，为了讨论的目的，我们可以假设黑人是美国医疗保障制度中受到不公正对待的一个确定的典型。

如果是这样，那么事实仍然是残酷的。就四大癌症杀手而论，只有患乳腺癌的非裔美国女性比大多数欧洲的姐妹情况更糟，但她甚至也有可能像威尔士和葡萄牙的女性一样存活五年。就肺癌患者而论，非裔美国人的五年生存率高于丹麦人、英国人、芬兰人、挪威人和瑞典人，与冰岛人和意大利人相同。就结肠癌的患病率而论，非裔美国人比丹麦人、英国人、威尔士人、苏格兰人和葡萄牙人更高，但比冰岛人、意大利人、挪威人和瑞典人低一个百分点。患前列腺癌的美国黑人，境况比所有欧洲人（奥地利人除外）都要好。[17]换句话说，要在罗尔斯"无知之幕"（veil of ignorance）后面决定是在美国还是在欧洲患上癌症会相对幸运，一个理性的行为者不会有明确而有说服力的理由来反对选择美国，即使他有10%的概率生而为非裔美国人，属于我们假设受到不公平待遇的群体之一。毕竟，在欧洲，他也有可能生下来就是丹麦人。就我们所统计的丹麦人和非裔美国人24种癌症患者的五年生存率而言，丹麦有13种癌症患者比非裔美国患者更早死亡，有 3 种癌症患者的生存率与之相等或相差不到 3%，只有 8 种癌症患者的境况更好一些。

请不要误解我的意思：这并不是反对全民医保的理由，全民医保是美国基于道义和务实等原因迫切需要进行的改革。显然，在这里，结果并不重要。个体在美国没有医疗保险是极不公平的，尽管其所起的作用微不足道，实际结果可能体现于宏观层面的人口健康指标。然而，这意味着公平并不是唯一重要的东西。确保平等地获得不那么辉煌的成果（这在欧洲是家常便饭），并不是最佳的选择。

于是，我们接近了欧美文化差异的核心——公平。美国是一个不如欧洲公平的社会吗？一些观察家承认这是事实，并补充说，美国人相信市场和竞争，接受鼓励自助的激励措施。在这样的逻辑下，收入不平等会刺激工人付出更大的努力。把事情搞得太平等，结果会很没有热情。基于这样的论点，美国监管宽松的劳动力市场有助于提升人均国内生产总值。美国人选择自由和获得成功的机会而不是平等，欧洲人则相反。成为富人是美国人的目标。因此，美国人喜欢炫耀。美国人之所以选择不平等，是因为他们相信：美国的社会流动性比欧洲更强，从这个层面上讲，美国更为公平。在这样的逻辑下，社会目前不平等并不重要，因为从长远来看，人们可以变得更好。美国社会在任何时候都不平等，但它从一个公民出生开始就为其提供了机会。那些出身贫寒的人有公平的上升机会。现在我们可以纠正这种针对美国人的普遍误解了。越来越多的证据表明，美国的社会流动性并不比欧洲强，尤其还比斯堪的纳维亚半岛低，尽管仍然高于英国。[18]

其他观察人士也承认，美国是一个不像欧洲那样公平的社会，但解释这是历史的必然产物，而不是一种自觉的选择。奴隶制带来的一个不幸后果就是以种族分割国家。此外，美国需要努力同化源源不断涌来的移民。由此产生的种族隔阂、宗教差异和社会不统一阻碍了社会团结机制的建立，这种机制在西欧更具同质性的社会相对容易实现。[19] 可以明确的是，在那些种族、宗教和社会最统一的国家，福利制度起步更早，发展态势更好，比如从事农业、信奉新教的斯堪的纳维亚国家。[20]

在美国，不同种族的下层阶级持续存在（即使其他外来者已经成功被同化），这限制了改革者争取包括所有公民在内的普遍社会政策的能力。如我们所见，除去黑人实施的谋杀案，美国的谋杀率低于欧洲的水平。在美国，儿童的贫困率高得惊人，但只查看白人儿童的数据，水平却低于英国、意大利和西班牙。[21] 同样，只看白人人口的话，美国的可避免死亡率不再是我们所关注的国家中最低的，上升到与芬兰相同的水平，比葡萄牙、英国、丹麦和爱尔兰高。[22] 只看白人学生，美国的国际学生评估项目分数（综合科学素养，2006 年）排名高于除芬兰和荷兰以外的所有欧洲国家，而不是排名在靠后的三分之二。[23]

如果我们能剔除城市下层阶级的相关数据，很有可能美国与西欧在统计上的区别比我上面指出的还要小。它不可能成为瑞典，但它将很像荷兰、法国和德国，与地中海国家或英国和爱尔兰相比，更能保持自己的优势。从任何意义上说，这都不是在为处理种族主义问题时的严重疏忽而开脱。所要指出的是，美国和欧洲之间的差异（如果存在的话），在多大程度上可以确定为是具体和不定的原因造成的。如果说美国和欧洲之间有什么显著区别的话，那也不是为大西洋两岸差异代言者（不管他们来自大洋的哪一边）所拥护的那种世界观或意识形态的强烈对立。它是奴隶制度遗留下来的悬而未决的问题，在现代造就了种族隔离和种族认同之下的贫困阶层。人们一度期待奥巴马的当选成为美国种族主义的一个转折点。

　　欧洲人应该关注少数族裔聚居区的种族异质性和社会隔离，因为在这方面他们的社会正迅速变得越来越像美国。欧洲的出生率直线下降，移民数量也有增无减。人口统计学确定，在未来几十年内，一个在种族和宗教上与传统欧洲截然不同的下层阶级将会不断壮大。也许欧洲最终会很幸运。可以说，在那个时候，因为相信都是一家人，欧洲人仍然可以选择制定普遍性的社会措施、严格监管劳动力市场以及执行再分配的财政政策，欧洲可能会经受住社会共同体扩大及容纳不同外来者的考验。另一方面，随着欧洲在种族和宗教上变得更加多元，它的社会结构可能会发生冲突。目前还没有定论。

第十五章　事后监管型国家

批评美国的一些人被证明是精于统计的专家。他们承认，美国在某些领域的成果与欧洲相当，只是付出的成本更高。最近出版的《美国人类发展报告》的基本假定是，美国的表现并不比其他国家差，只是有些结果比较可耻。更令作者恼火的是，美国效率十分低下，无法利用其领先的国内生产总值排名在其他方面占据同等的首要地位。[1]托尼·朱特（Tony Judt）指出："美国花在教育上的每一美元，得到的结果都比其他工业国家更糟糕。"[2]事实上，美国在每个学生身上花的钱比其他任何国家都多，但取得的成绩却只处于欧洲的中间水平。从成本效益分析来看，美国的钱应该花得更值。医疗体系的情况也常常如此：美国在医疗体系上的投入甚至更多，却不相称地只取得适度的成绩。

就现代政府的四项基本职能——教育、医疗、社会保险和国防而言，美国在其中三项上的花费都是大手笔。美国政府在教育和医疗方面的支出与欧洲国家差不多，在国防上的支出甚至更多，但在社会保险方面的支出却在欧洲排名中垫底。考察美国社会作为一个整体是如何（私下和公开）分配其资源的，我们会发现，按照欧洲的标准，它在医疗、教育和国防上的花费非常慷慨，在社会保险上的花费接近欧洲的平均水平。也许这里有一个模式。

现在我们就高额支出进行分析，不取会计员的角度，而是站在政治理论家的角度。一个人均国内生产总值高的国家比穷国会有更多的回旋余地。也许美国选择大手大脚开支实际上是一种政治策略，而不是财政上的懒散，即是慷慨而不是挥霍。正如詹姆斯·加尔布雷斯（James Galbraith）所言，美国在教育、医疗、军事甚至国内安全方面的高水平支出最终会转化为高就业率。[3] 从教育或医疗体系方面有限的优势来看，这种做法可能效率低下，但从更开阔的视角来看，这种做法似乎是站得住的，反映出人们对劳动力市场的担忧。

美国的高水平支出也使其他国家的人受益。诚然，美国庞大的医疗支出供养着一个甚至比法国和德国都要累赘的官僚机构。它还资助一个无与伦比的生物医学研究机构。当布什领导下的美国联邦政府出于意识形态的原因对干细胞研究设限时，加州的选民们为了支付针对全人类的研究牺牲了他们自己孩子的未来。2004 年的第 71 号提案倡议拨出纳税人十余年交纳的 30 亿美元，使加州再生医学研究所成为全世界研究胚胎和多功能干细胞机构的最大资助者。相比之下，人们认为英国在干细胞研究方面比较自由，且很热衷成为该领域的竞争者。2005 年，英国即规划未来十年要在这方面每年花费大约 3000 万英镑（按购买力平价汇率计算，略高于 5000 万美元）。英国政府随后同意在两年内将这一数额翻一番，但这仍然使英国这个面积几乎是加州两倍的国家远远落后于加州。[4]

其他欧洲国家（例如德国）严格限制此类课题的研究和资金投入。同样，美国在教育上的慷慨支出不仅用于城市贫穷地区的学校，也用于研究水平排名世界第一、学生来自全球各地的一流高等教育机构。换句话说，美国私人基金和公共部门的总支出推动了全球在医学、技术和科学领域的研究。

更宽泛地说，美国在关键政策领域支出比例过大润滑了做出选择的各种齿轮，否则，齿轮嘎吱作响就得做艰难的政治选择。一般来说，解决问题的事前干预和事后监管之间存在着合理取舍。如果你面对的是完全接受新教工作伦理的一个群体，也许你就不必担心失业保险的道德风险，正如担心会用各种文化传统来歪曲对工作的态度。如果你的公民对国家的神圣性有一种内在的信仰，并且普遍顺从权威，也许你可以侥幸通过骨干警察成功维持治安。如果你国家的孩子接受了要尊重父母和学校的家教，你也可以不需要一整套补救的基础设施。

在问题发生之前就解决问题比事后补救问题更有效率，当然也更有效果。但是，采取预先处理的办法是假定每个人都同意问题是什么，以及应该如何处理问题，因为根据定义，这个问题还不存在。你需要高度的社会凝聚力和共同的社会价值观。当你认为和谐与一致是理所当然的时候，事前干预就会起作用。相比之下，事后补救的方法使问题更加突出。它几乎不需要讨论是否必须执行某些操作。矮胖子（Humpty Dumpty）现在必须恢复成原样。但是，让煎蛋卷恢复成最初的鸡蛋状态，比一开始就确保矮胖子不会坐在墙头引诱重力困难得多。

一个在社交、种族和宗教方面适度同质化的社会，比一个缺乏这种同质化的社会更容易避免即将到来的问题。由于非正式社会化（informal socialization）未能形成广泛统一的公民社会，一个四分五裂和异质化的多民族国家不得不依靠公开的和事后监管的正式权力（formal authority）。[5]欧洲人通常认为消费品上事无巨细的用户说明和过分夸张的健康与安全警告是美国人的一种不良习惯，这种不良习惯正慢慢蔓延到大西洋彼岸。人们对花生包装上"可能含有坚果产品"的警告报以傻笑。奇巧（Kit Kat）在包装纸上标示的"在这里打开"，让我们觉得智力受到了侮辱，好像我们连这都弄不明白似的。[6]但是，这样的一丝不苟，可能是因为人们越来越缺乏基本的常识，因此需要把事情说清楚。有多少出身普通的年轻人，在盛大晚宴上第一次遇到洋蓟时，不会因为错误的举动而感到羞愧？如果洋蓟能配上预先印好的说明书，那该多人道啊。在美国，每一个没有红绿灯的十字路口都立着停车标志，指示谁有先行权。在德国，路口没有停车标志，因为司机知道从右边驶来的车有优先权。一种是写得清清楚楚，尽可能地不做任何假设；另一种则依赖不直接言明的知识。

如果人们仍然靠日常习惯来决定吃什么、何时吃，如果母亲仍在准备每天的晚餐，并且不允许孩子在购物中心的美食广场尽情享受，那么肥胖症可能需要更长的时间才能得到控制。如果没有这样得到社会一致认同的非正式规定，政府可以（像美国一样）立法禁止餐馆中的反式脂肪和学校中的苏打水，限制贫困社区中快餐店的数量，并要求餐馆在菜单上张贴热量表。难道这就是所谓自由放任主义的美国政府事实上在事无巨细地管控公民的不良习惯，就像专制主义的普鲁士在18世纪禁烟那样？或者，这应该被理解为一种事后状态，正而准地射出箭筒中的箭。

在德国和斯堪的纳维亚半岛，乘坐公共交通工具，尤其是地铁，只是偶尔会检票，其他时候完全靠自愿遵守。在世界其他地方，甚至在具有"群体思维"的日本，乘客通过检票口进入后，无须担心任何控制。那些在德国或北欧国家经历过让人神经紧张的突击检查的人，都知道这种荣誉制度兼突击检票（system of honor-cum-surprise-checks）机制执行起来是多么强大有力。同行的乘客变为亮出身份证的交警，要求出示车票，并把不法之徒带走，尽职尽责的同时升腾出一种自鸣得意的集体认同感。相比之下，入口控制（有时也包括出口控制）机制把尖牙露在了前面，但确保了交通网络自由顺畅。荣誉制度建立在集体思维基础之上，即公共交通中的超我，通过让乘客遵守一种不直接言明但却根深蒂固的文化道德，避免了搭便车问题。

作为西方第一个移民国家，美国也最早被迫在非正式社会化（其权力体系影响甚微）和对混杂的公民进行更公开的控制之间进行权衡。美国政府更多地依赖事后的权力体系，直到最近这在欧洲才被证实是必要的。事后的控制适合美国的情况，因为美国人不把任何知识或行为视为理所当然，也不需要什么共同的和隐含的假设。然而，他们很可能效率更低，因为不可能太依赖预防。操控一个社会的诺亚方舟比放牧一群美利奴羊更昂贵、更复杂、更曲折。

种族分化可能使美国人不愿意支持明显的公共支出，因为这些支出的受益者是其他肤色不同的人。[7]但这并没有消除花钱解决问题的需求。实际上，它可能导致更多的支出，或者至少效率低下的支出。事后处理方法严重失灵的一个明显例子是，美国的急诊室用于常规且其他途径无法获得的医疗护理，而不是在疾病刚出现时就进行治疗。由于很多美国人没有医疗保险，因此他们比欧洲人更有可能前往急诊室寻求治疗。[8]没有医疗保险的人虽得到了治疗，但得到的护理太少太迟，而且费用高昂：对所有人来说，这都不是好的结果。例如，一项针对圣选戈无家可归的酗酒者的研究发现，他们耗费了过多的医疗资源（每人每年超过8000美元）。如果将他们纳入定期医疗保健体系，这些以前没有参保的患者产生的费用会减半。[9]

在其他情况下，事后处理方法的失灵就表现得不那么明显了，其处理美国社会混杂性方面的优势反而更加明显。为什么美国人如此关注生物医学研究及其潜在的副产品？纯粹是利他主义，甚至是国家荣誉，激励美国在生物医学领域引领世界吗？如果这样想那就太好了。但这可能只是故事的一部分。政治利益方面的考量同样是有的。在其边境和移民社区，美国政府部署了全副武装的疾病控制系统：隔离、封闭、熏蒸消毒、疫苗接种等。相比之下，对于美国公民，如此激烈的干预措施会更难实施。

例如，在艾滋病流行的最初几年，瑞典政府很高兴地获得了将那些行为有可能传播疾病的人关押起来的权力，包括妓女、同性恋者以及拒绝遵守官方规定的血清阳性的普通公民。对于瑞典人来说，社区的利益无疑要高于个人的权利。相反，美国政府没有收到等效的意识形态的空白支票。政府必须小心谨慎地避开性少数群体和少数族裔的敏感神经，因为他们害怕第一个成为任何严厉强制措施的受害者。因此，与瑞典相比，技术上的突破（疫苗或药物）有望在美国带来更大的政治收益，瑞典则认为传统的公共卫生策略（无论在外部世界看来是多么严厉）应对这一传染病既必要也够用。通过干预自然，美国政府希望能够避免对社会强加干预。因此，美国政府在艾滋病研究上投入的资金远远超过其他所有国家的总和，约占全球政府研究经费的90%，就并不是巧合。[10] 当时的国会议员梅尔文·莱尔德（Melvin Laird）在1960年提出"医学研究是（美国人可能拥有的）最好的健康保险"，将这里的论点推至最普及的层面。[11]

拿教育来说，它也是一个通过不同的方法解决问题的例子。父母一心想让孩子进入最好的大学，并坚决要求每晚花几个小时做家庭作业，由此灌输的良好学习行为准则能创造奇迹。2006年，亚裔美国人占加利福尼亚人口的12%；2007年，亚裔学生占加州大学所有学生的36%。想象一下，在2006年国际学生评估项目科学素养领域得分最高的五个选手（芬兰、加拿大、爱沙尼亚中国台湾和香港地区）联合起来是什么样。这不可能是教育理念或方法的差异所致。芬兰的这一成果得益于 20 世纪 60 年代的教育改革。把具备各种能力的孩子放在同一个班级。九年级之前取消考试评分，各种学习活动以小组的形式进行。相比之下，中国台湾拥有严格的结构化体系，要求穿校服，课业严格且时间冗长。教学是为了九年级的一系列全国性考试。更值得注意的是，除加拿大外，此项得分最高的是民族比较单一的国家，外来人口很少，社会分层适度，几乎不需要同化外来文化和外来人口。芬兰是目前欧洲国家中外来人口比例最低的，意大利虽仅次于芬兰排名第二，外来人口比例却是芬兰的两倍。诚然，在芬兰，讲瑞典语的少数民族是一个很大的群体（占人口的 5.5%），但这一群体中世纪时已定居于此，且形成了一个家境殷实的中产阶级。在这些国家，公民社会的非正式约束可以勇挑重担，国家几乎不需要进行事后干预。不可否认，加拿大在这一方面是个特例。亚洲人占其总人口的比例较高（2001 年加拿大为 9%，而美国为 4%）难道不是一个原因吗？

为了评估社会环境的适度波动对教育的效果，我们考虑将美国各州与其他国家的学校教育进行比较研究。如我们前面所述，对比 2003 年国际数学和科学评测（TIMMS）中数学、科学方面的表现，美国整体上比其他国家更好。从统计上看，八年级学生在国际数学和科学评测的成绩与在美国各州的国家教育进展评估（National Assessment of Educational Progress）的成绩相当。排除联邦各州有着迥然不同的教育理念和教学实践，我们得出结论：社会分层合理和少数族裔数量少（美国某些州的特点，并不适用于所有州）与学生得分高有着密切的关系。因此，在类似加利福尼亚州这样人口复杂、种族多元的地方，八年级学生的科学得分高于意大利和挪威的同龄人，但低于英国、瑞典、荷兰和比利时。但是在类似明尼苏达这样的州，种族构成和公民精神堪比斯堪的纳维亚半岛，学生的科学得分就能超过所有西欧国家，无一例外。

蒙大拿州、新罕布什尔州、北达科他州、南达科他州、马萨诸塞州、佛蒙特州和威斯康星州的情况也是如此（同样在科学方面）。反过来，科罗拉多州、康涅狄格州、新泽西州、俄亥俄州、弗吉尼亚州、爱达荷州、缅因州、俄勒冈州、犹他州、华盛顿州、怀俄明州以及（也许有些令人惊讶的）密歇根州和密苏里州，得分仅仅只是不及英国（西欧最高得分手）。2007年国际数学和科学评测分别以马萨诸塞州和明尼苏达州为样本，两个州四年级和八年级的学生在数学得分上的排名都高于西欧任何一个国家。在科学方面，四年级学生的成绩与西欧是一样的，仅明尼苏达州八年级学生的成绩略低于英国同龄人。当西方国家集体在教育方面表现平平之际，值得记住的是，一批亚洲国家和地区（包括新加坡、韩国、日本、中国台湾和香港地区）全面击败了我们的研究关注的所有欧洲国家（芬兰不在这个项目之中）和美国所有的州。[12]

这里的主要观点是，公民社会与治理它的国家之间是一种相互的关系。国家作用于公民社会的权力不是抽象的。各国面临的困境和问题因其所治理的公民社会而不同。在阿尔巴尼亚，世仇引发的血腥屠杀会持续好几代人，不走运的国家必须保持对市民社会的控制，其治理任务必然不同于这样的国家——在下着倾盆大雨的漆黑夜晚，它的公民仍甘愿静静地站着等交通灯变绿。阿尔巴尼亚前领导人恩维尔·霍查（Enver Hoxha）曾试图消除社会上的血仇争斗，将那些杀害仇敌的人活埋进他们仇敌的坟墓以示惩罚。[13]乱穿马路的人很少需要这么大的强制力才肯乖乖就范。

不应夸大事前和事后处理方法之间的差异，以及它们在欧美政府的政策中体现的程度。在美国这样一个多民族混居、社会分层的国家，充满活力的公民社会是其令人惊讶的成就之一。非正式社会帮助源源到来的移民成为美国人，减少了对政府管教的需要。这体现为《爱尔兰人如何成为白种人》（How the Irish Became White）这本书的标题。对于欧洲大陆的所有国家而言，外来者的同化都是一个长期而持续的过程。欧洲国家一直在努力将地方性的少数民族变为本国的公民，或如另一部经典著作《农民变成法国人》（Peasants into Frenchmen）的标题所示。[14] 欧洲以前也同化过浪潮般涌来的移民，或是进入法国的波兰人，或是涌进每个国家的犹太人。无论过去大西洋两岸在这些方面的差异有多大，这些差异都正在迅速减小。

如果美国是发达国家中第一个事后监管模式国家，现在，它也不再是唯一需要在非正式社会化与公开控制之间进行权衡的国家了。在全球化和大规模人员流动频繁的时代，欧洲的情况也在发生变化。再以公共交通为例，在柏林，不买票而被抓的逃票者提供虚假的身份信息，导致无辜者受罚。这些无辜者通常是逃票者的朋友或家人，所以逃票者知道他们的姓名和地址。一旦社会传统失去约束力，非正式社会化的失败会引出正式权力需要面对的一些主要问题。闸机时代迎来这样一种文化：自愿购买车票的风气已不再是理所当然的。在晴朗的周末的午后，德国人常在公共公园修剪整齐的草坪上挖出大大小小的坑进行烧烤。现在，德国各大城市的市政法规都对所烧烤动物的大小作出限制。不用说，这些规定在 30 年前是没有必要的。多元文化主义催生了这种需要，那就是清楚地规定曾经被人们视为理所当然的事情。

当然，带来不同标准的不仅是移民。标准可以并且确实会发生变化，非正式社会化也可能受到经济激励措施（与普遍价值观背道而驰）的削弱。如果因请病假而得到的报酬反而超过了实得工资，将会怎样？没有等待期，没有规定的医生诊断，这样慷慨的病假制度，前提是健康者不会因为想偷懒而钻空子。但是就疼痛耐受力、对什么是必需的和合理的理解、对个人有权从国家得到哪些权利的认识以及普遍的工作理念而言，不同文化和同一文化的不同时期都不相同。瑞典目前是世界上病假率最高的国家之一，病假率约为荷兰的四倍。我们希望这不是因为瑞典的各种法规在不断削弱。瑞典人自己将其归因于他们所承受的巨大压力。更有可能的是，它反映了人们以下观念的变化：什么是可容忍的，什么是预期的，以及制度允许以何种方式滥用。不管非正式社会化在荷兰多么强劲，它阻止装病请假的约束力在瑞典似乎正在消失。有趣的是，在实行更加正式的事后监管之前，看看尽职和尽责的人还会允许分配大量（未明确规定的）资源给懒惰的、品格差的人多久。意大利最近对公务员请病假实行了更严格的控制，缺勤率立马下降了37%。正如英国《金融时报》的头条标题辛辣指出的那样："新的劳动法极大地提升了意大利公务员的健康。"[15]

第十六章　西方曾是那样一体

美国人在将自己的国家与其他国家进行比较时，几乎总是挑别人的毛病。当然，右翼有些人叫嚣美国是最伟大的国家，与其他国家相比只是更加强调自身的卓越。可以预料这样的人数量不少，且无关紧要。既然双方持同样的看法，与他国进行比较就毫无用处。大多数文化上保守的美国人对欧洲太不感兴趣了，无法安静地坐下来比较美国有什么优越性。米特·罗姆尼在 2007 年作为共和党提名人竞选总统时，攻击法国的医疗保障体系和其他事物，没有得到多少响应而最终败选。美国与欧洲之间的比较，绝大多数是由具有自由主义倾向的社会科学家进行的，他们希望美国有一天在家庭补贴、全民医保、育儿假等方面与欧洲靠近。他们眼中的欧洲，其实是北欧。他们要么无视南欧，要么将其视为渴望获得北欧地位的国家。他们把斯德哥尔摩看作社会科学的"麦加"，向着它虔诚地祈祷。由于他们的政治改革议题讨论热烈但没有实现，所以他们言语之间流露着渴望。

就拿最近的《美国人类发展报告》为例，该报告由颇具影响的社会科学研究委员会（Social Science Research Council）发表，序言是众多显要人物的良好祝福。它模仿联合国的做法，以经济发展和人类福祉计算出一个数字，以比较各国及各个时期取得的进步。[1] 报告揭示出美国内部存在着某些巨大的差距，以及相对于其他同等国家美国一直在落后。

一切都很好，谁能指责什么呢？人无远虑，必有近忧。因此，该报告给出了一个图表（见该报告图 1.2），显示美国在人类发展排名方面下降明显。1980 年，美国排在第二位，仅次于瑞士。至 1995 年美国一直保持这一地位，但在接下来的十五年中，美国的排名不断下降，2005 年跌至第十二位。我们感到安心的是，美国的得分一直在稳步上升，但其他国家的得分上升得更快。因此，美国在效率上已经落后于它的对手。然而，不可忽略的是，1975 年（计算人类发展指数的最早年份）美国在发达国家中排名第六，仅次于丹麦、加拿大、瑞典、瑞士和荷兰，与挪威不相上下。只有在这之后，美国的排名才上升至第二。在 2000 年，美国的排名已经跌到第九位。2004 年情况有所好转，美国的排名上升到第八位，第二年也只下降了四位。[2] 当然，美国的排名可能还会出现长期的更大的下降。这也可能是精确的测量结果不可避免的波动。

让我们更确切地看一下波动的范围。联合国就人类发展指数对 177个国家进行了排名，从排名最差的贫穷的塞拉利昂（0.336）到排名最高的快乐的冰岛（和挪威）——指数达到 0.968。在联合国归类为人类发展指数高的国家中，巴西的指数最低，为 0.800。美国和西欧位列前 10%。葡萄牙（0.897）稍低于这一水平。美国（0.951）在前 5% 国家中排名靠后，图表中有七个国家位于其上。美国和冰岛之间的差距为 17‰。换句话说，前 2% 区域内的国家争夺激烈。

我的观点不是说美国人应该开香槟为自己庆祝。提升的空间当然是有的，通过这样的比较可以发现存在的严重不足。但美国社会科学家的自我鞭笞有一种独特的傲慢。如果美国不是第一，或者接近第一，那就认为它什么都不是。有人认为美国不过就是另外一个正沿着钟形曲线凸出的部分渐进调适的国家而已，但这种说法很少被人接受。从这个意义上说，崇尚自由主义的美国社会科学家是在用反语对美国例外论的观点表达敬意。当美国事实上并不例外时，他们十分失望，而且明确拒绝接受它只是"其中之一"。戈弗雷·豪格森（Godfrey Hodgson）认为，美国例外论是一个神话，美国向来都是以欧洲文化为根源的，它受欧洲的影响比许多爱国的美国人和美国历史学家所承认的更多。[3] 我完全同意他的说法，并试图为他的故事提供佐证，希望让欧洲怀疑论者相信：美国和欧洲的相似之处比他们想象的还要多。

从美国例外论的视角来看，其他国家的崛起——无论是战后的欧洲、冷战时期的俄罗斯、现在的中国，也许还有印度——似乎是一种威胁，削弱了美国的相对优势，使它从自诩的世界老大位置开始下滑。这就是奥运奖牌争夺赛中的非赢即输心理。在游泳比赛中，一个选手比与之最接近的对手快 0.01 秒到达终点，就能赢得金牌。我们当然并没有计算任何实际的收益——更短的水上通勤，更快的救生员，更迅捷的潜水采珠人。在我们所处的世界，收益递减法则要求付出令人痛苦的代价。位于塔尖的少数几个竞争对手对地位和名誉的争夺取决于细微的差异，细微到只有借助高度专业化的技术才能辨别。与竞争对手的比较能激励我们更加地努力，这是值得欢迎的。但是，如果这种比较促使我们忽视大局，而沉迷于塔尖几个竞争对手间越来越细微的差异，那么我们会再次危险地变得自恋地分析细微的差异。

当不成世界老大，美国人会失去什么？答案取决于他们与谁竞争。如果落后者超过了他们，而且他们不再进步，或者进步得没有其他人那么快，那可能就有问题了。然而，如果实力相当的对手在日益激烈的竞争中逐渐超越他们，彼此之间的差异正在迅速缩小，那么实际上就没有问题。和参加奥运会的游泳运动员一样，他们也在一个更加人才济济、富丽堂皇的场地上竞争。1975 年，人类发展指数最低的国家（葡萄牙）和最高的国家（瑞士）之间得分相差 0.09。2005 年，这一数字为 0.071，目前冰岛排名第一。换言之，各国的竞争场地缩小了超过五分之一，平均得分几乎上升了整整 10 个百分点，从 0.852 上升到 0.947。竞争越来越激烈，规则越来越完善，差别越来越小。总而言之，越来越密集的对手挤靠在越来越窄的塔尖。当然，这正是我们所希望的。但是，它也应该有助于我们将注意力从这个越来越小的领域内各国的相对排名上移开，因为这个领域越来越没有意义。相反，我们应该看到这些国家越来越集中在塔尖。在这里，我们看到的不是排名的升降，而是塔尖的趋同（见图 212）。

212. 人类发展指数趋势

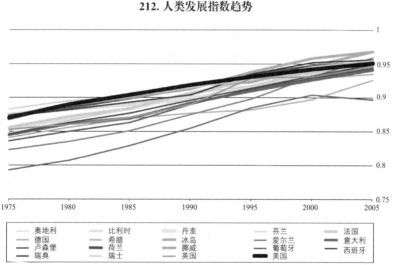

也就是说，面对美国地位的相对下滑，美国人应该欢迎，而不是担心。俗话说，与其成为杂种马中的佼佼者，不如成为一匹纯种马。美国实际上并没有变得更贫穷，只是因为中国现在的增长速度超过了美国。

这就好比英国在 1987 年曾短暂被意大利超车，当时意大利的经济规模（黑市突然被纳入统计数据）看起来比英国更大，或者好比现在意大利被葡萄牙超车。唯一受到打击的是自尊心。美国的教育体系也没有受到影响，虽然其他国家现在 18 岁上大学的孩子与之几乎一样多，甚至更多。

是的，通过比较揭示的一些差异实在应该令美国人担心。人均预期寿命，以及比较中所透露的医疗保险、生活方式和社会环境等信息，就属于此类。在我出生的 1956 年，从统计学上讲，美国男性平均能活到 66 岁左右。我的儿子，如果今年出生的话，预计可以多活将近十年。与我同龄的日本人，一出生就可能比我少活一年。但是他的儿子会比我的儿子多活四年。我当然也希望我的儿子能拥有这四年。即使美国人实现全民医保、多吃鱼、注重瘦身等，这是否可能呢？在日本，女性有望活到 86 岁。在美国，亚裔女性比白人女性将近多活三年（88.8 岁）。[4] 在美国，拉丁裔女性不太可能是美国医疗体系最为优待的女性，她们的寿命比白人女性的长四年以上，拉丁裔男性则比同辈的白人男性寿命长三年半。这些统计数据表明，在医疗保险之外，其他很多方面，甚至生活方式，都可能影响寿命的长短。除了变成日本人，我的儿子要想和日本人一样长寿几乎无计可施。

我并不是说美国人应该忽视比较调查发出的警告信号。这种信号并不是一种挥之不去的悲观情绪。因此，该报告坚持认为美国的人类发展指数是最高的，告诉人们谋杀和自杀"是导致美国人均寿命缩短的重要元凶"。谋杀率高，这是不可否认的。值得指出的是，相对而言，自杀并不是美国人最需担心的问题。美国自杀率排名在第 11 或第 8（该报告无法完全确定），远远低于地中海以外的大多数欧洲国家。[5] 我们知道，在美国，最富有和最贫穷的国会选区，收入之比是三比一（见该报告表 2.4）。但是，毫无疑问，要评估这一事实的重要性，我们需要知道，西欧作为一个整体，内部的类似差距同样很大。纽约第 14 国会选区和第 16 国会选区之间的差距，可以换算为上东区和南布朗克斯区之间的差距。它们相距仅两英里，但差距甚大，人均寿命相差四年。我们没有被告知，格拉斯哥的卡尔顿区（Calton）和兰芝区（Lenzie），相距 8 英里，男性人均寿命的差距是 28 年。或者说，伦敦北部的汉普斯特德（Hampstead）与位于伦敦地铁北线往下五站的圣潘克拉斯（St Pancras），男性人均寿命的差距是 11 年。[6]

我们知道美国公立学校把学生分为两类——白人学生和少数族裔学生，但我们没有被告知，在考试成绩的分层方面，除斯堪的纳维亚半岛外，美国公立学校不如欧洲大多数国家明显（见图 99）。《美国人类发展报告》所示图表（见该报告图 3.8）似乎表明，在德国，18 岁青少年的高中毕业率是 99%，而美国的这一比例只有 75%。我们没有被告知，美国（以及高中毕业率达到 75% 的新西兰）对于中等教育并不特别区分是普通教育还是职业教育。在德国，只有 38% 的学生就读于培养学术能力、目标是上大学的中学。剩下的 62% 接受的是职业教育，通常在 10 年级结束。美国 15 岁到 18 岁的青少年中有 25% 没有完成高中学业，他们何时去从事体力劳动，取决于法律什么时候允许他们结束学业。在德国，与他们同辈的青少年为了同一个目标在同样的年龄出局。唯一不同的是，美国发放 10 年级结业证书，在经济合作与发展组织的统计数据中，持有该证书的人被登记（当然是受到了误导）为已完成中等教育。

事实是，至少在理论上，更多 18 岁以上的美国人比同龄的德国人获得了上大学的资格（美国为 73%，德国为 35%）。与此同时，他们中有更多人事实上接受了高等教育（美国为 64%，德国为 35%）。[7] 正如我们所看到的（见图 101），德国既没有接受高等教育也没有高薪工作的年轻人是美国同龄人的两倍。换言之，这个旨在显示美国中等教育相对失败的图表并没有达到预期目的。事实上，它制造了一个问题——美国公立高中面临种种困难，这个问题也是大部分欧洲国家同样面临的。

当然，我们需要知道美国存在问题。但这些问题有多大，有多紧迫，我们还需要正确看待。美国的哪些问题相比同类国家是更为严重的，哪些问题是现代国家常见却令人遗憾的？当一个国家习惯于在任何方面都是规模最大和最好时，其存在的问题也应该是巨大的。将独占一个大陆的国家与氧气稀薄的、玩具小屋般的国家（比如挪威，甚至荷兰）进行比较时，很明显许多问题看起来会很大，尤其是差异和分歧。如果把西欧看作一个整体，而不是像意大利香肠那样切成诸多薄片，它所存在的问题似乎比美国面临的问题要广得多。指出这一点，并不是要轻视什么方面。然而，我们必须坚持在一定的背景下和以一定的视角进行比较。

例如，发现纽约市的收入差距比伦敦市的收入差距更大，这就很有启发性。在纽约，国会第 16 选区和第 14 选区的收入中位数比率为 2.7。相比之下，伦敦的议会选区之间收入中位数比率最大的是 1.7，即韦斯特汉姆和里士满公园之间的跨度。[8] 然而，从加州的第 20 国会选区（弗雷斯诺）到纽约的第 14 国会选区（上东区），美国人收入中位数的最大跨度相差了三倍，这就不那么能说明问题了。在英国这个小得多的国家，这一跨度较小，但仍然很大，布莱克浦南（Blackpool South）和里士满公园之间的跨度为 2.5。[9] 在欧洲其他地方，我找不到按选区划分的收入中位数的数据。但卢森堡和希腊本土间年收入中位数（以等值货币计算）的比率是 3.5。德国汉堡市和葡萄牙北部之间的可支配收入（以欧元计算）的比率是 3（如果单独统计汉堡市的白沙岛或其他富人社区，比率会更大）。伦敦市中心和希腊的爱奥尼亚群岛之间的比率接近 4。[10] 我们现在开始用比较的视角来认识这种差距。一个城市内部收入差距太大了，不是一件值得自豪的事。占有一个大陆的美国存在巨大的差距也是预料之中的。并非所有的差异都是碎片化的。

第十七章　橡子和橡树

　　全球其他地区的观察家一定会注意到，剖析欧洲和美国之间的微妙差异，就是弗洛伊德所谓"对微小差异的自恋"。好比双胞胎渴望有所差别一样，一些国家热衷于显扬自己，尽管从全球范围看它与其他国家大同小异。

　　冷战期间，北约和苏联的对立是显而易见的。柏林墙倒塌后，新的对立出现了。伊拉克、伊朗、朝鲜、阿富汗、以色列，这些都是对立的焦点。面对中东战争、俄罗斯的武力威胁以及中国的崛起所提出的考验，更成问题的是美国作为唯一的超级大国所扮演的角色，或许，正如一些欧洲人所说，美国已经成为一个流氓国家，在一个日益交织的世界里，想单方面摆脱相互依赖的束缚。也许，正如一些美国人回答的那样，欧洲人生活在一片乌云密布的土地上，造成冲突的最终原因是误解而不是真正的分歧，对话是可以取代枪支的。这些都是地缘政治范畴，我们在此不作讨论。[1]

　　然而，我们对地缘政治学家在内部和外部政治之间频繁而轻率的选择感到关切。美国人持有枪支，所以他们喜欢打仗。美国人喜欢开大车，所以他们需要确保中东的石油供应。美国人信奉基督教，所以他们把自己看作十字军战士。欧洲大陆没有可靠的作战军队，拒绝为任何军队买单，所以他们把外交政策变成了空谈。欧洲人把钱花在了社会福利上，所以他们不能自卫，必须安抚侵略者。欧洲人过去受过创伤，所以他们拒绝承认世界上持续存在的邪恶现实。

在本书中，我已经表明，在几乎每一个可以量化的方面，美国和西欧彼此接近。早些时候，我介绍了社会科学家在刻画欧美之间的差异方面曾经尝试但失败的一些方法。相比之下，我感兴趣的不是美国有什么不同，而是为什么一开始就要问这个问题？为什么认为美国是独特的？纯粹是因为新奇吗？因为一个历史性的时刻？因为地理距离？因为地缘优势——廉价而丰富的土地资源，稀缺而报酬丰厚的劳动力？还是因为美国一开始就把自己的政治文化定义为欧洲起源的反动？

再看看其他"新欧洲"国家。它们表明美国例外论的提出不能简单地归因于美国是一个全新社会。来到新西兰，欧洲游客常常怀旧热情高涨："这里就像30年前的英格兰。"加拿大被认为比美国更"欧洲化"。法国人认为，相比盎格鲁 - 撒克逊文化，魁北克与法国文化有着更多的契合处。所有这些"新欧洲"国家也具有美国所具的独特性：廉价的土地，昂贵的劳动力，数量很少甚至完全被消灭的原住民，封建精英缺席，远离故土。然而，它们并不认为自己与欧洲有本质上的不同。这是西摩·马丁·李普塞特（Seymour Martin Lipset）巧妙的思想实验所得出的隐含结论。他比较了加拿大和美国，发现两者尽管地理环境相似，但却拥有截然不同的政治文化。[2]

如果美国和欧洲被认为完全不同，那么原因应该在于政治文化，而不是地缘政治。也许正是因为美国的建立是对旧大陆（欧洲）的一种反动，所以它实际看起来与其起源有很大不同。我们不一定要成为黑格尔主义者或精神分析学家，才能理解矛盾双方的斗争与共存。对细微差异的自恋在大西洋两岸都有体现。美国例外论者声称，美国与欧洲的差异比事实上更大；欧洲例外论者坚持认为，新世界的情况比他们道听途说的要更新奇。

大部分宣扬美国例外论的美国文学作品关注的主题有：美国如何避免欧洲反对旧政权的斗争，自由主义如何成为根深蒂固和占主导地位的意识形态，社会主义为什么在美国从来没有站稳脚跟，美国开国元勋们的中产阶级精神如何奠定了此后几个世纪的基调，政教分离原则为何在美国比在欧洲更重要，等等。美国例外论者并不认为美国与欧洲有根本的不同。相反，他们审视的是美国如何从众多欧洲遗产中挑挑拣拣，并幸运地避开了一些讨厌的糟粕。美国是幸运的继承人，而不是把一切抛到脑后的反叛者。正如德国诗人歌德在1827年写的那样，是美国——"你胜过旧大陆"，而不是美国——"你完全不同"。

最近，美国史学界已经开始淡化例外主义论。今天，历史学家认为，美国国家和社会政策不仅深受欧洲影响，而且常常与欧洲有诸多相似。[3] 即使曾经是美国例外论经典案例的福利制度，透过广阔的北大西洋视角，看到的共同点也正越来越多于不同点。[4] 因此，马修·莱姆格鲁伯（Matthieu Leimgruber）关于瑞士福利制度史的最新著作，就是利用美国历年的社会政策来分析这一尚未被充分研究的欧洲制度，毕竟谈及美国比谈及欧洲更容易让人理解。[5] 世界一体化也有助于缩小工业化世界各国的差异。即使无法彻底消除，大西洋两岸的历史差异也相对缩小了。[6]

如果把欧洲视为一个整体的话，欧洲和美国之间一些哪怕是非常典型的差异也会被抹去。移民问题不再是两者之间的根本差异。[7] 挪威从来没有贵族，冰岛和瑞典的北半部也没有。但可以说，美国的南部有贵族。在有很多德国人聚居的东部，即使是待开垦的边疆和人烟稀少的地区（通常被认为是美国建国神话的组成部分），都有贵族的存在。布雷斯劳可以说是密尔沃基的一面镜子：每个德国化小镇都有数量不等的酿酒厂、一个议会厅，以及教堂尖塔。它噩梦般的变体是希特勒的移民设想，在美国边境时代结束很久之后，让德国农民去清空了人口的西伯利亚草原地带定居。1942—1943 年冬天，只有斯大林格勒关闭了东部边境。难道欧洲殖民地的作用和美国西部的作用不太一样吗？

大西洋两岸存在着根本性差异的论调主要来自欧洲。美国并不像欧洲人常常宣称的那样，与自身的欧洲传统彻底决裂。法国革命者，以及之后的俄国革命者，都远比美国的建国之父们更激进：将路易十六押上断头台，处决末代沙皇，杀害事实的和想象的对手，试图重塑人性，甚至重新调整时间。与之相对，美国殖民地谨慎的中产者们则是因征税而起来反抗。欧洲观察家常把美国描绘成比实际情况更"特殊"的国家。托克维尔、马克斯·韦伯、阿多尔诺（Adorno）、海德格尔，以及他们更激进的后继者让·鲍德里亚（Jean Baudrillard）、伊曼努尔·托德等让我们知悉：激进的美国例外论在欧洲各地正方兴未艾。约瑟夫·乔夫（Josef Joffe）就曾准确地指出：欧洲人不把美国看作一个国家，而是把它看作一张画布——一块大陆大小的罗夏墨迹，从中投射他们自己的关注点。[8]

当然，差异是确实存在的。拉斯维加斯不是巴登－巴登。卑尔根、贝加莫也不是。大西洋两岸的差异会比斯匹次卑尔根岛和撒丁岛之间的差异更大吗？是的，巴黎和伦敦，更类似于法国巴黎和得克萨斯州巴黎。但是奥斯陆和巴勒莫在差异度上则不同于圣塔莫尼卡和诺丁山。再举一个例子：居住在伦敦的瑞典人（大约有 5 万人，比例上相当于 150 万美国人居住在这座城市）喜欢把他们的孩子送到英国的美式学校而不是公立学校。他们发现美式学校随性的、平等的教育理念更像他们自己的社会民主主义，相比之下，英国教育制度中的性别隔离、宗教教导、必修拉丁语、频繁考试、周六也要上课和必穿校服等更难让他们产生文化亲切感。

当然，地区、国家和大陆总是不同的。但为什么要假设大西洋两岸的差异是种类上的，而不仅仅是程度上的呢？当然，美国作为欧洲的一支而建立，意味着其文化发生了移植。橡子不会落在太过远离橡树的地方。路易斯·哈茨（Louis Hartz）曾经提出，发源于欧洲的新社会，每一个都延续着其诞生时母国社会的发展进程。[9]因此，南美洲保留了大量封建残余，美国成了资本主义国家，澳大利亚实行的是社会主义。不管人们对这一理论的具体内容有什么不满，路易斯·哈茨的主要观点是：一个新的社会是通过无性繁殖产生的，首先是母体的克隆，然后是母体的延伸。事实上，最近的社会科学研究表明，母国的政治和社会观念总是会深植移民内心，塑造他们在移入国家的行为。[10]谁敢在解释明尼苏达州（或萨斯喀彻温省）的政治时不提斯堪的纳维亚半岛，在解释纽约市或波士顿的政治时不提爱尔兰或意大利，在解释辛辛那提的政治时不提德国，在解释阿巴拉契亚的政治时不提苏格兰？

但是，与新西兰的情况（拓荒移民数量相当少，而且基本来自相同的专业领域——维多利亚时期的传教士和公务员）不同，美国的移民不只是发源于一颗原始的橡子，而是发源于许许多多颗橡子。欧洲人常常发现很难把握美国出人意料的多样的特性和地域文化，尽管它表面上是一个使用单一语言的统一国家。欧洲人所解读的美国独特性，往往只是从欧洲某一部分移植而来的，只是他要么有了新的眼光，要么是在美国第一次接触到。汉斯·马格努斯·恩岑斯贝格尔（Hans Magnus Enzensberger）把意大利报纸上完全真实的新闻搬运到波恩、阿姆斯特丹和斯堪的纳维亚半岛更为严肃的社会背景下，这为解读欧洲内部的此类独特性提供了精彩的素材。试想一下，三万名荷兰退休人员冲击并捣毁了负责国家退休基金的主要机构。德国总统卷入了一个国际酒精走私集团。瑞典人用光了邮票，因为他们的印刷机生锈了。超过十万的丹麦人声称双目失明而领取伤残抚恤金，但他们同时拥有驾照和汽车。[11]

某种意义上，美国也在为来访的欧洲人举起一面镜子，让他们看到北美大陆上自己陌生的一面。因此，北欧人原认为美国的公共权力机制与他们在国内所习惯的非常相似。但他们随之惊恐地发现，美国人的公共秩序至少和北欧人一样是地中海式的。正如人们面对波士顿的交通时常说的：你对一个"意大利人的城市"和"爱尔兰人的城市"有什么期待？一个汉诺威人在罗马度假时会觉得十分迷人和颇具异国情调，在他从波士顿的洛根国际机场驶出隧道时，会感到秩序混乱和措手不及。

相反，地中海人所嘲笑的美国清教主义往往是美国从北欧人那里学到的监管方式。例如，美国在20世纪初就颁布了禁酒令，挪威、冰岛和芬兰也是如此，更不用说苏联了。美国宾夕法尼亚州、新罕布什尔州和其他16个州由政府经营的酒精专卖店类似于斯堪的纳维亚国家（丹麦除外）如今仍然存在的酒精专卖店。换句话说，禁酒令和严格控制酒类销售是欧洲的一种现象，也是美国的一种现象，尽管地中海游客可能不知道这一点。

通过禁令和监禁来控制毒品与其说是美国人的独创，不如说是斯堪的纳维亚人的特色。对性交易行业的监管也是如此。在瑞典和芬兰（卖淫最近被重新定为有罪，与欧洲其他地方背道而驰），禁酒令和警察执法用得与美国的一些州一样多。以地中海人或许多英国人喜欢嘲笑的美国性别歧视政策为例，如工作场所和政治活动中的配额，官方语言的监管，学校、工厂和办公室的行为监管，以及执行所有这些政策随之而来的高压手段。现代性别关系的所有这些方面，被许多欧洲人嘲笑为美国社会女性化及政治正确过度化的又一个例子，其实这在现代女权主义的中心地带斯堪的纳维亚半岛实践得更早、更积极。

但是，受过良好教育的法国人或意大利人，甚至许多德国人、英国人，对美国的了解远远超过他们对北方邻居的了解，因此天真地并不知道他们在做什么。反之则不然，因为北欧人喜欢把自己与那些据称秩序更乱、生产力更低的南欧人进行比较。事实上，欧盟一个不可告人的小秘密，就是北方新教徒普遍看不起南方的天主教徒——这一点很少被承认（除非是在布鲁塞尔讨论腐败问题），在地中海地区也少有流露。[12] 欧洲人眼中那些为美国所特有的情调，通常只是欧洲某一地区不同于另一地区的特色情调。

正如我们所看到的，欧洲内部社会经济上的差距没有欧洲和美国之间的那么大。平心而论，哪一组城市彼此之间更相像，是斯德哥尔摩和明尼阿波利斯呢，还是赫尔辛基和塞萨洛尼基？随着欧盟东扩（甚至有可能纳入土耳其——一个领土主要位于亚洲的伊斯兰国家），新近加入的成员国（许多是曾经的奥斯曼土耳其帝国版图的一部分）抹去了欧洲和美国之间的诸多不同。实际上与众多近年涌入的亚洲移民和非洲移民一样，这些新加入者也笃信宗教，不信任强有力的政府，对投票不感兴趣，极其反感税负过高。从旧欧洲的视角来看，他们甚至更像美国人。吊诡的是，欧洲人致力于在与之有着如此多共同点的文化中识别一个敌人，而他们所吸纳的新成员实际上与之共同点更少。他们对一个像他们自己的大陆一样支持宗教改革、科学革命、启蒙运动、民主、自由主义、自由但有适当监管的市场、宗教宽容的国家置之不理是多么奇怪。

哪怕只是看几分钟的欧洲歌唱大赛，人们也会更加相信，大西洋两岸的关系仍将充满活力，千差万别、五花八门的欧洲各国之间的关系更是如此。这一定是让布鲁塞尔的帝国缔造者们难以入眠的噩梦：一个大幅扩张的欧洲，从堪察加半岛到亚速尔群岛，从北极（现在随处可见丹麦国旗和俄罗斯潜艇）到死海，充斥着混杂的英语通用语和单调乏味的欧洲流行音乐，纵然投票已经沦为毫不掩饰的部落主义，仍然仪式化地念叨着"你好，欧洲"。试想一下，现在欧洲的选民也要在澳大利亚人和塞尔维亚人之间做出选择。比如说，挪威人将与谁同呼吸，共命运？女士们，先生们，请下注。

当然，永远不会有机会来做这种选择。这个世界太复杂了，无法用非黑即白的逻辑在美国和欧洲之间进行抉择。有着特殊差异的双方都会很好地考虑他们所谓观念上的巨大裂痕实际上是两道多么接近和相似的斜坡。无论是美国的保守派，还是欧洲的所有人，个个都迷恋自己的倒影，除非我们打破这种自我陶醉的魔咒，否则我们将重演纳西索斯的悲剧。读者都会记得奥维德《变形记》中这位不幸的主人公死于口渴，因为他害怕亲吻水面会破坏令他如此着迷的倒影。

致　谢

　　我非常感谢迈克尔·凯洛格（Michael Kellogg），他自己也是一位学者，却百忙之中为我的研究提供了宝贵的帮助。没有他的出手相助，我可能还在互联网的迷宫里不停瞎转，试着从食糖消费量、人均钢琴拥有率、报纸读者数量或者其他什么方面找出一些可量化的数据。加州大学洛杉矶分校经济学系的伊夫-皮埃尔·雅尼（Yves-Pierre Yani）对一些关于收入分配和贫困的图表做了初步的计算。加州大学洛杉矶分校统计学系的杰米·巴伦（Jamie Barron）改进了这些计算，帮助我避免了最严重的统计错误。有关过错最终归属的附带条款这里也适用。

　　我的几位同事和朋友向我提供了建议及我所忽略的信息，尤其是如何措辞和结构方面。他们中的许多人可能不同意这里的论点，尽管如此，他们还是太好了，没有让我打包走人。我感谢延斯·阿尔伯（Jens Alber）、乔伊斯·阿普尔比（Joyce Appleby）、佩里·安德森（Perry Anderson）、蒂莫西·加顿·阿什（Timothy Garton Ash）、彼得·阿特曼（Peter Aterman）、迈克尔·伯达（Michael Burda）、哥斯塔·艾斯平-安德森（Gøsta Esping-Andersen）、内尔·吉尔伯特（Neil Gilbert）、雅各布·哈克（Jacob Hacker）、约瑟夫·乔夫（Josef Joffe）、马修·莱姆格鲁伯（Matthieu Leimgruber）、彼得·曼德勒（Peter Mandler）、克劳斯·奥菲（Claus Offe）、蒂莫西·史密斯（Timothy B. Smith）、拉尔斯·特拉戈尔德（Lars Trägårdh）和乔治·韦登菲尔德（George Weidenfeld）。弗兰克·卡斯尔斯（Frank Castles）的行为远远超出了职责和集体合作的要求。他已经阅读了手稿的几个版本，更不用说作为演讲来听了，他仍然有耐心引导我避开许多陷阱。我深表感激。

2006年4月，在柏林自由大学（Free University of Berlin）尤尔根·科卡（Jürgen Kocka）召集的比较历史研讨会上，我受邀进行了一场演讲，在提问环节萌生了将这些内容写成一个较长版本的想法。在场的学生们热情地坚持，欧洲社会模式不仅是一种现实，而且是前东欧集团（East Bloc）的新欧盟国家最近竞选活动中的一个关键问题，这让我思考这种模式到底有多与众不同。这些资料的版本在欧登塞的南丹麦大学和爱丁堡大学2007年的詹姆斯·赛斯（James Seth）纪念讲座中都有介绍。我感谢克劳斯·彼得森（Klaus Petersen）、弗兰克·卡斯尔斯和理查德·帕里（Richard Parry）的邀请。

我也要感谢牛津大学出版社的编辑大卫·麦克布莱德（David McBride）。本书包含了二百多张图和更多的统计数据，并不是每个编辑都能同意它作为面向广泛读者的读物而出版。他在加州大学洛杉矶分校我所在的系作为博士生接受了学术训练，也是优秀的本土人才。我很感谢他在这个项目的各种曲折中坚持不懈。

最后，我要特别感谢我的妻子和工作伙伴莉斯贝丝·拉辛（Lisbet Rausing）。她不厌其烦地反复帮我修改，以使文章通俗易懂。她把我的论点驳得体无完肤，现在它们应该能令人信服了。我想，她为我付出这么多努力，是因为她爱我，就像我爱她一样。

参考资料来源

利用互联网资源将进入一个不断变化的魔幻现实世界。前一天有效的网址会在第二天只显示一个空白页，更令人崩溃的是，之前使用了几个小时没有问题的新版网站，它的管理员现在却高兴地宣布，它是新的和改进的，因此从你的角度来看网站导航根本不可用。

学术论文中脚注的使用惯例（设定一个稳定不变的参考地址）很大程度上被取消了。我尽最大努力试图精确地说明我是在哪里找到数据的，而不将本书的形式变成一小段文字后缀以大量脚注。我经常提供网址，这些网址也许还有效。有些网址又长又繁复，你不太可能将它们准确地输入到浏览器中。即使正确地输入了网址，它们所导向的网站在此期间已经发生变化，这会让你备感挫折。在这种情况下，你最好按照我所提供的如何查找信息的说明进行操作，详情如下。或者你可能会发现，通过 Google 等搜索引擎搜索相关文档的名称或内容会更容易。

根据访问方式的不同，有些网站的网址一直在变。经济合作与发展组织数据库（Source-OECD）就是这样的。有些网站可以从任何地方免费访问。有些需要订阅——大多数研究型大学所属机构隶属的人员通常可以订阅，但也经常可以通过公共图书馆的终端获取。有些网站需要办理注册，还有一些需要付费才能使用，但本书所列几乎没有。

有些网站一旦进入，需要点击网站导航。在这种或类似的情况下，我会试着给出一条线索。例如，类似"Eurostat. Statistics, Regions and Cities, Main Tables, Regional Statistics, Regional Economic Accounts—ESA95, Disposable Income of Private Households"这样的一条注释，意思是先进入欧盟统计局（Eurostat）的主页，然后点击后面罗列的诸多链接，运气好的话，你最终能够看到私人家庭可支配收入（Disposable Income of Private Households）的列表。

这里使用的信息主要是 2008 年的。在此期间，它很可能已经多次发生改变。我已经放弃了通常假意的学术虔诚，没有在每个引用处指明我最后一次查阅互联网资料的确切日期。这仅仅是你必须正视的另一个信息而已：如果网址不再有效，那么知道它何时有效又有什么意义呢？如上所述，我认为说清楚如何查找信息会更有用。

除了特别指出的少数情况，经济合作与发展组织的相关资料都可以从经济合作与发展组织数据库获得。

缩略语

CDACS　乔治敦大学民主和公民社会中心

IARC　国际癌症研究机构

ISSP　国际社会调查项目

［进入 GESIS—Leibniz-Institut für Sozialwissenschaften 网页（http://zacat.gesis.org/webview/index.jsp），选择 ISSP，然后是 Module Topic，之后是主题（topic）和研究（study）。点击路径为 study → Variable Description → Archive and ID variables → Table tab → Country → Add to column →填写账号和密码→ Substantial Variables → variable in question → Add to row。］

WDI Online　世界银行，世界发展指标在线数据库

WHOSIS　世界卫生组织，统计信息系统

WRI　世界资源研究所

WVS　世界价值观调查

［有两组世界价值观调查数据，一是前四期，一是 2005 年开始调查的第五期。如果没有特别注明，本书所引数据来自前四期调查，对我们所谈及的这些国家来说，时间是从 1996 年到 2001 年。2005 年开始的调查所得的数据注明为"WVS 2005"。参考网址：http://www.worldvaluessurvey.com/。］

注　释

中文版总序

1. Edward Baines, *History of the Cotton Manufacture in Great Britain* (np 1835); Sven Beckert, *Empire of Cotton: A Global History* (New York 2015).
2. Jorge Luis Borges, "On Exactitude in Science," in Borges, *Collected Fictions* (New York 1998) 325.
3. Heinz-Gerhard Haupt and Jürgen Kocka, eds., *Comparative and Transnational History: Central European Approaches and New Perspectives* (New York 2010) 研究了其中的一些方法。
4. John Stuart Mill's *Philosophy of Scientific Method*, Ernest Nagel, ed. (New York 1950), Book III, Ch. 8, pp 211-227.
5. 这方面更多的思想见 Peter Baldwin, "Comparing and Generalizing: Why All History Is Comparative, Yet No History is Sociology," in Deborah Cohen and Maura O'Connor, eds., *Comparison and History: Europe in Cross-National Perspective* (New York 2004)。
6. Michele J. Gelfand, et al., "Differences Between Tight and Loose Cultures: A 33-Nation Study," *Science*, 332 (2011).
7. Alistair Davidson, *The Invisible State: The Formation of the Australian State* (Cambridge 1991).
8. Lars Trägårdh, "Statist Individualism: On the Culturality of the Nordic Welfare State," in Øystein Sørensen and Bo Stråth, eds., *The Cultural Construction of Norden* (Oslo 1997) 253-82. 一个更详细的观点见 Henrik Berggren and Lars Trägårdh, *Årsvensken människa? Gemenskap och oberoende i det moderna Sverige* (Stockholm 2015)。
9. Johan Anderberg, *Flocken* (Stockholm 2021).
10. Kipling, "The English Flag."

引言

1. Robin Cook, "A Strong Europe—or Bush's Feral US Capitalism," *Guardian,* October 29, 2004.

2. Timothy Garton Ash, *Free World: Why a Crisis of the West Reveals the Opportunity of Our Time* (London, 2005), chapter 1. Much of what follows here fleshes out in greater detail suggestions put forth in his very interesting chapter 2.

3. Robert Kagan, *Of Paradise and Power: America and Europe in the New World Order* (New York, 2006).

4. Jean-Marie Colombani and Walter Wells, *Dangerous De-Liaisons: What's Really Behind the War Between France and the U.S.* (Hoboken, NJ, 2004), p. 114.

5. Russell A. Berman, *Anti-Americanism in Europe: A Cultural Problem* (Stanford, 2004), p. 59.

6. Ziauddin Sardar and Merryl Wyn Davies, *Why do People Hate America?* (Duxford, UK, 2002), p. 103.

7. Margaret Drabble, "I Loathe America, and What It Has Done to the Rest of the World," *Daily Telegraph,* May 8, 2003.

8. British Council, *Talking Trans-Atlantic* (2008), Figure 0.1, p. 12. Data from January 2008. Available at http://www.worldpublicopinion.org/pipa/pdf/mar08/BritCouncil_Mar08_rpt.pdf.

9. Quoted in Philippe Roger, *The American Enemy: A Story of French Anti-Americanism* (Chicago, 2005), p. 272.

10. The numbers were run on whatever period each site allows, unclear in the case of Limbaugh's. Compared to some 3,500 references to America and the United States, Limbaugh makes only 261 to Europe, and only 162 to the supposed archenemy of U.S. conservatives, France.

11. Anders Åslund, *Building Capitalism: The Transformation of the Former Soviet Bloc* (Cambridge, 2002), p. 222.

12. Lásló Andor, *Hungary on the Road to the European Union: Transition in Blue* (Westport, CT, 2000), p. 10; Mitchell Orenstein, *Out of the Red: Building Capitalism and Democracy in Postcommunist Europe* (Ann Arbor, 2001), p. 1.

13. Elena Iankova, *Eastern European Capitalism in the Making* (Cambridge, 2002), pp. 25, 185.

14. Lauri Leppik, "Social Protection and EU Enlargement: The Case of Estonia," *The Road to the European Union, Volume 2: Estonia, Latvia, and Lithuania* (Manchester, 2003), p. 144; Raivo Vetik, Gerli Nimmerfeldt, Marti Taru, and Mart Kivimäe, *Discursive Identity and EU Integration* (Glasgow, 2004), p. 6; Ian Jeffries, *The Countries of the Former Soviet Union at the Turn of the Twenty-first Century: The Baltic and European States in Transition* (London, 2004), p. 7; David Smith, "Estonia: Independence and European Integration," in David Smith, Artis Pabriks, Aldis Purs, and Thomas Lane, *The Baltic States, Estonia, Latvia and Lithuania* (London, 2002), pp. 83, 18, 21, 107.

15. Emmanuel Todd, *After the Empire: The Breakdown of the American Order* (London, 2004), p. 177.

16. Tito Boeri, Michael Burda, and Francis Kramarz, eds., *Working Hours and Job-Sharing in the EU and USA: Are Europeans Lazy? Or Americans Crazy?* (New York, 2008).

17. Jeremy Rifkin, *The European Dream: How Europe's Vision of the Future Is Quietly Eclipsing the American Dream* (New York, 2004), p. 3.

18. Even anti-Semitism in the nineteenth century was roped in by European thought as part of this broader current of anti-modernism. See the analyses of this trend and the surprising parallels to the tropes of anti-Americanism in Peter Pulzer, *The Rise of Political Anti-*

Semitism in Germany and Austria (Cambridge, MA, 1988); Dan Diner, *America in the Eyes of the Germans: An Essay on Anti-Americanism* (Princeton, 1996); Andrei S. Markovits, *Uncouth Nation: Why Europe Dislikes America* (Princeton, 2007).

19. Jean-François Revel, *Anti-Americanism* (San Francisco, 2003); Wilhelm Langthaler and Werner Pirker, *Ami go home: Zwölf gute Gründe für einen Antiamerikanismus* (Vienna, 2003); Michel Albert, *Capitalism against Capitalism* (London, 1993); Andrew Kohut and Bruce Stokes, *America Against the World: How We Are Different and Why We Are Disliked* (New York, 2006); Julia Sweig, *Friendly Fire: Losing Friends and Making Enemies in the Anti-American Century* (New York, 2006).

20. Todd, *After the Empire*, p. 178.

21. Claus Offe, *Reflections on America: Tocqueville, Weber and Adorno in the United States* (Cambridge, 2005), pp. 97–100.

22. Quoted in Markovits, *Uncouth Nation*, pp. 145–46.

23. Sadar and Davies, *Why do People Hate America?*, p. 191.

24. Markovits, *Uncouth Nation*.

25. The term was first used, but only in passing, by Freud in "The Taboo of Virginity" (1918) and then with more elaboration in *Civilization and its Discontents* (*Standard Edition*, 1930, v. 21, pp. 114–15). Curiously, in his earlier writing, *Group Psychology and the Analysis of the Ego* (1921), he recognized the antagonisms between Jews and gentiles, as well as between white and black and French and German, as weighty and not just minor (*Standard Edition*, v. 18, p. 101). The phrase has been used to describe transatlantic relations also by Neil Gilbert, *Transformation of the Welfare State: The Silent Surrender of Public Responsibility* (New York, 2002), pp. 181–82, and by Garton Ash, *Free World*, p. 183.

26. I am assuming that the population described by unemployment (ages 15 to 74) is sufficiently like that used for the numbers on the disabled (20 to 64) that we can simply shift them from one statistic to the other, and that the incarcerated population falls in the main between the ages used for unemployment statistics.

27. McKinsey and Company, *Sweden's Economic Performance 2006* (Stockholm, 2006), Exhibit 6, p. 23. Figures for 2004, when the official rate was 5.4%.

28. OECD, *Statistical Annex of the 2007 Development Co-operation Report*, Table 27. Available at http://www.oecd.org/dataoecd/52/12/1893167.xls.

29. Raymond F. Mikesell, *Economics of Foreign Aid* (New Brunswick, 2007), pp. 14–15; Jean-Sébastien Rioux and Douglas A. Van Belle, "The Influence of *Le Monde* Coverage on French Foreign Aid Allocations," *International Studies Quarterly*, 49 (2005), pp. 492, 496. In 2004, a third of French aid was used on debt, higher by far than any other Western nation other than Portugal. OECD, *Development Aid at a Glance: 2006 Edition*, table 1.3.3, pp. 26–27.

第一章

1. Will Hutton, "Bye Bye American Pie," *Observer*, June 30, 2002.

2. Barry Rubin and Judith Culp Rubin, *Hating America: A History* (Oxford, 2004), chapter 2.

3. ISSP, Role of Government III 1996, Variables 16, 18, 36, 24, 17, 20, 44, 22, 40, 23. Role of

Government IV 2006, Variables 25, 26, 31, 33, 14, 29, 15. Most results are the sum of the first two responses and are taken from one or the other of the surveys. Germany means western Germany in those cases where the surveys distinguish.

4. OECD Stat, Public Sector, Market Regulation, Economy-Wide Regulation, Product Market Regulation, Public Ownership. Figures are for 2003.

5. Colleen A. Dunlavy, *Politics and Industrialization: Early Railroads in the United States and Prussia* (Princeton, 1994), chapters 2, 3; Timothy Dowd and Frank Dobbin, "Origins of the Myth of Neo-Liberalism: Regulation in the First Century of US Railroading," in Lars Magnusson and Jan Ottosson, eds., *The State, Regulation and the Economy: An Historical Perspective* (Cheltenham, 2001), p. 66.

6. World Bank, Doing Business Project. Available at http://www.doingbusiness.org/ economyrankings/?regionid=5.

7. WDI Online, "Time to Prepare and Pay Taxes (Hours)." Data from 2007. Available at http://ddp-ext.worldbank.org/ext/DDPQQ/member.do?method=getMembers&userid =1&queryId=6.

8. Giuseppe Nicoletti et al., "Summary Indicators of Product Market Regulation with an Extension to Employment Protection Legislation," OECD Economics Department Working Papers 226, December 1999, Table 6, p. 23; Figure 4, p. 31; Figure 5, p. 34; Figure 10, p. 46. Available at http://papers.ssrn.com/s013/papers.cfm?abstract_id=201668#PaperDownload.

9. World Economic Forum, *Global Competitiveness Report 2005–2006*, Data Page 6.09, p. 558.

10. Robert A. Kagan and Lee Axelrad, "Adversarial Legalism: An International Perspective," in Pietro S. Nivola, ed., *Comparative Disadvantages? Social Regulation and the Global Economy* (Washington, DC, 1997).

11. World Bank, *Logistics Performance Index*. Available at http://info.worldbank.org/etools/ tradesurvey/mode1b.asp#.

12. Pew Global Attitudes Project, "World Publics Welcome Global Trade—But Not Immigration," October 4, 2007, pp. 1, 13. Available at http://pewglobal.org/reports/pdf/258.pdf.

13. ISSP, National Identity II 2003, Variables 42, 36. Sum of the first two responses.

14. ISSP, Religion II 1998, Variable 21. Sum of first two responses.

15. John Gray, "What We Think of America," *Granta,* 77 (2002). Serious historical backing for this assertion can be found in William J. Novak, *The People's Welfare: Law and Regulation in Nineteenth-Century America* (Chapel Hill, 1996); William R. Brock, *Investigation and Responsibility: Public Responsibility in the United States, 1865–1900* (Cambridge, 1984); Jonathan R. T. Hughes, *The Governmental Habit Redux: Economic Controls from Colonial Times to the Present* (Princeton, 1991).

16. World Economic Forum, *Global Competitiveness Report 2005–2006,* Data Page 8.17, p. 606.

17. Olympia Bover et al., "Labour Market Outliers: Lessons from Portugal and Spain," *Economic Policy,* 15, no. 31 (2000).

18. Manuela Samek Lodovici, "The Dynamics of Labour Market Reform in European Countries," in Gøsta Esping-Andersen and Marino Regini, eds., *Why Deregulate Labour Markets?* (Oxford, 2000). See pp. 33 and 36, for an even more explicit statement of this point.

19. David G. Blanchflower, "A Cross-Country Study of Union Membership," Forschungsinsti-

tut zur Zukunft der Arbeit, Discussion Paper No. 2016, March 2006, Table 1, p. 29. Available at http://ftp.iza.org/dp2016.pdf. WVS 2005, Active/Inactive Membership of Labour Unions.

20. *OECD Employment Outlook 2004,* Table 3.3, p. 145.

21. Suzanne Moore, "American Dream? It's In a Coma Now," *Daily Mail,* September 11, 2005.

22. *OECD Health Data 2007.* October 2007, Economic References, Macro-economic references, Compensation of employees, US$ purchasing power parity. Figures for 2003–05.

23. *OECD Health Data 2007* October 2007, Economic References, Macro-economic references, Average earnings of production worker. Data are for 2006. National currencies converted to PPP using the 2005 figures at World Bank, International Comparison Program. Available at http://siteresources.worldbank.org/ICPINT/Resources/summary-tables.pdf.

24. Timothy Smeeding, "Poor People in Rich Nations: The United States in Comparative Perspective," *Journal of Economic Perspectives,* 20, no. 1 (2006), Figure 2, p. 86.

25. OECD, Statistics, Share of permanent employment. Data come from 2005 and 2006. Available at http://stats.oecd.org/wbos/default.aspx?DatasetCode=TEMP_I.

26. *OECD Employment Outlook 1997,* Table 5.5, p. 138. Figures for 1995. Available at http://www.oecd.org/document/37/0,2340,en_2649_201185_31685733_119699_1_1_1,00.html.

27. Per-Ola Karlsson, Gary L. Neilson, and Juan Carlos Webster, "CEO Succession 2007: The Performance Paradox," *Strategy and Business,* 51 (2008), Exhibits 7 and 8. Preprint available at http://www.booz.com/media/uploads/CEOSuccession2007.pdf.

28. Robert Buchele and Jens Christiansen, "Do Employment and Income Security Cause Unemployment? A Comparative Study of the US and the E-4," *Cambridge Journal of Economics* (1998), 22, 117–136, Table 7. Figures from 1984-92. The Portuguese result is from Olivier Blanchard and Pedro Portugal, "What Hides Behind an Employment Rate: Comparing Portuguese and U.S. Labor Markets," *American Economic Review,* 91, no. 1 (2001), p 190.

29. WHOSIS, Core Health Indicators, Mortality, Years of Life Lost to Injury (%). Figures for 2002. Available at http://www.who.int/whosis/database/core/core_select.cfm?strISO3_select=ALL&strIndicator_select=ALL&intYear_select=latest&language=english.

30. United Nations (UN), *Human Development Report 1995,* Table 4.3, p. 94.

31. *OECD Employment Outlook 2007,* Table F, p. 263.

32. Robert J. Gordon, "Comparing Welfare in Europe and the United States," in Barry Eichengreen et al., eds., *The European Economy in an American Mirror* (London, 2008), p. 32.

33. Michael Burda, Daniel S. Hamermesh, Philippe Weil, "The Distribution of Total Work in the EU and the US," in Tito Boeri, et al., eds., *Working Hours and Job-Sharing in the EU and USA* (New York, 2008), Table 1.4M, p. 38; Table 1.1, p. 25. Data from 2003.

34. Richard Freeman and Ronald Schettkat, "Marketization of Household Production and the EU-US Gap in Work," *Economic Policy,* 20, no. 41 (2005), Table 3, p. 14.

35. Alberto Alesina and Edward L. Glaeser, *Fighting Poverty in the US and Europe: A World of Difference* (Oxford, 2004), Table 7.3, p. 193.

36. Dean Baker, *The United States Since 1980* (Cambridge, 2007), pp. 19–21.

37. Eric Weiner, "Use Time Wisely—By Slacking Off," *Los Angeles Times,* September 11, 2007.

38. ISSP, Family III 2002, Variable 47, sum of the first two responses.
39. WVS 2005, Work Should Come First, Even if it Means Less Spare Time.
40. Betsey Stevenson and Justin Wolfers, "Economic Growth and Subjective Well-Being: Reassessing the Easterlin Paradox," May 9, 2008. Available at http://bpp.wharton.upenn.edu/ betseys/papers/Happiness.pdf. Angus Deaton, "Income, Health and Well-Being Around the World: Evidence From the Gallup World Poll," *Journal of Economic Perspectives*, 22, no. 2 (2008).
41. Barry Schwartz, *The Paradox of Choice: Why More is Less* (New York, 2004); Robert J. Samuelson, *The Good Life and its Discontents: The American Dream in the Age of Entitlement* (New York, 1997); Gregg Easterbrook, *The Progress Paradox: How Life Gets Better While People Feel Worse* (New York, 2004); Robert E. Lane, *The Loss of Happiness in Market Democracies* (New Haven, 2001).
42. World Database of Happiness, Happiness in Nations. Search findings: by item type, 121C: 4-step verbal Life Satisfaction, Overview of Happiness Surveys using Item Type: 121C / 4-step verbal Life Satisfaction. The data come mainly from 2006. Available at http:// worlddatabaseofhappiness.eur.nl/hap_nat/nat_fp.htm.
43. ISSP, Religion II, 1998, Variables 73, 47, sum of the first two responses.
44. WVS 2005, How Much Freedom of Choice and Control.
45. *OECD in Figures 2007*, Public Finance, Taxation. Tax Structures, pp. 58, 59. Figures for 2004.

第二章

1. Jean-Francois Revel, *Anti-Americanism* (San Francisco, 2003), p. 78.
2. Will Hutton, "Bye Bye American Pie," *Observer,* June 30, 2002.
3. WHO, *World Health Report 2000*, Annex, Tables 1, 5, 6, 7, 9.
4. Karen Davis et al., *Mirror, Mirror on the Wall: An International Update on the Comparative Performance of American Health Care,* Commonwealth Fund, May 2007, Figure ES-1, p. viii. Available at http://www.commonwealthfund.org/usr_doc/1027_Davis_mirror_mirror_international_update_final.pdf?section=4039.
5. Gerard F. Anderson et al., "It's the Prices, Stupid: Why the United States Is So Different from Other Countries," *Health Affairs,* 22, 3 (2003), Exhibit 3, p. 94. Figures from 2000.
6. Commonwealth Fund Commission on a High Performance Health System, *Why Not the Best? Results from the National Scorecard on US Health System Performance, 2008,* Exhibit 19, p. 34. Another study puts France lower, but Luxembourg above the United States. Chris L. Peterson and Rachel Burton, "US Health Care Spending: Comparison with other OECD Countries," *CRS Report for Congress,* 2007, Figure 20, p. 30. Available at http:// digitalcommons.ilr.cornell.edu/key_workplace/311/.
7. *OECD Health Data 2008,* Health Care Resources, Health Employment, Physicians, Practicing Physicians, Density per 1,000 population. Most figures from 2006. In contrast, the UN reports much higher figures for physician density in the United States. UN, *Human Development Report 2005,* Table 6, p. 236. But since the World Bank agrees with the lower

figures, I have gone with them. WDI Online, Social Indicators, Health, Physicians (per 1,000 people).

8. WHOSIS, World Health Statistics 2006, Health Systems. Most figures are from 2003.

9. OECD, *Health at a Glance 2007*, 4.7 Medical Technologies. Figures are for 2005.

10. OECD, *Health at a Glance 2007*, graphs 4.11.1, 4.12, 4.13.1 Figures are for 2004 and 2005. Heart transplant figures are for 2005. *OECD Health Data 2007*, Health Care Utilisation, Surgical Procedures, Transplants and dialyses.

11. WHO, *World Health Report 2005*, Annex Table 2B, p. 186, Child, Total. Figures from 2000–03, but Belgium is from 1992 and Denmark 1996.

12. OECD, *Health at a Glance 2007*, Health Status, Premature Mortality, p. 25. Figures are for 2004.

13. Isabelle Jourmard et al., "Health Status Determinants: Lifestyle, Environment, Health Care Resources and Efficiency," OECD Economics Department Working Papers No. 627, 2008, Table 2, p. 13. Figures for 2003 or latest year available.

14. WHO, *World Health Report, 2003*, Annex Table 4, p. 166. Figures for 2002.

15. *OECD Regions at a Glance 2007*, Graph 28.1, p. 155.

16. Ellen Nolte and C. Martin McKee, "Measuring the Health of Nations: Updating an Earlier Analysis," *Health Status*, 27, 1 (2008).

17. OECD, *Health at a Glance 2007*, Indicators 4.10.1, 4.8.1, 4.9.1. *OECD Health Data 2008*, Health Care Utilisation, Consultations, Dentists' consultations. Figures are for 2005.

18. WHOSIS, World Health Statistics 2006, Health Service Coverage. Immunization coverage among 1-year-olds, Measles. Figures are from 2004. Available at http://www.who.int/whosis/whostat2006_coverage.pdf.

19. WHO, Global Database on Body Mass Index, Detailed Data. Available at http://www.who.int/bmi/index.jsp.

20. NationMaster, Food Statistics, McDonalds Restaurants (per Capita) by Country, Number of McDonalds Restaurants per 10,000 Population. Available at http://www.nationmaster.com/graph/foo_mcd_res_percap-food-mcdonalds-restaurants-per-capita.

21. *OECD Health Data 2008*, Non-Medical Determinants of Health, Lifestyles and behaviour, Food consumption. Figures are for 2003.

22. WRI, Earth Trends Environmental Information, Energy and Resources, Data Tables, Resource Consumption, 2005, Annual per Capita Consumption (kg per person), Meat, 2002.

23. *OECD Health Data 2008*, Non-Medical Determinants of Health, Lifestyles and behaviour, Food consumption. Figures are for 2003.

24. IARC, Globocan 2002. Enter By cancer, choose disease and then countries you are interested in, Incidence, ASR(W), age-standardized world rate. Per 100,000. Available at http://www-dep.iarc.fr/.

25. U.S. figures are from American Cancer Society, *Cancer Facts and Figures, 1999*, pp. 16, 14. European figures from Eurocare, Eurocare-3, Breast cancer, Relative survival (%), by age at diagnosis, Women, All ages. The figures come from 1990 to 1994. The WinZip file with Eurocare-3 figures is available at: http://www.eurocare.it/. Results are summarized in M. Sant et al., "EUROCARE-3: Survival of cancer patients diagnosed 1990–94: Results

and commentary," *Annals of Oncology,* 14 (2003), Supplement 5, pp. 72ff.

26. Gemma Gatta, et al., "Toward a Comparison of Survival in American and European Cancer Patients," *Cancer,* 89, 4 (2000), pp. 893–900; M. P. Coleman et al., "EUROCARE-3 summary: Cancer survival in Europe at the end of the 20th century," *Annals of Oncology,* 14 (2003), Supplement 5.

27. WHOSIS, Core Health Indicators, Age-standardized mortality rate for cardiovascular diseases (per 100,000 population). Data from 2002. Available at http://www.who.int/whosis/database/core/core_select.cfm.

28. *OECD Health Data 2008.* Health Status, Mortality, Causes of mortality, Acute myocardial infarction. Figures are for 2005 and, for Italy, 2003.

29. WHOSIS, Mortality Data, Mortality Profiles, choose the country and go to Causes of Death, Cerebrovascular disease, Years of Life Lost (%). Available at http://www.who.int/whosis/mort/profiles/en/index.html.

30. WHO, *World Health Report 2001,* Table 2.1, p. 24. Figures apparently from the early 1990s.

31. WHO, Health Statistics and Health Information Systems, Global Burden of Disease Estimates, Death and DALY Estimates for 2002 by Cause for WHO Member States, Age-standardized DALYs per 100,000, Neuropsychiatric Conditions. Available at http://www.who.int/healthinfo/bodestimates/en/index.html.

32. T. H. Reid, *The United States of Europe: The New Superpower and the End of American Supremacy* (London, 2004), pp. 160–61.

33. Health Consumer Powerhouse, *Euro Health Consumer Index 2007,* p. 22. Available at http://www.healthpowerhouse.com/media/Rapport_EHCI_2007.pdf.

34. Paul V. Dutton, *Differential Diagnoses: A Comparative History of Health Care Problems and Solutions in the United States and France* (Ithaca, 2007).

第三章

1. Timothy Smeeding, "Poor People in Rich Nations: The United States in Comparative Perspective," *Journal of Economic Perspectives,* 20, 1 (2006), Table 4, p. 79. The OECD's figures show the U.S. economy as more equal than that of Sweden, the UK, France, Italy, and Belgium before taxes and public transfers. OECD, *Sustainable Development: Critical Issues* (2001), Figure 3.A.12, p. 91. Data from late 1990s.

2. IMF, *Government Finance Statistics Yearbook 2006,* Table W5, p. 24.

3. *Benefits and Wages: OECD Indicators,* 2004 Edition, Figure 2.4, p. 83. Measured as a percent of median household income for various family models. Figures for 2001.

4. OECD, Statistics Portal, Statistics, Social and Welfare Statistics, Benefits and Wages, Net Replacement Rates (NRR) During the Initial Phase of Unemployment, 2001-2004, Net Replacement Rates for Six Family Types: Initial Phase of Unemployment, 100% of APW (average production wage), No Children, Two-Earner Married Couple, 2004. Available at http://www.oecd.org/dataoecd/25/28/34008439.xls.

5. Lyle Scruggs and Jampes P. Allan, "The Material Consequences of Welfare States: Benefit Generosity and Absolute Poverty in 16 OECD Countries," *Comparative Political Studies,* 39, 7 (2006), Table 3, p. 892. Figures are for 2000.

6. *OECD Employment Outlook 2006,* Table 3.2, p. 60. I have followed the OECD's figures here, though it must be added that, in Italy, there is also a system, the Cassa Integrazione Guadagni, for workers in certain economic sectors facing major economic difficulties, like inclement weather in the building trade. In theory, benefits here can last up to a year, but can be prolonged extraordinarily by the government. In reality, 90% of recipients use it for only three or four months. Giuseppe Bonazzi, "Italian 'Cassa Integrazione' and Post Redundancy," *Work, Employment and Society,* 4, 4 (1990), p. 578.

7. *Dagens Nyheter,* July 11, 2008, p. 6.

8. OECD Social Expenditure Database, Social Expenditure – Aggregate, Survivors, Total benefits. Figures for 2003 and in PPP terms. Available through SourceOCED at http://stats.oecd.org/brandedviewpilot/default.aspx?datasetcode=socx_agg.

9. OECD, *Babies and Bosses: Reconciling Work and Family Life* (2007), Chart 4.1, p. 72. Figures from 2003. Figures for 2001 (which are lower) are in: Willem Adema and Maxime Ladaique, *Net Social Expenditure, 2005 Edition: More Comprehensive Measures of Social Support* (Paris: OECD, 2005), Chart 4, p. 28. Available at http://www.oecd.org/dataoecd/56/2/35632106.pdf.

10. OECD, *Starting Strong: Early Childhood Education and Care* (2001), Figure 3.5, p. 88. Data from 1998 in PPP terms.

11. OECD, *Babies and Bosses,* Chart 6.4, p. 151, and Chart 6.5, p. 154. Figures are for 2004.

12. *OECD Employment Outlook: June 2001,* Table 4.7, p. 144. Figures from 1995–2000.

13. *OECD Employment Outlook: June 2001,* Table 4.8, p. 149. Figures from 1995–96.

14. OECD Social Expenditure Database, Social Expenditure—Aggregate, Public, Old Age. Figures from 2003 and in PPP terms. Available through SourceOCED at http://stats.oecd.org/brandedviewpilot/default.aspx?datasetcode=socx_agg.

15. OECD, *Pension Markets in Focus,* November 2007, Issue 4, Figure 3. Importance of pension funds relative to the size of the economy in OECD countries, 2006, % GDP, p. 6. Available at http://www.oecd.org/dataoecd/46/57/39509002.pdf.

16. Irwin Garfinkel et al., "A Re-examination of Welfare States and Inequality in Rich Nations: How In-kind Transfers and Indirect Taxes Change the Story," *Journal of Policy Analysis and Management,* 25, 4 (2006), Figure 2, p. 906.

17. Neil Gilbert, "Comparative Analyses of Stateness and State Action: What Can we Learn from Patterns of Expenditure?" in Jens Alber and Neil Gilbert, eds., *United in Diversity? Comparing Social Models in Europe and America* (Oxford University Press, forthcoming), Table 16.2.

第四章

1. *OECD Health Data 2008.* Health Status, Mortality, Causes of Mortality, Assault. Figures are for 2004 and 2005.

2. Graduate Institute of International Studies, Geneva, *Small Arms Survey 2007: Guns and the City,* chapter 2, Table 2.3, p. 47, high estimates. Available at http://www.smallarmssurvey.org/files/sas/publications/yearb2007.html.

3. Jan van Dijk et al., *Criminal Victimisation in International Perspective: Key findings from the*

2004–2005 ICVS and EU ICS (The Hague, 2007), Table 18, p. 279. Figures for 2004–05. Available at http://www.unicri.it/wwd/analysis/icvs/pdf_files/ICVS2004_05report.pdf.

4. "Nicht das Tatwerkzeug ist schuld: Schiesssportverband macht mobil gegen die Waffen-Initiative," *Neue Züricher Zeitung,* February 21, 2008. For the Pro-Tell Association, see http://www.protell.ch/.

5. Murders per firearm figures calculated from UN Office on Drugs and Crime, *Ninth United Nations Survey of Crime Trends and Operations of Criminal Justice Systems,* Police, 2.2, Total recorded intentional homicide, completed; Graduate Institute of International Studies, *Small Arms Survey 2007,* chapter 2, Table 2.3, p. 47.

6. Van Dijk et al., *Criminal Victimisation in International Perspective,* Table 22a, p. 284. Figures from 2004–05.

7. Van Dijk et al., *Criminal Victimisation in International Perspective,* Table 15, p. 274; Table 16, p. 275; Table 17, p. 278. Figures for ca. 2005. Similar results from business executives: World Economic Forum, *Global Competitiveness Report 2005–2006,* Data Page 6.14, p. 563. Another survey found Americans' trust in the police to be middle of the pack, equal to the Swiss, above that of the British and Swedes, and the citizens of six other countries. CDACS, U.S. Citizenship, Involvement, Democracy Survey, 2005. Available at http://www8.georgetown.edu/centers/cdacs/cid/. The ISSP reports that the Americans consider their government better at controlling crime than anyone other than the Germans, the Finns, and the Swiss. ISSP, Role of Government IV 2006, Variable 38, sum of first two figures. Middle of the pack results in WVS 2005, Confidence: The Police.

8. *Anglo-Saxon Attitudes: A Survey of British and American Views of the World.* Available at http://www.economist.com/media/pdf/FullPollData.pdf. Van Dijk et al., *Criminal Victimisation in International Perspective,* Table 16, p. 275.

9. Franklin E. Zimring and Gordon Hawkins, *Crime Is Not the Problem: Lethal Violence in America* (New York, 1997).

10. Van Dijk et al., *Criminal Victimisation in International Perspective,* Table 8, p. 65; Table 9, p. 71; Table 10, p. 72; Table 11, p. 74. Figures for 2003–04.

11. Ed Shanahan, "Excuse Me, Is This Your Phone?" *Reader's Digest,* available at http://www.rd.com/images/content/2007/0707/cellphonereport.pdf.

12. Van Dijk et al., *Criminal Victimisation in International Perspective,* Table 12, p. 78.

13. John van Kesteren et al., *Criminal Victimisation in Seventeen Industrialized Nations: Key Findings from the 2000 International Crime Victims Survey* (The Hague, 2000), Appendix 4, table 1, p. 178. Figures from 1988–1999. Available at United Nations Interregional Crime and Justice Research Institute, Publications, 2000 Surveys: http://www.unicri.it/wwd/analysis/icvs/pdf_files/key2000i/index.htm.

14. UNICEF Innocenti Research Centre, Report Card 7, *Child Poverty in Perspective: An Overview on Child Well-Being in Rich Countries* (2007), Figure 5.3b, p. 33. Available at http://www.unicef-irc.org/publications/pdf/rc7_eng.pdf.

15. Cannabis figures are from OECD, *Society at a Glance: 2005 Edition,* Chart CO5.1, p. 89. Figures for ca. 2000. Cocaine figures are from the European Monitoring Centre for Drugs and Drug Addiction, *Statistical Bulletin 2008,* Figure GPS-20. Available at http://www.emcdda.europa.eu/stats08/gpsfig20.

16. Van Kesteren et al., *Criminal Victimisation in Seventeen Industrialized Nations*, Appendix 4, Table 26, p. 216. Van Dijk et al., *Criminal Victimisation in International Perspective*, Table 16, p. 275.

17. Will Hutton, "Bye Bye American Pie," *Observer*, June 30, 2002.

18. Van Dijk et al., *Criminal Victimisation in International Perspective*, Table 16, p. 90. Figures for 2003–04. The ISSP reveals more French and about the same number of Germans as Americans reporting public officials seeking bribes quite or very often. ISSP, Role of Government IV 2006, Variable 62.

19. UN, *Human Development Report 2002*, Table A1.1, p. 38.

20. Van Dijk et al., *Criminal Victimisation in International Perspective*, Table 14, p. 87. Figures for 2003–04.

21. Carolyn M. Warner, *The Best System Money Can Buy: Corruption in the European Union* (Ithaca, 2007), pp. 191–94.

22. World Economic Forum, *Global Competitiveness Report 2005–2006*, Data Pages 6.15, 6.16, pp. 564, 565.

23. U.S. Department of Justice, Bureau of Justice Statistics, "Homicide Trends in the U.S.: Trends by Race." Available at http://www.ojp.usdoj.gov/bjs/homicide/race.htm.

24. Figures from Brottsförebyggande rådet, *Brottslighet bland personer födda i Sverige och i utlandet* (Rapport 2005:17), pp. 37, 43. Available at http://www.bra.se/extra/measurepoint/?module_instance=4&name=1brottslsveutland.pdf&url=/dynamaster/file_archive/051214/e7dae113eb493479665ffc649e0edf57/1brottslsveutland.pdf.

25. OECD, *Society at a Glance 2006*, Chart C02.2, p. 105.

第五章

1. Euromonitor International, Global Market Information Database, Countries, Households and homes, Household profiles, Number of households, Households by number of rooms [5+], Historic number per '000 Households. The data come from 2007 and were converted to percentages. Available at http://www.portal.euromonitor.com/portal/server.pt?space=Login&control=RedirectHome.

2. The European figures come from Bradford and Bingley, Press Release, May 2, 2002, "British Homes the Smallest in Europe." Available at http://www.bbg.co.uk/bbg/ir/news/releases/consumernews/pressrelease/?id=3554908. The U.S. figure is calculated from the statement from the U.S. Department of Housing and Urban Development that 1.2 million households live in public housing (http://www.hud.gov/offices/pih/programs/ph/index.cfm) combined with the U.S. Census Bureau's reporting that there were some 105.5 million households in the United States in 2000 (http://quickfacts.census.gov/qfd/states/00000.html). That gives a social housing rate of 1.14% in the United States. Public spending figures for housing come from *OECD Health Data 2008*. Social Protection, Social Expenditure, Housing, Public. Figures for 2003.

3. OECD, *Society at a Glance 2006*, Chart EQ8.3, p. 83.

4. William Easterly and Tobias Pfutze, "Where Does the Money Go? Best and Worst Practices in Foreign Aid," *Journal of Economic Perspectives*, 22, 2 (2008), Table 5,

p. 49.

5. WVS, Politics and Society, Confidence: The United Nations.. This has dropped significantly, however, in WVS 2005.

6. ISSP, National Identity II 2003, Variable 37. Sum of the first two responses.

7. The U.S. travel figure comes from "A New Itinerary," *Economist,* May 15, 2008. Other figures from Christophe Demunter, "Are Recent Evolutions in Tourism Compatible with Sustainable Development?" *Statistics in Focus,* 1 (2008), Tables 2 and 3. Available through Eurostat by typing keywords for the article into Quick Search at the Eurostat homepage.

8. Inbound figure from International Trade Administration, Office of Travel and Tourism Industries, 2006 Monthly Tourism Statistics, Table C, Section 1. Available at http://tinet.ita.doc.gov/view/m-2006-I-001/table1.html. Outbound figure from the same source, US Citizen Air Traffic to Overseas Regions, Canada and Mexico, 2006. Available at http://tinet.ita.doc.gov/view/m-2006-O-001/index.html. Total visitor figures from same source, Total International Travellers Volume to and from the US, 1996-2006. Available at http://tinet.ita.doc.gov/outreachpages/inbound.total_intl_travel_volume_1996-2006.html.

9. Use of the definite article instead is complicated especially in German, with its many variations, and skews the results against the *FAZ,* while the search engines of the French papers do not allow searches for their equivalents in that language. Search engines often do not allow searches for "and," which was another possibility.

第六章

1. Titus Galama and James Hosek, *US Competitiveness in Science and Technology* (RAND National Defense Research Institute, 2008), p. xvi.

2. OECD, *Literacy in the Information Age: Final Report of the International Adult Literacy Survey* (2000), Figure 3.11, p. 42.

3. *OECD in Figures 2005,* pp 68-69, Education: Performance, Educational Attainment of Adult Population and Current Graduation Rates, %, Upper Secondary or Higher Attainment (25-64 Year-Olds), 2002.

4. OECD, *PISA 2006,* v. 2, Table 6.2c, p. 230.

5. OECD, *PISA 2006,* v. 2, Table 2.1c, p. 27.

6. Progress in International Reading Literacy Study, *PIRLS 2006 International Report,* Exhibit 1.1, p. 37. Available at http://pirls.bc.edu/pirls2006/p06_release.html.

7. National Center for Education Statistics, *Highlights from TIMMS 2007: Mathematics and Science Achievement of US Fourth- and Eighth-Grade Students in an International Context* (December 2008), Table 3, p. 7; Table 11, p. 32. Available at http://nces.ed.gov/pubsearch/pubsinfo.asp?pubid=2009001.

8. For math, the countries with more students at the bottom were Italy, Portugal, and Greece, and at the top those with fewer were Spain, Portugal, and Greece, with Italy at the same level. OECD, *PISA 2006,* v. 2, Table 2.1a, p. 24; Table 6.2a, p. 227. Level 1 and below for the lowest categories. Level 6 for the highest.

9. Yasmin Alibhai-Brown, "America Has Descended Into Madness," *Independent,* June 16, 2003.

10. OECD, *PISA 2006,* v. 2, Table 4.8a, p. 146.

11. OECD, *Knowledge and Skills for Life: First Results from PISA 2000*, p. 18.

12. Ludiger Woessmann, "How Equal are Educational Opportunities? Family Background and Student Achievement in Europe and the US," CESifo Working Paper 1162, March 2004. Table 3. Available at http://papers.ssrn.com/so13/papers.cfm?abstract_id=528209.

13. World Bank, EdStats, Country Profiles, Education Trends and Comparisons, Private sector enrollment share (%), Primary level. The figures come from 2006. Available at http://devdata.worldbank.org/edstats/cd1.asp.

14. OECD, *Education at a Glance 2008,* Table C2.4, p. 346.

15. World Bank, EdStats, Selected Topics, Private Education Expenditures, Table 2.2, Private Education Expenditures as a Percentage of Total Education Expenditures, Primary and Secondary Education. Most of the data come from 2003. Similar figures as a percentage of GDP, from 2005 in OECD, *Education at a Glance 2008*, Table B2.4, p. 240.

16. *OECD Employment Outlook: Boosting Jobs and Incomes* (2006), Figure 4.5, p. 138. Data for 2002–03.

17. OECD, *Literacy in the Information Age,* Figure 2.1, p. 14; Figure 2.3, p. 19.

18. Quoted in Philippe Roger, *The American Enemy: A Story of French Anti-Americanism* (Chicago, 2005), p. 416.

19. UNESCO Institute for Statistics, Daily newspapers: Total average circulation per 1,000 inhabitants. Data from 2004. Available at http://stats.uis.unesco.org/unesco/TableViewer/tableView.aspx?ReportId=398. There are similar, but slightly higher, figures in World Association of Newspapers, *World Press Trends: 2001 Edition*, p. 11.

20. *Economist, Pocket World in Figures 2007 Concise Edition,* p. 46.

21. WVS 2005, Information Source: Daily Newspaper.

22. UNESCO Institute for Statistics, Libraries of institutions of tertiary education, Collections, Books: Number of Volumes. Data from 1997 to 2000. Available at http://stats.uis.unesco.org/unesco/TableViewer/tableView.aspx?ReportId=209. To calculate books per capita, population figures were used from the OECD.

23. David Fuegi and Martin Jennings, *International Library Statistics: Trends and Commentary Based on the Libecon Data* (June 30, 2004), Loans per head: 2001 snapshot. Available at http://www.libecon.org/pdf/InternationalLibraryStatistic.pdf.

24. OECD, *Literacy in the Information Age,* Figure 3.16A, p. 48. Figures for 1994–98. Though in the last week only about as many Americans had read a book as had the French. WVS 2005, Information Source: Books.

25. OECD, *Literacy in the Information Age,* Figure 3.16B, p. 48. Figures for 1994–98.

26. UNESCO, Institute for Statistics, Statistics, Data Centre, Predefined Tables, Culture and Communication, Films and Cinemas: Number, seating capacity, annual attendance, Annual Attendance per inhabitant, 1999. Available at http://stats.uis.unesco.org/unesco/TableViewer/tableView.aspx?ReportId=203.

27. Adolf Hitler, *Hitler's Table Talk, 1941–1944: His Private Conversations* (London, 2000), p. 605.

28. The Deutsche Grammophon catalogue is available at http://www2.deutschegrammophon.com/home.

29. *OECD Factbook 2007,* Quality of Life, Recreation and Culture. Figures for 2004.
30. Barry Rubin and Judith Culp Rubin, *Hating America: A History* (Oxford, 2004), pp. 38ff.
31. Emmanuel Todd, *After the Empire: The Breakdown of the American Order* (London, 2004), pp. 136–38. That he stands in a long French tradition in this respect is made clear in Roger, *American Enemy,* pp. 184ff.
32. CIA, *World Factbook.* Figures from 2008.
33. *OECD Employment Outlook 2002,* Table 2.3, p. 75. Figures for 2000.
34. UN, *Human Development Report 2007/2008,* Table 33, p. 343. Figures for 2005.
35. OECD, *Babies and Bosses: Reconciling Work and Family Life* (2007), Table 3.1, p. 45; Chart 3.4, p. 58.
36. OECD, *Babies and Bosses,* Table 2.2, p. 31.
37. UN Statistics Division, Marriages and crude marriage rates, by urban/rural residence: 2000-2004. Most figures from 2003. Available at http://unstats.un.org/unsd/demographic/products/dyb/DYB2004/table23.xls.

第七章

1. ISSP, Environment II 2000, Variables 17 (sum of first two responses), 11, 38, 12, 19, 20, 21. Relatively sanguine American opinions on global warming are found here, however: World Public Opinion.org, *International Polling on Climate Change,* December 6, 2007, Figures 1, 2. Available at http://www.worldpublicopinion.org/pipa/pdf/dec07/CCDigest_Dec07_rpt.pdf.
2. ISSP, Role of Government IV 2006, Variables 34, 17. Similar results in WVS 2005, Government should reduce environmental pollution.
3. World Economic Forum, *Global Competitiveness Report 2005–2006,* Data Page 9.04, p. 619.
4. Yale Center for Environmental Law and Policy, Center for International Earth Science Information Network, *2008 Environmental Performance Index.* Available at http://epi.yale.edu/Home.
5. OECD, Environmental Policy Committee, Working Group on Environmental Information and Outlooks, "Pollution Abatement and Control Expenditure in OECD Countries," ENV/EPOC/SE(2007)1, March 6, 2007, Table 1, p. 32. Available at http://www.oecd.org/dataoecd/37/45/38230860.pdf.
6. OECD, *Sustainable Development,* Table 6.1, p. 161. Figures for 1998. The Swedish figure may be underestimated, since it has fallen from previous years.
7. *OECD Factbook 2008,* Quality of Life, Transport, Road Motor Vehicles and Road Fatalities, Road Motor Vehicles, Per Thousand Population, 2006.
8. WDI Online, Development Framework, Transportation, Vehicles (per km of road). Figures mainly for 2005, but some from 2002–04.
9. WDI Online, Development Framework, Transportation, Railways, passengers carried (million passenger-km). Figures for 2004.
10. OECD, European Conference of Ministers of Transport, *Cutting Transport CO_2 Emissions: What Progress?* (2007), Annex 1, pp. 171–217. Figures used are those from UNFCCC for 2003.

11. *OECD in Figures 2005,* pp. 34–35. To calculate figures per person, population figures were used from OECD for 2003.

12. World Metro Database. Available at: http://mic-ro.com/metro/table.html.

13. *OECD Regions at a Glance 2005,* Figure 31.2, p. 170. Figures for 2001.

14. John Pucher and Ralph Buehler, "Making Cycling Irresistible: Lessons from the Netherlands, Denmark and Germany," *Transport Reviews,* 28, 4 (2008), Figures 1 and 2, pp. 498–99. The walking figures and the bicycling result for Luxembourg come from a comparison of the European figures in European Environment Agency, *Climate for a Transport Change,* Report 1 (2008), Figure 1.1, p. 31, and figures kindly compiled by Paul Schimek from the U.S. Department of Transportation Survey, Nationwide Personal Transportation Study, 2001. Available at http://nhts.ornl.gov/. I am grateful to Professor Pucher for a preprint of his article.

15. The World Wildlife Foundation calculates that the German couple jetting off to Mexico for a two-week holiday produces a per-person carbon footprint 30 times that of a local vacation on the Baltic coast. "Reisefieber erwärmt Klima," http://www.wwf.de/presse/details/news/reisefieber_erwaermt_klima/.

16. *OECD Environmental Data: Compendium 2004,* Table 5, p. 238. Figures from 2002. Population and land area figures from the CIA *World Factbook.*

17. International Energy Agency (IEA), *Oil Crises and Climate Challenges: Thirty Years of Energy Use in IEA Countries* (2004), Figure 5–4, p. 90. Figures for 1998. Available through SourceOECD.

18. *OECD Key Environmental Indicators 2008,* p. 19. Available at http://www.oecd.org/dataoecd/20/40/37551205.pdf.

19. Matthew Engel, "Road to Ruin," *Guardian,* October 24, 2003.

20. Jeremy Rifkin, *The European Dream: How Europe's Vision of the Future Is Quietly Eclipsing the American Dream* (New York, 2004), p. 332.

21. WDI Online, Environment, Fresh Water and Protected Areas. Figures from 2004. The UK has almost the same percent set aside.

22. *OECD Key Environmental Indicators 2008,* p. 25.

23. WRI, Earth Trends Environmental Information, Agriculture and Food, Data Tables, Food and Agriculture Overview 2005, Organic Cropland as a Percent of Total 2003. Available at http://earthtrends.wri.org/pdf_library/data_tables/agri_2005.pdf.

24. Statistics on water abstractions per unit of GDP calculated with use of *OECD Factbook 2006,* Environment and Natural Resources, Air, Water and Land, Water Consumption, Water Abstractions, Table 1. Figures from 2002 or Latest Available Year. GDP taken from IMF, World Economic Outlook Database, September 2006. Available at http://www.imf.org/external/pubs/ft/weo/2006/02/data/weoselgr.aspx.

25. *OECD Environmental Data: Compendium 2004 Edition,* Tables 2A, 2B, pp. 23–34.

26. *OECD Environmental Data: Compendium 2004 Edition,* Table 2C, pp. 35–39.

27. OECD, Environment Directorate, Working Party on Pollution Prevention and Control, "Advanced Air Quality Indicators and Reporting," ENV/EPOC/PPC(99)9/FINAL, 27 September 1999, Figures 4–3, 5–3, 6–8, 7–5, 8–7, 9–8, pp. 41, 47, 60, 73, 88, 105. Available at http://www.olis.oecd.org/olis/1999doc.nsf/linkto/env-epoc-ppc(99)9-final.

28. *OECD Environmental Data: Compendium 2004 Edition,* Tables 6A-6L, pp. 81–98. The

figures are an average of measurements from the years 1999, 2000, and 2001.

29. IEA, *Oil Crises and Climate Challenges,* Figure 3–8, p. 43.

30. *OECD Environmental Data: Compendium 2004 Edition,* Table 5D, p. 217.

31. IEA, *Key World Energy Statistics 2006,* chapter 8: Energy Indicators, Selected Energy Indicators for 2004, Kg CO_2 produced per $2,000 Gross Domestic Product in Purchasing Power Parity, pp. 49-57. Available at http://www.iea.org/dbtw-wpd/Textbase/nppdf/free/2006/key2006.pdf. Another measure of the same for 2005 puts the US below Portugal and at the same level as Greece. OECD, IEA, *Oil Information (2007 Edition),* Table 7, p. II.8.

32. OECD, IEA, CO_2 *Emissions From Fuel Combustion, 1971–2002* (2004 edition), pp. II.46, II.49.

33. *UN Human Development Report 2007/2008,* Table 24, p. 310.

34. Rifkin, *European Dream,* p. 341.

35. OECD, IEA, *Oil Information* (2007 Edition), Table 17, p. II.29. Figures for 2005.

第八章

1. Andrew Kohut and Bruce Stokes, *America Against the World: How We Are Different and Why We Are Disliked* (New York, 2006), pp. 53–54.

2. ISSP, Role of Government IV 2006, Variable 4.

3. Pew Global Attitudes Project, "World Publics Welcome Global Trade—But Not Immigration," October 4, 2007, p. 20. Available at http://pewglobal.org/reports/pdf/258.pdf.

4. Will Hutton, *The World We're In* (London, 2002), pp. 67–70.

5. Henrik Berggren and Lars Trägårdh, *Är Svensken Människa? Gemenskap och Oberoende i det Moderna Sverige* (Stockholm, 2006).

6. Robert Putnam, *Bowling Alone: The Collapse and Revival of American Community* (New York, 2001).

7. Stephen Knack and Philip Keefer, "Does Social Capital Have an Economic Payoff? A Cross-Country Investigation," *Quarterly Journal of Economics,* 112, 4 (1997), p. 1285. The survey measured responses to whether the following behaviors could be justified: claiming government benefits you are not entitled to, avoiding fares on public transportation, cheating on taxes, keeping money that you have found, and failing to report damage accidentally done to a parked vehicle.

8. Lester M. Salamon et al., *Global Civil Society: An Overview* (Baltimore, 2003), Figure 3, p. 17. Available at http://www.jhu.edu/ftccss/publications/pdf/globalciv.pdf.

9. Douglas Baer, "Voluntary Association Involvement in Comparative Perspective," in Lars Trägårdh, ed., *State and Civil Society in Northern Europe: The Swedish Model Reconsidered* (New York, 2007), Table 3.2, p. 80. Figures for 2000. Similar results for earlier surveys in James E. Curtis et al., "Voluntary Association Membership in Fifteen Countries: A Comparative Analysis," *American Sociological Review,* 57, 2 (1992), Table 1, p. 143.

10. Michael Minkenberg, "Religious Legacies and the Politics of Multiculturalism: A Comparative Analysis of Integration Policies in Western Democracies," in Ariane Chebel d'Appollonia and Simon Reich, eds. *Immigration, Integration and Security: America and*

Europe in Comparative Perspective (Pittsburgh, 2008), Tables 3.2 and 3.4, pp. 52, 56.

11. Stephan Dressler, "Blood 'Scandal' and AIDS in Germany," in Eric Feldman and Ronald Bayer, eds., *Blood Feuds: AIDS, Blood and the Politics of Medical Disaster* (New York, 1999), p. 196. West Germany, for example, imported most of its blood products during the 1980s.

12. OrganDonor.Gov, 2005 National Survey of Organ and Tissue Donation Attitudes and Behaviors. Seventy-eight percent of Americans asked about organ donation claimed that they were "likely" or "very likely" to have their organs donated after their deaths. Available at http://www.organdonor.gov/survey2005/. Eurobarometer, Europeans and organ donation, fieldwork October–November 2006, May 2007, Question: QB36: Would you be willing to donate one of your organs to an organ donation service immediately after your death? Answers: Yes. Available at http://ec.europa.eu/public_opinion/archives/ebs/ebs_272d_en.pdf. Actual donation rates for 2002 in Alberto Abadie and Sebastien Gay, "The Impact of Presumed Consent Legislation on Cadaveric Organ Donation: A Cross-Country Study," *Journal of Health Economics*, 25, 4 (2006), Figure 3, p. 607. Figures for live and cadaveric donation rates per million in 2007 in *Economist*, October 11, 2008, p. 80.

13. Jens Alber and Ulrich Kohler, "Die Ungleichheit der Wahlbeteiligung in Europa und den USA und die politische Integrationskraft des Sozialstaats," *Leviathan: Berliner Zeitschrift für Sozialwissenschaft*, 4 (2007), pp. 523–27.

14. CDACS, U.S. Citizenship, Involvement, Democracy Survey, 2005. The ISSP reports more Americans interested in politics than any Western Europeans. ISSP, Role of Government IV 2006, Variable 44. Broadly similar results in WVS 2005, Interest in Politics.

15. WVS 2005, Active/Inactive Membership of a Political Party.

16. CDACS, U.S. Citizenship, Involvement, Democracy Survey.

17. WVS, Politics and Society, Political Action. Similar results in WVS 2005, though the number participating in demonstrations appears to have dropped.

18. WVS, Perceptions of Life, Respect and Love for Parents.

19. ISSP, Social Networks II 2001, Variables 6, 10, 12, 14, 25r, 23r, 24r, 27.

20. OECD, *Society at a Glance 2005*, Chart C02.1, C02.2, p. 83. Figures from 1999–2002.

21. As measured by the percentage of private consumption devoted to restaurants and hotels. Figures in McKinsey, *Sweden's Economic Performance 2006*, Exhibit 28, p. 41. According to other numbers, however, they eat out more often than any Europeans. Erik Millstone and Tim Lang, *The Atlas of Food* (Berkeley, 2008), p. 93.

第九章

1. Pew Global Attitudes Project, "World Publics Welcome Global Trade—But Not Immigration," October 4, 2007, p. 45. Available at http://pewglobal.org/reports/pdf/258.pdf.

2. ISSP, National Identity II 2003, Variables 63 (sum of first two responses), 9, 22, 21 (sum of first two), 20 (first two).

3. Josef Joffe, *Überpower: The Imperial Temptation of America* (New York, 2006), p. 125.

4. Dänisches Kulturinstitut, "Weihnachten in Dänemark," http://www.dankultur.de/daene-mark-info/weihnachten.htm.

5. WVS, Politics and Society, War, Willingness to Fight for Country. Percentages are the highest levels for each country in surveys done from 1990 to 2000. In the WVS 2005, these results were duplicated with the Swiss now also joining the more belligerent nations, and the French and British at practically the same level as the now lower American result (63.1%).

第十章

1. Although I have made it a point to stick to the available comparable numbers, without spiking them with additions, it is perhaps worth pointing out that a more recent Gallup poll from May 2007 found 6% of American respondents did not believe in God (up from 4% in 2004). Available at Polling Report.com, http://www.pollingreport.com/religion. htm. The YouGov/*Economist* poll from 2008 found 9% of Americans did not believe in God. *Anglo-Saxon Attitudes: A Survey of British and American Views of the World.* Available at http://www.economist.com/media/pdf/FullPollData.pdf. In the WVS 2005, 5.3% of Americans declared God not at all important in their lives, compared to 2% of Italians and significantly higher figures for the other nations sampled there.

2. WVS, Religion and Morale, FO 34.

3. ISSP, Religion II, 1998, Variable 38.

4. WVS, Religion and Morale, Fo28.

5. WVS 2005, How Often Do You Attend Religious Services?

6. ISSP, Religion II, 1998, Variable 39. Sum of first two responses.

7. ISSP, Religion II, 1998, Variable 58.

8. VWS 2005.

9. Steven Pfaff, "The Religious Divide: Why Religion Seems to be Thriving in the United States and Waning in Europe," in Jeffrey Kopstein and Sven Steinmo, eds., *Growing Apart? America and Europe in the Twenty-First Century* (Cambridge, 2008).

10. Paul Rozin et al., "Attitudes Towards Large Numbers of Choices in the Food Domain: A Cross-Cultural Study of Five Countries in Europe and the USA," *Appetite*, 46 (2006), pp. 304–08. More information of this sort in Claude Fischler and Estelle Masson, *Manger: Français, Européens et Américains face à l'alimentation* (Paris, 2008).

11. WVS 2005, Thinking About Meaning and Purpose of Life.

12. WVS, Religion and Morale. FO50, FO34, FO62.

13. Tim Jensen, "Religiøs på den danske måde," *Kristeligt Dagblad,* April 11, 2005.

14. *Guardian,* October 1, 2007, p. 3.

15. Rob Blackhurst, "Britain's Unholy War over Christmas," *International Herald Tribune,* December 23–25, 2006, p. 5.

16. Timothy Garton Ash, *Free World: Why a Crisis of the West Reveals the Opportunity of Our Time* (London, 2005), p. 76.

17. Jeremy Rifkin, *The European Dream: How Europe's Vision of the Future Is Quietly Eclipsing the American Dream* (New York, 2004), p. 19.

18. When one head teacher recently tried to change this, he was told that bishops in the House of Lords and ministers would block his plans. *Observer,* September 23, 2007, p. 7.

19. *Economist,* June 2, 2007, p. 41.

20. *International Herald Tribune,* June 20, 2007, p. 3.

21. Derk-Jan Eppink, *Life of a European Mandarin: Inside the Commission* (Tielt, Belgium, 2007), p. 257.

22. Belgium, Denmark, Finland, Germany, Italy, Luxembourg, Netherlands, Norway, Sweden, Switzerland.

23. *Der Spiegel,* no.46, 2006, p. 168; *New York Times,* March 31, 2007, p. A3.

24. *FT Weekend Magazine,* July 5/6, 2008, pp. 22–23.

25. Peter Berger et al., *Religious America, Secular Europe? A Theme and Variations* (Aldershot, 2008), p. 87; U.S. Department of State, *International Religious Freedom Report, 2008,* Greece. Available at http://www.state.gov/g/drl/rls/irf/2008/108449.htm.

26. Pippa Norris and Ronald Inglehart, *Sacred and Secular: Religion and Politics Worldwide* (Cambridge, 2004), pp. 67–68.

27. ISSP, Environment II 2000, Variable 28.

28. ISSP, Environment II 2000, Variables 15 (sum of first two responses), 29 (Definitely untrue), 30, 39 (sum of last two responses).

29. OECD, *PISA 2006,* Figure 3.4, p. 132. WVS 2005. Significantly more Americans also agreed that the world is better off because of science and technology than all Europeans, though the Swiss and Germans were close.

30. ISSP, Religion II, 1998, Variables 69, 70, 71, 72, 42. Sum of first two responses.

第十一章

1. *OECD in Figures 2005,* Demography, Foreign Population, pp. 6–7; *OECD in Figures 2007,* Demography and Health, Demography.

2. Figures from Brottsförebyggande rådet, *Brottslighet bland personer födda i Sverige och i utlandet* (Rapport 2005:17), p. 62. Available at http://www.bra.se/extra/measurepoint/?module_instance=4&name=1brottslsveutland.pdf&url=/dynamaster/file_archive/051214/e7dae113eb493479665ffe649e0edf57/1brottslsveutland.pdf.

3. ISSP, National Identity II 2003, Variables 47 (first response), 53 (first two responses).

4. *OECD in Figures 2007,* Demography and Health, Demography; *OECD, Society at a Glance: 2006 Edition,* Chart CO2.2, p 105.

5. Randall Hansen, "Work, Welfare, and Wanderlust: Immigration and Integration in Europe and North America," in Jeffrey Kopstein and Sven Steinmo, eds., *Growing Apart? America and Europe in the Twenty-First Century* (Cambridge 2008), pp. 177–78.

6. OECD, *A Profile of Immigrant Populations in the 21st Century: Data from OECD Countries* (2008), Table 3.1, p. 82.

7. Irena Kogan, "Continuing Ethnic Segmentation in Austria," in Anthony F. Heath et al., eds., *Unequal Chances: Ethnic Minorities in Western Labour Markets* (Oxford, 2007), Table 3.2A, p. 115. In France, the only first-generation foreign men with lower university attendance rates than the French are the Maghrebin and those from Southern Europe.

Table 6.A1, p. 260. The situation is different in Germany and the Netherlands.

第十二章

1. Lawrence Mishel, Jared Bernstein, Sylvia Allegretto, *The State of Working America 2006/2007* (Ithaca, 2007), Downloadable tables and figures, Chapter 8, Table 8.2: Per capita income using purchasing-power parity exchange rates, 1970-2004 (2004 Dollars). Figures are for 2004. Available at: http://www.stateofworkingamerica.org/tabfig_08.html.

2. ISSP, Social Inequality III 1999, Variables 11, 34, 35, sum of first two responses. Stefan Svallfors, "Class and Attitudes to Market Inequality: A Comparison of Sweden, Britain, Germany, and the United States," in Svallfors, ed., *The Political Sociology of the Welfare State* (Stanford, 2007), Table 6.4, p. 208.

3. Timothy Smeeding, "Poor People in Rich Nations: The United States in Comparative Perspective," *Journal of Economic Perspectives*, 20, 1 (2006), Table 4, p 79; OECD, *Sustainable Development: Critical Issues* (2001), Figure 3.A.12, p 91. Data from late 1990s. John Schmitt and Ben Zipperer, "Is the United States a Good Model for Reducing Social Exclusion in Europe?" *International Journal of Health Sciences*, 37, 1 (2007), p. 16, makes a similar claim, though it is unclear whether this refers to the enlarged EU.

4. Wojciech Kopczuk and Emmanuel Saez, "Top Wealth Shares in the United States, 1916–2000: Evidence from Estate Tax Returns," *National Tax Journal*, 58, 2/2 (2004), pp. 482–83.

5. Thomas Piketty and Emmanuel Saez, "Income Inequality in the United States, 1913–1998," *Quarterly Journal of Economics*, 118, 1 (2003), Table II, pp. 8–10; Anthony B. Atkinson and Wiemer Salverda, "Top Incomes in the Netherlands and the United Kingdom over the 20th Century," *Journal of the European Economic Association*, 3, 4 (2005), Table 2UK, pp. 899, 900. A generous slice of the most recent work done on such subjects has now been collected in A. B. Atkinson and T. Piketty, eds., *Top Incomes Over the Twentieth Century: A Contrast Between Continental European and English-Speaking Countries* (Oxford, 2007).

6. Top income tax rates have gone down in America from 70% to 35% since 1981, and in Sweden from 50% to 36% since 1975. Declining tax rates levied on those in the top percentile in Sweden are documented in Björn Gustafsson and Birgitta Jansson, "Top Incomes in Sweden During Three-Quarters of a Century: A Micro Data Approach," IZA DP No 2672, March 2007, Table 3, p. 25. In the United States: Kopczuk and Saez, "Top Wealth Shares," p. 484.

7. Jesper Roine and Daniel Waldenström, "Top Incomes in Sweden over the Twentieth Century," SSE/EFI Working Paper Series in Economics and Finance No. 602, August 15, 2005, Figure 3, p. 54; Roine and Waldenström, "The Evolution of Top Incomes in an Egalitarian Society: Sweden, 1903–2004," *Journal of Public Economics*, 92 (2008), Figure 2, p. 372. U.S. figure from Piketty and Saez, "Income Inequality in the United States," Table II, p. 10.

8. Kopczuk and Saez, "Top Wealth Shares in the United States," Table 3, pp. 454–55. The apparent date for the wealth peak of the top one-hundredth of 1923 is a typo.

9. Thomas Piketty, Gilles Postel-Vinay, and Jean-Laurent Rosenthal, "Wealth Concentration

in a Developing Economy: Paris and France, 1807–1994," *American Economic Review,* 96, 1 (2006), Table 4, p. 248; Facundo Alvaredo and Emmanuel Saez, "Income and Wealth Concentration in Spain in Historical and Fiscal Perspective," Centre for Economic Policy Research, Discussion Paper Series, No. 5836, Table E1; Kopczuk and Saez, "Top Wealth Shares in the United States," Table 3, pp. 454–55.

10. Fabien Dell, "Top Incomes in Germany and Switzerland over the Twentieth Century," *Journal of the European Economic Association,* 3, 2–3 (2005), Figure 6, p. 420; Thomas Piketty and Emmanuel Saez, "The Evolution of Top Incomes: A Historical and International Approach," *American Economic Review,* 92, 2 (2006), Figure 4, p. 203.

11. F. Dell et al., "Income and Wealth Concentration in Switzerland over the Twentieth Century," in Atkinson and Piketty, eds., *Top Incomes over the Twentieth Century,* claims that few of Europe's wealthy relocate to Switzerland to escape high taxation in their native countries. But the sums that it calculates (and can calculate on the basis of Swiss tax figures) cover only a small fraction of the wealth parked in Switzerland, but outside the Swiss tax net. The 35% advance flat tax at source, for example, has been finely calibrated by the Swiss to keep the EU off their backs while being so easy to evade that only the occasional widow without benefit of tax advice would actually pay it.

12. Henry Ohlsson, Jesper Roine, and Daniel Waldenström, "Long-Run Changes in the Concentration of Wealth," United Nations University, World Institute for Development Economics Research, Research Paper No 2006/103, Table 1, p. 20. Available at http://www.wider.unu.edu/publications/working-papers/research-papers/2006/en_GB/rp2006–103/.

13. Jesper Roine and Daniel Waldenström, "Wealth Concentration over the Path of Development: Sweden, 1873–2006," IFN Working Paper No 722, 2007, Table A1, p. 31. Available at http://www.ifn.se/wfiles/wp/wp722.pdf. U.S. figures from Kopczuk and Saez, "Top Wealth Shares in the United States," Table 3, pp. 454–55.

14. Tax Justice Network, *Tax Us If You Can* (September 2005), Box 1, p. 12. Available at http://www.taxjustice.net/cms/upload/pdf/tuiyc_-_eng_-_web_file.pdf.

15. Roine and Waldenström, "Wealth Concentration over the Path of Development: Sweden," p. 19 and Table A2, p. 32.

16. Klaus Deininger and Lyn Squire, "A New Data Set Measuring Income Inequality," *World Bank Economic Review,* 10, 3 (1996), Table 1, p. 577.

17. James K. Galbraith and Hyunsub Kum, "Estimating the Inequality of Household Incomes: A Statistical Approach to the Creation of a Dense and Consistent Global Data Set," *Review of Income and Wealth,* 51, 1 (2005), Appendix A, pp. 140–141.

18. UNICEF Innocenti Research Centre, *A League Table of Child Poverty in Rich Nations,* Innocenti Report Card 1 (June 2000), Figure 1, p. 4; Figure 2, p. 7. Available at http://www.unicef-irc.org/publications/pdf/repcard1.pdf. Similar confirmation comes from figures that measure absolute poverty defined as a percentage of U.S. posttax/posttransfer income (1991 PPP numbers). By this measure, at a 50% poverty line, France, Ireland, Italy, and the UK had higher percentages of the population in poverty, and the Netherlands only slightly below. Lane Kenworthy, "Do Social-Welfare Policies Reduce Poverty? A Cross-National Assessment," *Social Forces,* 77, 3 (1999), Table 1, p. 1,126. There is a version of this

covering fewer countries in Lane Kenworthy, *Egalitarian Capitalism: Jobs, Incomes, and Growth in Affluent Countries* (New York, 2004), chapter 6. Similar figures can be found in Lyle Scruggs and James P. Allan, "The Material Consequences of Welfare States," *Comparative Political Studies*, 39, 7 (2006), Table 1, p. 884.

19. Timothy M. Smeeding and Lee Rainwater, "Comparing Living Standards Across Nations: Real Incomes at the Top, the Bottom and the Middle," in Edward N. Wolff, ed., *What Has Happened to the Quality of Life in the Advanced Industrialized Nations?* (Cheltenham, 2004), Figure 6.2, p. 170; Figure 6.6, p. 176. (Also, Luxembourg Income Study Working Paper No. 266).

20. Will Hutton, *The World We're In* (London, 2002), p. 344.

21. *OECD Factbook 2008*, Macroeconomic Trends, National Income Per Capita, Gross National Income Per Capita. Figures for 2006. Eurostat, General and Regional Statistics, Regional Statistics, Regional Economic Accounts, Regional GDP (PPS per inhabitant), Figures for 2005. Available at http://epp.eurostat.ec.europa.eu/tgm/table.do?tab=table&i nit=1&plugin=1&language=en&pcode=tgs00005.

22. James K. Galbraith, Pedro Conceição, and Pedro Ferreira, "Inequality and Unemployment in Europe: The American Cure," *New Left Review*, 237 (1999), pp. 45–48; James K. Galbraith, "What is the American Model Really About? Soft Budgets and the Keynesian Devolution," *Industrial and Corporate Change*, 16, 1 (2007), pp. 10–12; James K. Galbraith, "Maastricht 2042 and the Fate of Europe: Toward Convergence and Full Employment," pp. 12–14. Friedrich Ebert Stiftung, March 2007. Available at http://library.fes.de/pdf-files/id/04340.pdf.

23. *OECD Regions at a Glance 2007*, Graph 8.2, p. 59, 9.2, p. 65, 12.2, p. 83. Figures for 2003. *OECD Regions at a Glance 2005*, Graph 11.3, p. 83. Figures for 2001.

24. Among the few I have come across is A.B. Atkinson, "Income Distribution in Europe and the United States," *Oxford Review of Economic Policy*, 12, 1 (1996), and Richard Berthoud, *Patterns of Poverty Across Europe* (Bristol, 2004).

25. Olli E. Kangas and Veli-Matti Ritakallio, "Relative to What? Cross-National Picture of European Poverty Measured by Regional, National and European Standards," *European Societies*, 9, 2 (2007), pp. 129–130. Similar information in Lee Rainwater and Timothy M. Smeeding, *Poor Kids in a Rich Country: America's Children in Comparative Perspective* (New York, 2003), chapter 11. The University of Texas Inequality Project also has done much work on such matters. James Galbraith and Enrique Garcilazo, "Pay Inequality in Europe 1995–2000: Convergence Between Countries and Stability Inside," *European Journal of Comparative Economics*, 2, 2 (2005). Some of these papers have been collected in James K. Galbraith and Maureen Berner, eds., *Inequality and Industrial Change: A Global View* (Cambridge, 2001).

26. Giovanni Peri, "International Migrations: Some Comparisons and Lessons for the European Union," in Barry Eichengreen et al., eds., *The European Economy in an American Mirror* (London, 2008), p. 188; Eurostat, *The Social Situation in the European Union, 2002*, p. 12. Available at http://ec.europa.eu/employment_social/publications/2002/ke4302567_en.pdf.

27. Jeremy Rifkin, *The European Dream: How Europe's Vision of the Future Is Quietly Eclipsing the American Dream* (New York, 2004), p. 21.

28. Pippa Norris and Ronald Inglehart, *Sacred and Secular: Religion and Politics Worldwide* (Cambridge, 2004), pp. 84–85.

29. Murder rates for 2004. Swiss figures from UN Office on Drugs and Crime, *Ninth United Nations Survey of Crime Trends and Operations of Criminal Justice Systems*, Police, 2. Crimes recorded in criminal (police) statistics, by type of crime including attempts to commit crimes, 2.2. Total recorded intentional homicide, completed, Rate per 100,000 total population, 2004, pp 3, 5, 7. Available at http://data360.org/ pdf/20070531091045.Crime%20Trends.pdf. U.S. figures from FBI, *Crime in the US 2005*, Offense Data by State, Table 4. Available at http://www.fbi.gov/ucr/05cius/ data/table_04.html. When the authors of the latest human development report for the United States write that, "Yet even the lowest state murder rates still exceed rates in Japan, Germany, Greece, France, Austria, Italy, Norway, Switzerland, the United Kingdom, Ireland, Spain, Sweden, and the Netherlands," they are mistaken. There are some 17 U.S. states with murder rates lower than Switzerland's. Sarah Burd-Sharps et al., *The Measure of America: American Human Development Report 2008–2009* (New York, 2008), p. 60.

30. U.S. figures from U.S. Census Bureau, Population Division, Interim State Population Projections, 2005, Table 2. Scottish figures from Alastair H. Leyland et al., *Inequalities in Mortality in Scotland 1981-2001*, Medical Research Council, Social and Public Health Sciences Unit, Occasional Paper no. 16, February 2007, Table 2.13, p 29. Available at http://www. sphsu.mrc.ac.uk/files/File/current_research/Inequalities/Inequalities_in_health.pdf. Figures for 2000 and 2001.

31. WHO, Commission on Social Determinants of Health, *Closing the Gap in a Generation: Health Equity through Action on the Social Determinants of Health*, 2008, Table 2.1, p. 32; Christopher J. L. Murray et al., "Eight Americas: Investigating Mortality Disparities Across Races, Counties and Race-Counties in the United States," *PLOS Medicine*, 3, 9 (2006), Dataset S1. Life Expectancy at Birth by County.

32. Ellen Nolte and C. Martin McKee, "Measuring the Health of Nations: Updating an Earlier Analysis," *Health Status*, 27, 1 (2008). Exhibit 5, p. 65; Joel C. Cantor, et al., *Aiming Higher: Results from a State Scorecard on Health System Performance*, The Commonwealth Fund Commission on a High Performance Health System, June 2007, Exhibit A11, p. 65. Available at http://www.commonwealthfund.org/usr_doc/StateScorecard.pdf?section=4039.

第十三章

1. *Anglo-Saxon Attitudes: A Survey of British and American Views of the World*. Available at http://www.economist.com/media/pdf/FullPollData.pdf.

2. Death Penalty Information Center, April 2, 2007. Available at http://www.deathpenalty-info.org/FactSheet.pdf.

3. Andrei S. Markovits, *Uncouth Nation: Why Europe Dislikes America* (Princeton, 2007) p. 22. Amnesty International, Death Penalty News, June 1, 1999, p. 4. Available at http:// www.amnesty.org/en/report/info/ACT53/003/1999. *UN Human Development Report*

2007/2008, Table 27, p. 322.

4. Dollar figures for military expenditure from CIA, *World Factbook.* Population statistics from OECD. Figures for 2003.

5. Jens Alber, "The European Social Model and the United States," *European Union Politics,* 7, 3 (2006), pp. 398–399. Strong support for this approach in Francis G. Castles, "Patterns of State Expenditure in Europe and America," in Jens Alber and Neil Gilbert, eds., *United in Diversity? Comparing Social Models in Europe and America* (Oxford University Press, forthcoming).

6. *OECD Health Data 2008,* Social Protection, Health Care Coverage, Private Health Insurance, Primary Private Health Insurance Coverage, and Duplicate Private Health Insurance Coverage. Figures for UK come from the latter and are for 2006. Mannheim Research Institute for the Economics of Aging, Axel Börsch-Supan et al., eds., *Health, Ageing and Retirement in Europe* (April 2005), Table 1, p 127. Available at http://www.share-project. org/t3/share/index.php?id=69.

7. OECD Health Project, *Private Health Insurance in OECD Countries* (2004), Table 2.4, p. 41. Figures from 2000. These are percentages of spending, and since health spending in the United States is high, that could mean higher actual costs per capita. And that is, indeed, the case, though each average Swiss and Italian still pays more out of pocket than Americans. WHO, *World Health Report 2000,* Annex Table 8, pp. 192–195. Figures for 1997.

8. To judge from the following figures: A. B. Atkinson, "Income Distribution in Europe and the United States," *Oxford Review of Economic Policy,* 12, 1 (1996), Figure 6, p. 24; Andrea Brandolini and Timothy M. Smeeding, "Patterns of Economic Inequality in Western Democracies: Some Facts on Levels and Trends," *Political Science and Politics,* 39, 1 (2006), Figure 3, p. 25. Similar comparative trends in François Nielsen et al., "Exactly How Has Income Inequality Changed? Patterns of Distributional Change in Core Societies," Luxembourg Income Study Working Paper Series No. 422, May 2005.

9. Henry Ohlsson, Jesper Roine, and Daniel Waldenström, "Long-Run Changes in the Concentration of Wealth," United Nations University, World Institute for Development Economics Research, Research Paper No 2006/103, Table 2, p 23. Available at http://www. wider.unu.edu/publications/working-papers/research-papers/2006/en_GB/rp2006-103/.

10. Harold L. Wilensky, *Rich Democracies: Political Economy, Public Policy and Performance* (Berkeley, 2002), pp. 681–682. Arend Lijphart, Bernard Grofman and Matthew Shugart will be publishing a book that makes a strong case for American exceptionalism in terms of political institutions. See Arend Lijphart, "The United States: A Different Democracy," in Gary King et al. eds., *The Future of Political Science* (New York, 2009). It is hard to believe, however, that one could not, if one were willing to go to this level of detail, do something similar for, say, Italy or Switzerland. And in any case, the larger issue is what sort of typologizing one wants to be doing. A generation of scholars was lost in the trenches typologizing fascism until the entire endeavor was finally abandoned, and something similar has been the case for the welfare state, as I argue below. Rather than typologizing in a Platonic vein, looking for a never-to-be-found overlapping commonality of essences, we would be better off applying the insights of Ludwig Wittgenstein and searching out family resemblances that cluster things cheek by jowl.

11. Robin Archer, *Why is There No Labor Party in the United States?* (Princeton, 2008).
12. I draw here on Peter Baldwin, "Can We Define a European Welfare State Model?" in Bent Greve, ed., *Comparative Welfare Systems: The Scandinavian Model in a Period of Change* (London, 1996); revised version, "Der europäische Wohlfahrtsstaat: Konstruktionsversuche in der zeitgenössischen Forschung," in *Zeitschrift für Sozialreform,* 49, 1 (2003). Also on Peter Baldwin, "The Welfare State for Historians," *Comparative Studies in Society and History,* 34, 4 (October 1992).
13. (Princeton, 1985).
14. Gøsta Esping-Andersen, *The Three Worlds of Welfare Capitalism* (Cambridge, 1990).
15. Deborah Mitchell, "Welfare States and Welfare Outcomes in the 1980s," Conference on "Social Security 50 Years After Beveridge," University of York, September 27–30, 1992.
16. Francis G. Castles and Deborah Mitchell, "Three Worlds of Welfare Capitalism or Four?" Australian National University, Graduate Program in Public Policy, Discussion Paper No. 21, October 1990.
17. Richard Rose, "Is American Public Policy Exceptional?" in Byron E. Shafer, ed., *Is America Different? A New Look at American Exceptionalism* (Oxford, 1991), Table 7.5.
18. The importance of Christian Democracy was first recognized by Harold Wilensky and has more recently been taken up by others as well. Wilensky, "Leftism, Catholicism and Democratic Corporatism: The Role of Political Parties in Recent Welfare State Development," in Peter Flora and Arnold J. Heidenheimer, eds., *The Development of Welfare States in Europe and America* (New Brunswick, 1981); Kees van Kersbergen, *Social Capitalism: A Study of Christian Democracy and the Welfare State* (London, 1995); Francis G. Castles, "On Religion and Public Policy: Does Catholicism Make a Difference?" *European Journal of Political Research,* 25 (1994).
19. Maurizio Ferrera, *Modelli di solidarieta: Politica e riforme sociali nelle democrazie* (Bologna, 1993), p. 304; Ferrera, "The 'Southern Model' of Welfare in Social Europe," *Journal of European Social Policy* (1996).
20. Francis G. Castles and Deborah Mitchell, "Worlds of Welfare and Families of Nations," in Francis G. Castles, ed., *Families of Nations: Patterns of Public Policy in Western Europe* (Aldershot, 1993).
21. Maurizio Ferrera, "The Four Social Europes: Between Universalism and Selectivity," in M. Rhodes and Y. Mény, eds., *The Future of European Welfare: A New Social Contract?* (London, 1998); Heikki Niemelä and Kari Salminen, "State or Corporations: Trends of Pension Policy in Scandinavia," unpublished manuscript, January 1994.
22. Herbert Obinger and Uwe Wagschal, "Drei Welten des Wohlfahrtsstaates? Das Stratifizierungskonzept in der clusteranalytischen Überprüfung," in Stephan Lessenich and Illona Ostner, eds., *Welten des Wohlfahrtskapitalismus: Der Sozialstaat in vergleichender Perspektive* (Frankfurt, 1998).
23. Timothy B. Smith, *France in Crisis: Welfare, Inequality and Globalization Since 1980* (Cambridge, 2004).
24. Francis G. Castles, ed., *The Comparative History of Public Policy* (Oxford, 1989).
25. Fritz W. Scharpf, "Der globale Sozialstaat," *Die Zeit,* 24 (June 8, 2000); Scharpf, "The

Viability of Advanced Welfare States in the International Economy: Vulnerabilities and Options," *Journal of European Public Policy*, 7, 2 (2000).

26. Gøsta Esping-Andersen, "The Comparative Macro-Sociology of Welfare States," in Luis Moreno, *Social Exchange and Welfare Development* (Madrid, 1993), p. 136.

27. Peter A. Hall and David Soskice, *Varieties of Capitalism: The Institutional Foundations of Comparative Advantage* (New York, 2001), pp. 18–21.

28. Jonas Pontusson, *Inequality and Prosperity: Social Europe vs. Liberal America* (Ithaca, 2005), pp. 3, 28, and passim.

29. Examples of a similar approach distinguishing between the English-speaking world and the Continent, not down the Atlantic: Castles, "Patterns of State Expenditure in Europe and America," and Brian Burgoon and Phineas Baxandall, "Three Worlds of Working Time: The Partisan and Welfare Politics of Work Hours in Industrialized Countries," *Politics and Society*, 32, 4 (2004). And the definitive work on income disparities at the top similarly distinguishes between the English-speaking world and Continental Europe: A.B. Atkinson and T. Piketty, eds., *Top Incomes Over the Twentieth Century: A Contrast Between Continental European and English-Speaking Countries* (Oxford, 2007).

第十四章

1. 28,400: 30,000. WHO, *World Report on Violence and Health* (2002), Table A.9, pp. 314ff. Figures from the late 1990s.

2. Japanese per capita social spending is about 80% of the U.S. figure. OECD.StatExtracts, Social and Welfare Statistics, Social Protection, Social Expenditure—Aggregated Data, Per Head, at Current Prices and Current PPPs, in U.S. Dollars. Figures for 2003.

3. Bernard-Henri Lévy, *American Vertigo: Travelling in the Footsteps of Tocqueville* (New York, 2006), pp. 240–41.

4. Portugal's per capita income is 45% of Norway's, Mississippi's is 54% of Connecticut's. Figures taken from U.S. Census Bureau, *State and Metropolitan Data Book: 2006,* Table A-43, p. 58, and Lawrence Mishel, Jared Bernstein, Sylvia Allegretto, *The State of Working America 2006/2007* (Ithaca, NY, 2007), Downloadable tables and figures, Chapter 8, Table 8.2: Per capita income using purchasing-power parity exchange rates, 1970-2004 (2004 Dollars). Figures for 2004. Available at http://www.stateofworkingamerica.org/tabfig_08.html.

5. EU figures from the WHO, available at http://www.who.int/whosis/database/life_tables/life_tables.cfm. U.S. figures from the U.S. Census Bureau, Population Division, Interim State Population Projections, 2005, Table 2, Average Life Expectancy at Birth by State for 2000.

6. EU figures are from OECD StatExtracts, Labour, Labour Force Statistics, LFS by Sex and Age, LFS by Sex and Age—Indicators, Labour Force Participation Rate, Women. Figures for 2004. Available at http://stats.oecd.org/wbos/Index.aspx?DatasetCode=LFS_SEXAGE_I_R. U.S. figures are from U.S. Census, *State and Metropolitan Area Data Book: 2006*, Table A-29, p. 39. Figures for 2004.

7. William J. Novak, "The Myth of the 'Weak' American State," *American Historical Review*, 113, 3 (2008). I also owe the previous reference to John Stuart Mill to Novak, p. 759. See also William J. Novak, *The People's Welfare: Law and Regulation in Nineteenth-Century America* (Chapel Hill, 1996), Chapter. 6 and *passim*; William R. Brock, *Investigation and*

Responsibility: Public Responsibility in the United States, 1865-1900 (Cambridge, 1984).

8. Brian Doyle, *Disability, Discrimination and Equal Opportunities: A Comparative Study of the Employment Rights of Disabled Persons* (London, 1995), pp. 43–46, 68–69.

9. One of the themes pursued in Peter Baldwin, *Disease and Democracy: The Industrialized World Faces AIDS* (Berkeley, 2005).

10. John Micklethwait and Adrian Wooldridge, *The Right Nation: Conservative Power in America* (New York, 2004), p. 302.

11. Lennart J. Lundqvist, *The Hare and the Tortoise: Clean Air Policies in the United States and Sweden* (Ann Arbor, 1980).

12. Henry Aaron, "Thinking about Health Care Finance: Some Propositions," in OECD, *Health Care Reform: The Will to Change* (Paris, 1996), pp. 54–55; Elpidoforos S. Soteriades and Matthew E. Falagas, "Comparison of Amount of Biomedical Research Originating from the European Union and the United States," *British Medical Journal,* July 23, 2005, pp. 192–194.

13. To calculate the rough figure of public health spending per person covered publicly in the United States, the sum of spending on Medicare, Medicaid, and veterans' public hospital and medical care in 2005 was divided by the sum of enrollees in Medicare and Medicaid as well as all American veterans in 2005. Medicare expenditure and expenditure on veterans' public hospital and medical care, as well as the numbers of Medicare enrollees, of people covered by Medicaid and the number of American veterans all come from the U.S. Census Bureau, *2008 Statistical Abstract.* Medicaid expenditure comes from James Marton and David E. Wildasin, "Medicaid expenditures and state budgets: past, present, and future," *National Tax Journal* (June 2007), p. 1. Available at http://www.entrepreneur.com/trade-journals/article/167976828.html. European total public health spending figures were taken from *OECD Health Data 2007,* Total expenditure on health, Public expenditure on health, Million US$, purchasing power parity, 2005. Public health spending per person was determined by taking the percentages of European populations covered by public health insurance from, *OECD Health Data 2007, October 2007,* Government/social health insurance, In-patient and acute care, % of total population. The percentages of European populations with public health coverage were multiplied by the countries' total populations to get figures of people covered by public health insurance. These figures were used to divide the total public health spending numbers to determine the amounts of public spending per person covered by public health insurance.

14. I have looked at similar themes in Peter Baldwin, "Beyond Weak and Strong: Rethinking the State in Comparative Policy History," *Journal of Policy History,* 17, 1 (2005).

15. Michael T. Halpern et al., "Association of Insurance Status and Ethnicity with Cancer Stage at Diagnosis for 12 Cancer Sites: A Retrospective Analysis," *Lancet Oncology,* 9 (2008), pp. 222–231. Much more information in a similar vein can be found in U.S. Department of Health and Human Services, Agency for Healthcare Research and Quality, *National Healthcare Disparities Report 2007,* AHRQ Publication No. 08–0041, February 2008.

16. Joel C. Cantor, et al., *Aiming Higher: Results from a State Scorecard on Health System Performance,* The Commonwealth Fund Commission on a High Performance Health System, June 2007, Exhibit 22, p. 38; figures for 2005–2006; Exhibit A11, p. 65. Figures

for 2002. Available at http://www.commonwealthfund.org/usr_doc/StateScorecard. pdf?section=4039.

17. US figures are from American Cancer Society, *Cancer Facts and Figures, 1999*, p. 16. Available at http://www.cancer.org/downloads/STT/F&F99.pdf. European figures from Eurocare-3. Results are summarized in M. Sant et al., "EUROCARE-3: Survival of cancer patients diagnosed 1990–94: Results and commentary," *Annals of Oncology*, 14 (2003), Supplement 5, pp. 72ff. The WinZip file with Eurocare-3 figures is available at http://www.eurocare.it/. Figures for 1990–1994.

18. Jo Blanden et al., "Intergenerational Mobility in Europe and North America," April 2005, Centre for Economic Performance and Sutton Trust. Available at http://www.suttontrust.com/reports/IntergenerationalMobility.pdf. Gary Solon, "Cross-Country Differences in Intergenerational Earnings Mobility," *Journal of Economic Perspectives*, 16, 2 (2002).

19. These are themes explored in Robert Putnam, "*E Pluribus Unum:* Diversity and Community in the Twenty-first Century," *Scandinavian Political Studies*, 30, 2 (2007); Alberto Alesina and Edward L. Glaeser, *Fighting Poverty in the US and Europe: A World of Difference* (Oxford, 2004), chapter 6; Robert C. Lieberman, *Shifting the Color Line: Race and the American Welfare State* (Cambridge, MA, 2001); Michael K. Brown, *Race, Money and the American Welfare State* (Ithaca, 1999); Jill Quadagno, *The Color of Welfare: How Racism Undermined the War on Poverty* (Oxford, 1996).

20. That the agrarian nature of these societies in the nineteenth century was a crucial element of their styles of social policy is one of the arguments put forth in Peter Baldwin, *The Politics of Social Solidarity: Class Bases of the European Welfare State, 1875–1975* (Cambridge, 1990).

21. Figures for late 1990s in Lee Rainwater and Timothy M. Smeeding, *Poor Kids in a Rich Country: America's Children in Comparative Perspective* (New York, 2003), Figure 1.1, p. 21, Table 1.4, p. 31.

22. Assuming that the two sets of figures on amenable mortality in the following are fully comparable: Ellen Nolte and C. Martin McKee, "Measuring the Health of Nations: Updating an Earlier Analysis," *Health Status,* 27, 1 (2008). Exhibit 5, p. 65; Cantor, et al., *Aiming Higher,* Exhibit A11, p. 65. Figures for 2002–2003.

23. Stéphane Baldi, et al., *Highlights from PISA 2006: Performance of US 15-Year-Old Students in Science and Mathematics Literacy in an International Context,* U.S. Department of Education, National Center for Education Statistics, December 2007, Table 2, p. 6, Table C-12, p. 55.

第十五章

1. Sarah Burd-Sharps et al., *The Measure of America: American Human Development Report 2008–2009* (New York, 2008), p. 13.

2. Tony Judt, "Europe vs. America," *New York Review of Books,* 52, 2 (2005).

3. James K. Galbraith, "What is the American Model Really About? Soft Budgets and the Keynesian Devolution," *Industrial and Corporate Change,* 16, 1 (2007).

4. *UK Stem Cell Initiative: Report and Recommendations* (November 2005), pp. 45–46. Available at http://www.advisorybodies.doh.gov.uk/uksci/uksci-reportnov05.pdf. Sarah Webb and Elisabeth Pain, "Navigating the Stem-Cell Research Maze," *Science,* December 1, 2006.

5. I have explored some of these themes in Peter Baldwin, "Welfare State and Citizenship in the Age of Globalization," in Andreas Føllesdal and Peter Koslowski, eds., *Restructuring the Welfare State: Ethical Issues of Social Security in an International Perspective* (Berlin, 1997); "The Return of the Coercive State? Behavioral Control in Multicultural Society," in John A. Hall et al., eds., *The Nation-State Under Challenge: Autonomy and Capacity in a Changing World* (Princeton, 2003); "Riding the Subways of Gemeinschaft," *Acta Sociologica,* 41, 4 (1998).

6. Giovanni di Stefano is a bad-boy Anglo-Italian lawyer, a discount version of Jacques Vergès, whose client list includes mass murderers and ex-dictators. He has moved into politics, founding the Radical Party of Great Britain. Apparently, in the absence of any more elaborated platform, its first target is what it considers the insanity of such needless instructions, especially the Kit Kat example given here. "Devil's advocate: The world's most notorious lawyer defends himself," *Independent,* July 3, 2008. More examples in Alan Pearce, *Playing it Safe: The Crazy World of Britain's Health and Safety Regulations* (London, 2007).

7. Alberto Alesina et al., "Public Goods and Ethnic Divisions," *Quarterly Journal of Economics,* 114, 4 (1999).

8. Karen Davis et al., *Mirror, Mirror on the Wall: An International Update on the Comparative Performance of American Health Care,* Commonwealth Fund, May 2007, Figure 6, p. 17. Available at http://www.commonwealthfund.org/usr_doc/1027_Davis_mirror_mirror_international_update_final.pdf?section=4039.

9. James V. Dunford, et al., "Impact of the San Diego Serial Inebriate Program on Use of Emergency Medical Resources," *Annals of Emergency Medicine,* 47, 4 (2006), pp. 328–336.

10. Peter Baldwin, *Disease and Democracy: The Industrialized World Faces AIDS* (Berkeley, 2005), pp. 34–35, 258–261.

11. Quoted in Stephen P. Strickland, *Politics, Science, and Dread Disease: A Short History of United States Research Policy* (Cambridge Mass., 1972), p. 213.

12. Gary W. Phillips, *Chance Favors the Prepared Mind: Mathematics and Science Indicators for Comparing States and Nations,* American Institutes for Research, 14 November 2007, Figures 1–53, pp. 25ff. Available at http://www.air.org/publications/documents/phillips.chance.favors.the.prepared.mind.pdf. Michael O. Martin et al., *TIMMS 2007 International Mathematics Report* (Chestnut Hill, Mass, 2008), Exhibit 1.1, pp. 34–35; Michael O. Martin et al., *TIMMS 2007 International Science Report* (Chestnut Hill, Mass, 2008), Exhibit 1.1, pp. 34–35.

13. Dan Bilefsky, "Tradition of Blood Feuds Isolates Albanian Men," *International Herald Tribune,* July 10, 2008.

14. Noel Ignatiev, *How the Irish Became White* (New York, 1996); Eugen Weber, *Peasants into Frenchmen: The Modernization of Rural France, 1870–1914* (Stanford, 1976).

15. *Financial Times* August 16/17, 2008, p. 6. The Dutch and Swedish figures are from Rig-

mar Osterkamp and Oliver Röhn, "Being on Sick Leave: Possible Explanations for Differences of Sick-leave Days Across Countries," *CESifo Economic Studies*, 53, 1 (2007), Figure 1, p. 98.

第十六章

1. Sarah Burd-Sharps et al., *The Measure of America: American Human Development Report 2008–2009* (New York, 2008).
2. *UN Human Development Report 2007/2008,* Table 2, p. 234, *UN Human Development Report 2006,* Table 1, p. 283.
3. Godfrey Hodgson, *The Myth of American Exceptionalism* (New Haven, 2009).
4. Burd-Sharps, *Measure of America,* Table 3.1, p. 53.
5. Burd-Sharps, *Measure of America,* pp. 4, 190, 195.
6. WHO, Commission on Social Determinants of Health, *Closing the Gap in a Generation: Health Equity through Action on the Social Determinants of Health* (2008), Table 2.1, p. 32. The Hampstead/St Pancras figures are attributed to the WHO Commission, but are not in the report itself. *Financial Times,* August 29, 2008, p. 2.
7. Figures for general versus vocational streams are from OECD, *Education at a Glance 2005,* Table C2.1, p. 248. Figures for graduation rates are from Table A2.1, p. 44, ISCED 3A. Figures for 2003. Figures for university entry are from OECD, *Education at a Glance 2008,* Table A2.4, p. 68. Figures for 2006.
8. U.S. figures for 2005 from Burd-Sharps, *Measure of America,* US Indicator Tables, pp. 164–172. Figures from 2005. UK figures are from UK, National Statistics, ASHE Results 2007, Place of Residence by Parliamentary Constituency, Table 10.7a. Available at http://www.statistics.gov.uk/downloads/theme_labour/ASHE_2007/2007_res_pc.pdf.
9. U.S. figures from Burd-Sharps, *Measure of America,* US Indicator Tables, pp. 164–172. Figures from 2005. UK figures from UK, National Statistics, ASHE Results 2007, Place of Residence by Parliamentary Constituency, Table 10.7a.
10. Richard Berthoud, *Patterns of Poverty Across Europe* (Bristol, 2004), Table D.1 and D.2, pp. 50–53; Eurostat. Statistics, Regions and Cities, Main Tables, Regional Statistics, Regional Economic Accounts—ESA95, Disposable Income of Private Households. Figures for 2005.

第十七章

1. The two sides emblematically represented by Will Hutton and Robert Kagan.
2. Seymour Martin Lipset, *Continental Divide: The Values and Institutions of the United States and Canada* (New York, 1990).
3. Daniel T. Rodgers, *Atlantic Crossings: Social Politics in a Progressive Age* (Cambridge MA, 1998); Colleen A. Dunlavy, *Politics and Industrialization: Early Railroads in the United States and Prussia* (Princeton, 1994), William J. Novak, *The People's Welfare: Law and Regulation in Nineteenth-Century America* (Chapel Hill, 1996), chapter 6 and passim; Wil-

liam R. Brock, *Investigation and Responsibility: Public Responsibility in the United States, 1865–1900* (Cambridge, 1984).

4. Richard Rose, "Is American Public Policy Exceptional?" in Byron E. Shafer, ed., *Is America Different? A New Look at American Exceptionalism* (Oxford, 1991); Theda Skocpol, *Protecting Soldiers and Mothers: The Political Origins of Social Policy in the United States* (Cambridge MA, 1992); Neil Gilbert, *Transformation of the Welfare State: The Silent Surrender of Public Responsibility* (New York, 2002); Christopher Howard, *The Hidden Welfare State: Tax Expenditures and Social Policies in the United States* (Princeton, 1997); Jacob S. Hacker, *The Divided Welfare State: The Battle Over Public and Private Social Benefits in the United States* (Cambridge, 2002); Laura S. Jensen, *Patriots, Settlers and the Origins of American Social Policy* (Cambridge, 2003); Marc Allen Eisner, *From Warfare State to Welfare State: World War I, Compensatory State-Building, and the Limits of the Modern Order* (University Park PA, 2000); Julian E. Zelizer, *Taxing America: Wilbur D. Mills, Congress, and the State, 1945–1975* (Cambridge, 1998); Lee J. Alston and Joseph P. Ferrie, *Southern Paternalism and the Rise of the American Welfare State: Economics, Politics and Institutions, 1865–1965* (Cambridge, 1999).

5. Matthieu Leimgruber, *Solidarity Without the State? Business and the Shaping of the Swiss Welfare State, 1890–2000* (Cambridge, 2008).

6. Thomas Bender, ed., *Rethinking American History in a Global Age* (Berkeley, 2002); Thomas Bender, *A Nation Among Nations: America's Place in World History* (New York, 2006).

7. Gérard Noiriel, *Le Creuset français: Histoire de l'immigration XIXe-XXe siècles* (Paris, 1988) shows how France has been an immigrant nation almost as much as the United States.

8. Josef Joffe, "A Canvas, Not a Country: How Europe Sees America," in Peter H. Schuck and James Q. Wilson, eds., *Understanding America* (New York, 2008).

9. Louis Hartz, *The Founding of New Societies* (New York, 1964).

10. Tom W. Rice and Jan L. Feldman, "Civic Culture and Democracy from Europe to America," *Journal of Politics*, 59, 4 (1997).

11. Hans Magnus Enzensberger, *Europe, Europe: Forays into a Continent* (London, 1989), pp. 73–76.

12. Some expression of this can be found in Derk-Jan Eppink, *Life of a European Mandarin: Inside the Commission* (Tielt, Belgium, 2007).

数据来源

1. Economic Freedom
James Gwartney, et al., *Economic Freedom of the World, 2008 Annual Report* (Vancouver, 2008), Exhibit 1.2, p. 8. Figures from 2006. Available at http://www.cato.org/pubs/efw/efw2008/efw2008-1.pdf.

2. State Control of Enterprises
OECD Stat, Public Sector, Market Regulation, Economy-Wide Regulation, Product Market Regulation, State Control. Figures are for 2003.

3. State Ownership of Land
Kevin Cahill, *Who Owns the World: The Hidden Facts Behind Landownership* (Edinburgh, 2006). Some figures were taken directly from the book, and others had to be calculated from other figures, i.e., taking the state-owned acreage and dividing it by the total acreage. Norway's figure is an approximation. Just under half of the land in Sweden is owned by the state and large companies.

4. Labor Regulation
NationMaster, Labor Statistics, Regulation. The data come from the World Bank Group and a paper, Juan C. Botero, Simeon Djankov, Rafael La Porta, Florencio Lopez-de-Silanes, and Andrei Shleifer, "The Regulation of Labor," NBER Working Paper 9756, June 2003, available at http://elsa.berkeley.edu/~yqian/econ260b/Botero%20Regulation%20of%20Labor.pdf. The NationMaster version of the data is available at http://www.nationmaster.com/graph/lab_reg-labor-regulation.

5. Firing Flexibility
NationMaster, Labor Statistics, Regulation, Firing by Country. Same as figure 4.

6. Hiring Flexibility
NationMaster, Labor Statistics, Regulation, Hiring by Country. Same as figure 4.

7. Strike Days
International Labour Office (ILO), *2007 Yearbook of Labour Statistics*. The statistics were created with the use of Table 1A starting on p. 15 and Table 9C starting on p. 1,510. Most data from 2006.

8. Wages
OECD Health Data 2007, October 2007, Economic References, Macro-economic references, Compensation of employees, % gross domestic product. Figures for 2003–06.

9. Minimum Wages
OECD, StatExtracts, Labour, Earnings, Real Hourly Minimum Wages in USD PPP. Most data comes from 2005. Available at http://stats.oecd.org/wbos/.

10. State Minimum Wages
OECD, StatExtracts, Labour, Earnings, Real Hourly Minimum Wages in USD PPP, 2005. U.S. Department of Labor, Minimum Wage Laws in the States—Jan 1, 2007. Choose the appropriate states and look at Basic Minimum Rate (Per Hour). Available at http://www.dol.gov/esa/minwage/america.htm. U.S. wages are statutory minimum wages in US$.

11. Minimum Wage Workers
Eurostat News Release, 92/2006—13 July 2006, Minimum Wages in the EU25. Available at http://epp.eurostat.ec.europa.eu/pls/portal/docs/PAGE/PGP_PRD_CAT_PREREL/PGE_CAT_PREREL_YEAR_2006/PGE_CAT_PREREL_YEAR_2006_MONTH_07/3-13072006-EN-AP2.PDF. The Bureau of Labor Statistics reports that 2.7% of workers were paid at or below the minimum wage in 2004. But the highest concentration of the low paid were between 16 and 19, in other words likely to be teenage part-timers. Among workers over the age of 25, 1.7% were paid at or below the minimum wage. Bureau of Labor Statistics, Labor Force Statistics from the Current Population Survey, Table 1. Available at http://www.bls.gov/cps/minwage2004tbls.htm.

12. Part-Time Employment
OECD, *Labour Force Statistics 1985–2005*, 2006 Edition, 1. Part 1: Summary tables, Part-time employment, Part-time as percentage of employment, 2005, pp. 36–37.

13. Fatal Work Injuries
ILO, LABORSTA Internet, Yearly Statistics, 8B: Rates of occupational injuries, by economic activity. Data comes from 2002–05. The statistics are given either in terms of 100,000 workers employed or in terms of 100,000 workers insured. Available at http://laborsta.ilo.org/.

14. Vacation Time Actually Taken
Expedia.com, 2007 Vacation Deprivation Survey, Vacation days: Earned by country, minus Unused by country. Information comes from charts on Web site after you click on Expedia. com. Available at http://www.vacationdeprivation.com/survey_results.pdf.

15. Public Holidays
OECD, *Babies and Bosses: Reconciling Work and Family Life* (2007), Table 7.1, p. 172. Figures are for 2005.

16. Working Time
OECD, Statistics, Labour Productivity, Labour Productivity Levels, Average Hours Worked per Person. Figures are for 2006. Available at http://www.oecd.org/topicstatsportal/0,3398,e n_2825_30453906_1_1_1_1_1,00.html.

17. GDP per Hour Worked
OECD Stats, Estimates of Labour Productivity Levels, GDP per hour worked, current prices, US dollar, 2006. Available at http://stats.oecd.org/WBOS/Default. aspx?DatasetCode=LEVEL. For figures expressed in PPP see the following: U.S. Department of Labor, Bureau of Labor Statistics, Comparative Real Gross Domestic Product per Capita and per Employed Person: Sixteen Countries, 1960–2006, Chart 4, p. 10. Available at: http://www.bls.gov/fls/flsgdp.pdf. The result is much the same, though the U.S. drops a little in the ranking.

18. Pace of Life
Robert Levine and Ara Norenzayan, "The Pace of Life in 31 Countries," *Journal of Cross-Cultural Psychology*, 30, no. 2 (1999), p. 190.

19. Pace of Life
"Quick, Step," *Economist*, May 16, 2007. Available at http://www.economist.com/daily/chart-gallery/displaystory.cfm?story_id=E1_JTSSVSD.

20. Female Suicide
WHO, Mental health, Suicide prevention and special programmes, Suicide rates per 100,000 by country, year and sex, Females. The data come from the most recent year available as of 2008. Available at http://www.who.int/mental_health/prevention/suicide_rates/en/index.html.

21. Total Tax Revenue
Figures for total tax revenue as a percentage of GDP from OECD, *Revenue Statistics 1965–2006* (2007), Table A, p. 19. Figures for 2005. For Total tax revenue per capita, from *OECD Health Data 2008*, December 2008, Economic References, Macro-economic references, Public revenue, /capita, US$ purchasing power parity. Figures from 2005–2006.

22. Income Tax
OECD Factbook 2006, Public Finance, Taxes, Total Tax Revenue, Tables, Taxes on Income and Profits, As a Percentage of GDP, 2003.

23. Income Tax Progressivity
Adam Wagstaff et al, "Redistributive Effect, Progressivity and Differential Tax Treatment: Personal Income Taxes in Twelve OECD Countries," *Journal of Public Economics*, 72, no. 1 (1999), Table 3, p. 82. Figures from late 1980s and early 1990s.

24. Taxation of the Wealthy
OECD, *Growing Unequal: Income Distribution and Poverty in OECD Countries* (2008), Table 4.5, p. 107. Figures are for 2005. Similar figures detailing what the richest 30% paid during the 1990s are in Michael F. Förster, "Trends and Driving Factors in Income Distribution and Poverty in the OECD Area," OECD, Directorate for Education, Employment, Labour and Social Affairs, Labour Market and Social Policy Occasional Paper No. 42. Table 3.1, p. 83. Available at http://www.olis.oecd.org/OLIS/2000DOC. NSF/4f7adc214b91a685c12569fa005d0ee7/c125692700623b74c125693800385206/$ FILE/00081595.pdf.

25. Property Tax
OECD, *Revenue Statistics 1965–2006*, Table 22, p. 86. Figures for 2005. International Monetary Fund (IMF) figures are similar, though the UK is lower, while Switzerland and Iceland are higher. IMF, *Government Finance Statistics Yearbook 2006*, Table W 4, p. 18.

26. Home Ownership
"Home Sweet Home," boston.com, February 12, 2006. Available at http://www.boston.com/news/world/articles/2006/02/12/home_sweet_home/?p1=email_to_a_friend.

27. Corporate Taxes
As a percentage of GDP: *OECD in Figures 2007*, Public Finance, Taxation. Figures for 2004. Rates on corporate capital: Jack M. Mintz, "The 2007 Tax Competitiveness Report: A Call for Comprehensive Tax Reform," pp. 9–10, table 1. C.D. Howe Institute, Research Areas, Fiscal and Monetary Policy, available at http://www.cdhowe.org/pdf/commentary_254.pdf.

28. Inheritance and Gift Taxes
Der Spiegel, no 6, 2007, p. 35. Figures come from 2004.

29. Governmental Medical Spending
WHOSIS, World Health Statistics 2006, Health Systems. Figures are for 2003. Per capita numbers are at international dollar rate. Available at http://www.who.int/whosis/whostat2006_healthsystems.pdf.

30. Total Medical Spending
WHOSIS, World Health Statistics 2006, Health Systems. Figures are for 2003, International dollar rate.

31. Hospitals
WHO, Regional Office for Europe, European Health for All Database, Health Care Resources, 2003 Hospitals per 100,000. Available at: http://data.euro.who.int/hfadb/. American Hospital Association, Fast Facts on U.S. Hospitals, Total Number of All U.S. Registered Hospitals, 2004. Statistic of American hospital ratio calculated with use of 2004 American population. Available at http://www.aha.org/aha/resource-center/Statistics-and-Studies/fast-facts.html.

32. Infant Mortality
WHOSIS, World Health Statistics 2006, Health Status, Mortality, Infant mortality rate (per 1000 live births). Figures are for 2004. Available at http://www.who.int/whosis/whostat2006_mortality.pdf.

33. Male Life Expectancy
WHOSIS, World Health Statistics 2006, Health Status, Mortality, Life expectancy at birth (years), Males. Figures are for 2004.

34. Adult Male Obesity
International Association for the Study of Obesity, Prevalence of Adult Obesity, Males, Obesity, % BMI 30+. Available at http://www.iotf.org/database/documents/GlobalPrevalenceofAdultObesity30thOctober07.pdf.

35. Overweight but Not Obese Men

International Association for the Study of Obesity, Prevalence of Adult Obesity, Males, Overweight, % BMI 25–29.9. Figures from the mid-1990s through 2006. OECD figures are similar. The percentage of the overweight is greater in the UK, Spain, Portugal, the Netherlands, Luxembourg, Italy, Iceland, Greece, Germany and Austria and at almost the same rate in Ireland and Norway. *OECD Factbook 2008*, Quality of Life, Health, Obesity.

36. Stomach Cancer Incidence

IARC, Globocan 2002. Enter By cancer, choose Stomach Cancer, and then countries, Incidence, ASR(W), age-standardized world rate. Data is on males. Available at http://www-dep.iarc.fr/.

37. Diabetes Mortality

WHO, Department of Measurement and Health Information, December 2004, Research Tools, Burden of disease statistics, Death and DALY estimates for 2002 by cause for WHO Member States, Death Rates, Table 3. Estimated deaths per 100,000 population by cause, and Member State, 2002, II. Noncommunicable diseases, C. Diabetes mellitus. Available at http://www.who.int/healthinfo/statistics/bodgbddeathdalyestimates.xls.

38. Calorie Supply

WRI, Earth Trends Environmental Information, Agriculture and Food, Data Tables, Food and Agriculture Overview 2005, Calorie Supply per Capita (kilocalories/person/day) 2002. Available at http://earthtrends.wri.org/pdf_library/data_tables/agri_2005.pdf, or if this is unavailable, start at http://earthtrends.wri.org/. Similar figures in *OECD Health Data 2008*, Non-Medical Determinants of Health, Lifestyles and Behaviour, Food Consumption.

39. Fish and Fishery Products Consumption

WRI, Earth Trends Environmental Information, Energy and Resources, Data Tables, Resource Consumption 2005, Annual per Capita Consumption (kg per person), Fish and Fishery Products, 2002.

40. Animal Products

WRI, Earth Trends Environmental Information, Agriculture and Food, Data Tables, Food and Agriculture Overview 2005, Share of Calorie Supply from Animal Products (percent), 2002.

41. Alcohol Consumption

WHO Regional office for Europe, European Health for All Database, Life Styles, Pure Alcohol Consumption, Litres per Capita, 2003. Available at http://data.euro.who.int/hfadb/. WHO, Health Topics, Alcohol Drinking, Global Alcohol Database, Global Information System on Alcohol and Health, Levels of Consumption, Recorded Adult (15+) per Capita Consumption in Litres (Total) from 1961, United States, 2003. Available at http://www.who.int/en/.

42. Smokers

WHO, Tobacco Free Initiative, Tobacco Control Country Profiles, 2003. Select the appropriate regions and countries, look at Smoking Prevalence, and look for broadest figures of smoking population (usually, Overall). Available at http://www.who.int/tobacco/global_data/country_profiles/en/.

43. All Cancers (except Non-Melanoma Skin), Incidence
IARC, Globocan 2002. Enter By cancer, choose All Sites but Non-Melanoma Skin Cancer, Incidence and then countries, Incidence, ASR(W), age-standardized world rate. Per 100,000. Data is on males. Available at http://www-dep.iarc.fr/.

44. All Cancers, Mortality
IARC, Globocan 2002. Enter By cancer, choose All Sites but Non-Melanoma Skin Cancer, Mortality and then countries, Incidence, ASR(W), age-standardized world rate. Per 100,000. Data is on males. Available at http://www-dep.iarc.fr/. Figures with similar results at: *OECD Health Data 2007*, Health Status, Mortality, Causes of mortality, Malignant neoplasms, Deaths per 100,000 population (standardised rates). Figures here are from 2001–05.

45. Breast Cancer Survival Rates
Eurocare, Eurocare-3, Breast cancer, Relative survival (%), by age at diagnosis, Women, All ages. The figures come from 1990 to 1994. The WinZip file with Eurocare-3 figures is available at: http://www.eurocare.it/. U.S. figures are from American Cancer Society, *Cancer Facts and Figures, 1999*, p. 14. Available at http://www.cancer.org/downloads/STT/F&F99.pdf.

46. Heart Disease
WHOSIS, Mortality Data, Mortality Profiles, choose the country, then look for Causes of Death, Ischaemic heart disease, Years of Life Lost (%). Data comes from 2002. Available at http://www.who.int/whosis/mort/profiles/en/index.html.

47. Stroke Mortality
WHOSIS, Mortality Data, Mortality Profiles, choose the country, then look for Causes of Death, Cerebrovascular disease, Deaths (%). Data comes from 2002. Available at http://www.who.int/whosis/mort/profiles/en/index.html.

48. Circulatory Disease Mortality
OECD Health Data 2007, October 2007, Health Status, Mortality, Causes of mortality, Diseases of the circulatory system, Deaths per 100,000 population (standardised rates). Data comes from 2001–05.

49. Plastic Surgery
NationMaster, Plastic Surgery Procedures (per Capita) by Country, 2002. Available at http://www.nationmaster.com/graph/hea_pla_sur_pro_percap-plastic-surgery-procedures-per-capita.

50. Public Employment
OECD, Public Governance and Territorial Development Directorate, *Highlights of Public Sector Pay and Employment Trends: 2002 Update*, Table 1, pp. 9–10. Data from 1998–2001. The ratios are based on 2005 population estimates. Available at http://appli1.oecd.org/olis/2002doc.nsf/43bb61 30e5e86e5fc12569fa005d004c/2bb07a986c0242ecc1256c480027f346/$FILE/JT00132606.pdf.

51. Total Government Expenditure
OECD in Figures 2005, pp. 36–37, Government Sector, 2004, Total General Government Expenditure (% of GDP). Available at http://www.oecd.org/topicstatsportal/0,3398,en_2825_497139_1_1_1_1_1,00.html.

52. Public Spending on Unemployment Benefits
OECD Health Data 2007, Social Protection, Social expenditure, Unemployment, Public, / capita US$ PPP. Data come from 2003.

53. Unemployment Benefit Replacement Rate
OECD Employment Outlook 2006, Table 3.2, p. 60. Figures from 2004. Similar results in Stephen Nickell, "Unemployment and Labor Market Rigidities: Europe versus North America," *Journal of Economic Perspectives*, 11, 3 (1997), Table 4, p. 61.

54. Long-Term Unemployment Benefit Replacement Rate
OECD Employment Outlook 2006, Table 3.2, p. 60.

55. Unemployment
OECD, StatExtracts, Standardised Unemployment Rates, 2007.

56. Male Unemployment
OECD, Statistics, Labour Force Statistics, Unemployment by Duration, 2005 Average Duration of Unemployment (in Months), Men, Total. Available at http://stats.oecd.org/wbos/default.aspx?DatasetCode=AVD_DUR.

57. Long-Term Unemployment
OECD Employment Outlook 2007, Statistical Annex, Table G, p, 265. Figures from 2006. Available at http://www.oecd.org/dataoecd/29/27/38749309.pdf.

58. Public Spending on Disability Benefits
OECD Health Data 2008, Social Protection, Social expenditure, Incapacity-related benefits, Public, /capita US$ PPP. The data come from 2003.

59. Disabled People
OECD, Statistics, Social and Welfare Statistics, search for Transforming Disability into Ability, select Transforming Disability into Ability—Selection of tables & charts, select Chart 3.1, Disability Prevalence, by Severity of Disability, as a Percentage of 20–64 Population, Late 1990s. Available at http://www.oecd.org/dataoecd/42/41/35337855.xls.

60. Public Spending on Child Care
OECD, *Babies and Bosses*, Chart 6.1, p. 135. Figures from 2003.

61. Female State Pensions
OECD, Selection of OECD Pensions at a Glance, 2005 Indicators: How Does Your Country Compare? Gross replacement rates by individual earnings level, mandatory pension programmes, women. Available at http://www.oecd.org/dataoecd/7/54/35385805.xls.

62. Retirement Income as a % of Earlier Income
OECD, *Society at a Glance: 2005 Edition*, Chart EQ4.1, p. 59. Figures for 2000.

63. Median Social Transfer Income
Luxembourg Income Study (LIS) Micro database, (2000); harmonization of original surveys conducted by the Luxembourg Income Study, Asbl. Luxembourg, periodic updating. Survey data is for year 2000 for all countries except for the Netherlands and the United Kingdom,

which are based on survey data from 1999. Social transfers recorded as missing or negative were dropped from the analysis. Social transfers expressed in PPP dollars for households. EU countries' local currencies converted into equivalent Euros at the time of data collection and then converted into PPP dollars based on conversion factors provided by the OECD. PPP conversions can be accessed at http://www.oecd.org/document/47/0,3343,en_2649_34357_362028 63_1_1_1,00.html. Mean household social transfer income, percent of households receiving social transfers, and median household social transfer income of those receiving social transfers all calculated using survey sampling weights for households. Calculations by Jamie Barron.

64. Public Social Expenditure
OECD Factbook 2005, Public Policies, Public Expenditure and Aid, Social Expenditure, As a Percentage of GDP, 2001, available at http://ocde.p4.siteinternet.com/publications/ doifiles/302005041P1T087.xls.

65. Public Social Expenditure, Per Capita
OECD.StatExtracts, Social and Welfare Statistics, Social Protection, Social Expenditure— Aggregated Data, Per Head, at Current Prices and Current PPPs, in US Dollars. Figures for 2003. Available at http://stats.oecd.org/wbos/Index.aspx?datasetcode=SOCX_AGG.

66. Total Social Spending
Willem Adema and Maxime Ladaique, *Net Social Expenditure, 2005 Edition: More Comprehensive Measures of Social Support* (Paris: OECD, 2005), Table 6, p. 32. Figures from 2001.

67. Murder Rate
U.S. Department of Justice, Bureau of Justice Statistics, Reported crime in the United States, Total, Crime rate per 100,000 population, Violent crime, Murder and nonnegligent manslaughter rate, 2005. To get to the data from the United States Department of Justice homepage, under Search click on DOJ Agencies, then Bureau of Justice Statistics. Under Data for analysis, select Data Online, then Crime trends from the FBI's Uniform Crime Reports, All States and U.S. Total, State by State and national trends. Available at http://www.usdoj.gov/. European figures come from the UN Office on Drugs and Crime, *Ninth United Nations Survey of Crime Trends and Operations of Criminal Justice Systems*, Police, 2.2 Total recorded intentional homicide, completed, Rate per 100,000 total population, 2004, pp. 3–7. Available at http://data360.org/pdf/20070531091045.Crime%20Trends.pdf.

68. Gun Ownership
Martin Killias, "Gun Ownership, Suicide and Homicide: An International Perspective." Available at http://www.unicri.it/wwk/publications/books/series/understanding/19_ GUN_OWNERSHIP.pdf. Wendy Cukier, "Firearms Regulation: Canada in the International Context," *Chronic Diseases in Canada*, 19, 1 (1998), p. 28, Table 2. When the sources had different figures for the same country, the higher figure was chosen. The figures for more Swiss households owning firearms than American, though not graphed here, are in Vladeta Adjacic-Gross et al., "Changing Times: A Longitudinal Analysis of International Firearm Suicide Data," *American Journal of Public Health*, 96, 10 (2006), Table 1, p. 1753. Figures from 2000.

69. Prison Population

King's College London, International Centre for Prison Studies, Roy Walmsley, *World Prison Population List* (seventh edition), Table 2, Americas and Table 4, Europe, Prison population rate (per 100,000 of national population), pp. 3 and 5. The figures come from 2005 and 2006. Available at http://www.kcl.ac.uk/depsta/law/research/icps/downloads/world-prison-pop-seventh.pdf.

70. Average Prison Time

UN, Office on Drugs and Crime, Centre for International Crime Prevention, *Seventh United Nations Survey of Crime Trends and Operations of Criminal Justice Systems, Covering the Period 1998–2000*. Choose countries and look under Prisons 18.01: Average Length of Time Actually Served in Prison (After Conviction in Months), Count, 2000. Available at http://www.nplc.lt/stat/int/7sc.pdf.

71. Police Personnel

UN, Office on Drugs and Crime, *Seventh United Nations Survey of Crime Trends and Operations of Criminal Justice Systems*. Police 1.01: Total police personnel, Rate per 100,000 inhabitants.

72. Courtesy

Neena Samuel and Joseph K. Vetter, "Uncommon Courtesy," *Reader's Digest*, July 2006. Available at http://www.rd.com/content/good-manners/2/.

73. Litigation Rate

Herbert M. Kritzer, "Lawyer Fees and Lawyer Behavior in Litigation: What Does the Empirical Literature Really Say?" *Texas Law Review*, 80, 7 (2002), p. 1982. These figures are mirrored by those produced by the World Bank, Law and Justice Institutions, International Comparison of Litigation Rates. Figures for 1990. Available at http://web.worldbank.org/WBSITE/EXTERNAL/TOPICS/EXTLAWJUSTINST/0,,contentMDK:20746049~menuPK:203 6192~pagePK:210058~piPK:210062~theSitePK:1974062,00.html.

74. Property Crime

UN, *Human Development Report 2005*, Table 24, p. 297.

75. Car Theft

OECD Factbook 2006, Quality of Life, Crime, Victimisation Rates. Figures are for 2000. A more middle-of-the-pack rating for car theft for 2003–04 in van Dijk et al., *Criminal Victimisation in International Perspective*, Table 4, p. 50.

76. Assault

UN, *Human Development Report 2005*, Table 24, p. 297. Figures are from 1999. Figures for 2003–04 put the United States higher, but beneath the Netherlands, UK, and Iceland. Van Dijk et al., *Criminal Victimisation in International Perspective*, Table 13, p. 81.

77. Sexual Assault

UN, *Human Development Report 2005*, Table 24, p. 297, Table 24. Figures are for 1999.

78. Young People Fighting
UNICEF Innocenti Research Centre, Report Card 7, *Child Poverty in Perspective: An Overview on Child Well-Being in Rich Countries* (2007), Figure 5.3a, p. 33. Available at http://www.unicef-irc.org/publications/pdf/rc7_eng.pdf.

79. Ecstasy
OECD, *Society at a Glance: 2005 Edition*, Chart C05.1, p. 89. Figures for ca. 2000.

80. Opiates
UN, Office on Drugs and Crime, *2006 World Drug Report*, v. 2, Table 6.1.1, pp. 383–84. Available at http://www.unodc.org/pdf/WDR_2006/wdr2006_volume2.pdf.

81. Bribery
UN, *Human Development Report 2005*, Table 24, p. 297. Most figures are from 1999.

82. Corruption
Transparency International, 2005 Corruption Perceptions Index, available at http://www.transparency.org/policy_research/surveys_indices/cpi/2005.

83. Fraud
UN, Office on Drugs and Crime, *Seventh United Nations Survey of Crime Trends and Operations of Criminal Justice Systems*. Police 2, 2.14: Total Recorded Frauds, Rate per 100,000 Inhabitants. Figures for 1999 and 2000.

84. Total Crime
UN, *Human Development Report 2005*, Table 24, p. 297. Figures for 2005 put the U.S. rates for 10 different crimes lower than the UK, Switzerland, Ireland, the Netherlands, Iceland, Denmark, and Belgium. Van Dijk et al., *Criminal Victimisation in International Perspective*, Table 1, p. 237.

85. Robbery
UN Office on Drugs and Crime, *Eighth United Nations Survey on Crime Trends and the Operations of Criminal Justice Systems (2001—2002)*, 2. Crimes recorded in criminal (police) statistics, by type of crime including attempts to commit crimes, 2.9. Total recorded robberies, Rate per 100,000 inhabitants, 2002, pp. 42, 43. Available at http://www.unodc.org/unodc/en/data-and-analysis/Eighth-United-Nations-Survey-on-Crime-Trends-and-the-Operations-of-Criminal-Justice-Systems.html.

86. Robbery Victims
UN, *Human Development Report 2005*, Table 24, p. 297. Most figures are from 1999.

87. Non-African American Murder Rate, 2005
In 2005, with 6,379 known African American murderers out of 12,130 known offenders in the United States, 52.59% of the known murderers were African American. If we assume that the racial identity of the unknown murderers was similarly divided as the known ones, then 52.59% of the 4899 unknown offenders gives a total of 2,576 African American murderers out of the unknown ones. That gives a total of 8,955 African American murderers out of 17,029 total murderers, which means that 53% of murderers were African American

and 47% were not. If we assume that each murderer killed the same number of victims, of the 14,860 murder victims in 2005, 6984 were killed by non-African American murderers. Using the FBI's population statistic of 296,410,404, that gives a non-African American murder rate of 2.36 per 100,000 population. Federal Bureau of Investigation, *Crime in the United States 2005*, Expanded Homicide Data Table 1. Available at http://www.fbi.gov/ucr/05cius/ offenses/expanded_information/data/shrtable_01.html. FBI, Expanded Homicide Data Table 3. Available at http://www.fbi.gov/ucr/05cius/offenses/expanded_information/data/ shrtable_03.html. European figures come from the UN Office on Drugs and Crime, *Ninth United Nations Survey of Crime Trends and Operations of Criminal Justice Systems*, Police, 2. Crimes recorded in criminal (police) statistics, by type of crime including attempts to commit crimes, 2.2. Total recorded intentional homicide, completed, Rate per 100,000 total population, 2004, pp. 3, 5, 7. Available at http://data360.org/pdf/20070531091045. Crime%20Trends.pdf.

88. Living Space
European Foundation for the Improvement of Living and Working Conditions, *First European Quality of Life Survey: Social Dimensions of Housing*, Table 2, p. 23. Figures from 2003. Available at http://www.eurofound.eu.int/pubdocs/2005/94/en/1/ef0594en.pdf. The American statistic comes from Gregg Easterbrook, *The Progress Paradox: How Life Gets Better While People Feel Worse* (New York, 2004) p. 17.

89. Development Assistance
UN, *Human Development Report 2005*, Table 17, p. 278. Figures are from 2003 in 2002 dollars.

90. Total Foreign Aid
Center for Global Development, *Commitment to Development Index 2006*, Overall (Average), select 2006 spreadsheet (original 2006 methodology). The higher the number, the better the score. Available at http://www.cgdev.org/section/initiatives/_active/cdi/data_graphs.

91. Public Spending on University Education
OECD, *Education at a Glance 2006*, Table B3.2b. Figures from 2003. Available at http://www.oecd.org/document/6/0,3343,en_2649_201185_37344774_1_1_1_1,00.html.

92. Total Spending on University Education
UNESCO, Institute for Statistics, Data Centre, Predefined Tables, Education, Table 19: Finance Indicators by ISCED Level, Total Expenditure on Educational Institutions and Administration as a % of GDP, All Sources, Tertiary. Most of the data come from 2005. Available at http://stats.uis.unesco.org/unesco/TableViewer/tableView.aspx?ReportId=172.

93. University Education Attainment
OECD Factbook 2006, Education, Outcomes, Tertiary Attainment, Tables, Tertiary Attainment for Age Group 25–64, As a Percentage of the Population of that Age Group, 2003.

94. State Spending on Education
Eurostat, Data, Education and training, Education, Indicators on education finance, Expenditure on education as % of GDP or public expenditure, Total public expenditure on education as % of GDP, for all levels of education combined. Data come from 2005. Available

at http://epp.eurostat.ec.europa.eu/portal/page?_pageid=1090,30070682,1090_33076576&_dad=portal&_schema=PORTAL.

95. Total Education Expenditure
OECD Factbook 2006, Education, Expenditure on Education, Public and Private Education Expenditure, Expenditure on Educational Institutions for All Levels of Education, As a Percentage of GDP, 2002.

96. Primary Teachers' Salaries
OECD, *Education at a Glance, 2006*, Table D3.1.

97. Class Size
OECD, *Education at a Glance 2005*, Tables, Indicator D2, Table D2.1, p. 344. Figures from 2003.

98. Reading Scores
OECD, PISA, *Learning for Tomorrow's World: First Results from PISA 2003*, Figure 6.3, p. 281. Available at http://www.pisa.oecd.org/dataoecd/1/60/34002216.pdf. Reading scores for PISA 2006 were not available for the United States.

99. Variance Between Schools
OECD, *Education at a Glance 2005*, Table A6.1, p. 87.

100. Private Secondary Schools
World Bank, EdStats, Country Profiles, Education Trends and Comparisons, Private sector enrollment share (%), Secondary level. The figures come from 2006. The World Bank provides the most comprehensive figures, but does not distinguish between independent and government-dependent private schools. The OECD's figures, in contrast, are spottier in terms of which countries they cover, but make this distinction. On the other hand, while the World Bank's figures of 25% enrollment in private secondary schooling in the UK seems high, the OECD's claim of over 70% of government-dependent private schooling for upper secondary education in this country seems even further from the truth. OECD, *Education at a Glance: 2005*, Table D5.1, p. 392. Figures for 2003.

101. Footloose Young
OECD, *Education at a Glance 2007*, Table C4.3, pp. 339–40. Figures from 2005.

102. Illiteracy
UN, *Human Development Report 2005*, Table 4, p. 230. Figures for 1994–2003.

103. Daily Newspaper Titles
World Association of Newspapers, *World Press Trends: 2001 Edition*, p. 9.

104. Public Libraries
UNESCO Institute for Statistics, Public Libraries, Collections, Books: Number of Volumes. Data from the late 1990s. Available at http://stats.uis.unesco.org/unesco/TableViewer/tableView.aspx?ReportId=207. To calculate books per capita, population figures were used from the OECD. The American statistic comes from the National Center for Education Statis-

tics, *Public Libraries in the United States: Fiscal Year 2000*, July 2002, Table 8. Figures for 2000. Available at http://nces.ed.gov/pubs2002/2002344.pdf.

105. Books Sold

Euromonitor International, Global Market Information Database, Text Search "Books and Publishing," Books and Publishing for the appropriate countries, 7.5: Units and Value by Category, Forecast Unit Book Sales by Category 2002, '000 units, Total. The ratios are based on 2005 population estimates. Available at http://www.portal.euromonitor.com/portal/server.pt?space=Login&control=RedirectHome.

106. Book Titles in Print

The American figure of 3,106,189 book titles in print comes from *Subject Guide to Books in Print 2007–2008* (New Providence, N.J., 2007), v. 1, p. vii. The British figure of 1,110,000 book titles in print comes from *Whitaker's Books in Print 2003*, (Surrey, UK, 2003), v. 1, p. 5. The figure of 992,042 book titles in print for Germany, Austria, and Switzerland comes from *Verzeichnis Lieferbarer Bücher 2004/2005*, (Frankfurt am Main, 2004), v. 1, General Editorial Policies/Directions for Users. The French figure of 489,337 book titles in print comes from *Livres disponibles 2004, Sujets*, (Paris, 2003), v. 1, p. xiii. The Italian figure of 510,131 book titles in print comes from *Catalogo dei libri in commercio 2006, Autori e Titoli*, (Milan, 2006), Avvertenze introduttive. The number of Spanish book titles in print was estimated at 323,125 using *Libros españoles en venta, 1991* (Madrid, 1990). The Portuguese figure of 59,705 book titles in print comes from *Livros Disponíveis 1999: Títulos* (Lisbon, 1999), Introduction. To calculate the figures of book titles in print per 1,000 population, population figures were used from OECD, as close as possible to the years of the book titles in print figures. It is worth noting that the UK figures are given a major boost by the fact that a very large fraction of U.S.-published books are also published in the UK. Also, these figures assume that the books in print are written by nationals of the country in question. The often-heard complaint that U.S. publishers do not publish translations from other languages, if true, would therefore boost the proportional authorship of Americans.

107. Television Viewing

NationMaster, Television viewing (most recent) by country. Available at http://www.nationmaster.com/graph/med_tel_vie-media-television-viewing.

108. Annual World Piano Sales

U.S. International Trade Commission, David Lundy et. al., *Pianos: Economic and Competitive Conditions Affecting the U.S. Industry*, May 1999, Table 5–1, p. 5–2. Figures from 1997. Available at http://hotdocs.usitc.gov/docs/pubs/332/pub3196.pdf. To calculate the figures of annual world piano sales per 10,000 population, population figures were used from the OECD.

109. Total Michelin Restaurant Stars

The total Michelin restaurant stars were counted for major cities for 2008. Most figures come from *Michelin: Main Cities of Europe 2008*. Dublin's and London's figures come from Michelin, Complete_2008.doc, "Michelin Stars 2008." The information was provided directly by Michelin, which can be contacted at: http://www.michelin.com/portail/home/home.jsp?lang=EN. Lisbon's and Madrid's figures come from Michelin, Spain_Portugal_2008.pdf, "LISTADO DE

ESTRELLAS—2008 / ESPAÑA—PORTUGAL," provided directly by Michelin. New York's figure comes from Michelin, STARS_2008.xls, "The Michelin Guides," provided directly by Michelin. Paris's figure comes from *Michelin: France 2008*, pp. 64, 65, 69. Rome's figure comes from Michelin, Italy.pdf, "La Guida Michelin Italia 2008: Le Stelle delle Regioni," provided directly by Michelin. Vienna's figure comes from *Michelin: Österreich 2008*, p. 48. All the cities' population totals used to calculate stars per capita (except Brussels's) come from City Population, and the population totals belong to the municipalities themselves, not the larger urban areas, agglomerations, or regions. Available at http://www.citypopulation.de/. Brussels's 2007 population figure comes from Wikipedia. Available at http://en.wikipedia.org/wiki/Brussels.

110. Perfect Wines
erobertParker.com. Available with subscription at: http://www.erobertparker.com/. The countries' perfect wines were divided by the countries' 2004 wine production figures, adjusted to hundred megaliters (million liters). The wine production figures come from winebiz, Top producers of wine in the world, 2004, Wine production ML. Available at http://www.winebiz.com.au/statistics/world.asp.

111. Ticket Prices in Major Opera Houses
Ticket prices from the Web sites of the various opera houses

112. Research and Development
UN, *Human Development Report 2005*, Table 13, p. 262. Figures from 1997–2002.

113. Patents
UN, *Human Development Report 2006*, Table 13, p. 327. Figures come from 2004.

114. Nobel Prizes by Nationality
Nobel prizes by nationality of the winner: Sutton Trust, "Nobel Prizes: The Changing Pattern of Awards," September 2003, Table 2, p. 4. Available at http://www.suttontrust.com/reports/nobel.doc. Prizes by nationality of institution: Sutton Trust, "Nobel Prizes," Table 4, p. 5. Nobel prizes across the population: Nobel Laureates by Country, *Wikipedia*, available at http://en.wikipedia.org/wiki/Nobel_laureates_by_country. All the ratios are based on 2005 population statistics.

115. Women in the Work Force
World Bank, GenderStats, Summary Gender Profile, Labor force, female (% of total labor force). The figures come from 2004. Available at http://devdata.worldbank.org/.

116. Women's Income
UN, *Human Development Report 2005*, Table 26, p. 303.

117. Women in Parliaments
WDI Online, Social Indicators, Other, Proportion of seats held by women in national parliament (%). Figures from 2005.

118. Women in Leading Positions
UN, *Human Development Report 2005*, Table 26, p. 303. The figure on technical and professional workers comes from here, too.

119. Gender Division of Housework
Jeanne A. Batalova and Philip N. Cohen, "Premarital Cohabitation and Housework: Couples in Cross-National Perspective," *Journal of Marriage and Family*, 64, 3 (2002), Table 2, p. 748. The Average Division of Labor scale ranges from 1 (female does all) to 5 (male does all). The data come from 1994. Data that suggests another story is presented in Janet C. Gornick and Marcia K. Meyers, *Families that Work: Policies for Reconciling Parenthood and Employment* (New York, 2003), pp. 70–72. This, however, deals with a vaguer category of unpaid work and does not address the specific question of who does the traditional female housework activities, as do Batalova and Cohen. The latter are broadly supported by the data in Janeen Baxter, "Gender Equality and Participation in Housework: A Cross-National Perspective," *Journal of Comparative Family Studies*, 28, 3 (1997). The UN's figures has American men doing more nonmarket activities than their peers in the UK, Norway, the Netherlands, Italy, Finland, Denmark and Austria. UN *Human Development Report 2006*, Table 28, p. 379.

120. Gay Marriage-like Unions
Economist, December 2, 2006, p. 64. Plus updated information on California and Connecticut.

121. Homosexual Experiences
Durex, *Global Sex Survey 2005*, Sexual experiences you've had, A gay/lesbian/homosexual experience. Available at: http://www.durex.com/cm/gss2005Content.asp?intQid=943& intMenuOpen=.

122. Three in a Bed during Sex
Durex, *Global Sex Survey 2005*, Sexual experiences you've had, Three in a bed.

123. Nonengagement in Sexual Indulgence
Durex, *The Global Sex Survey, 2004*, Sexual indulgence. Available at: http://www.durex.com/ cm/gss2004Content.asp?intQid=402&intMenuOpen=11.

124. Legal Abortions
Statistisches Bundesamt, *Statistisches Jahrbuch 2005: Für das Ausland* (Wiesbaden, 2005), International Tables, Health, Legal abortions in selected countries, per 1,000 women, 2003, p. 261.

125. Passenger Cars
WDI Online, Development Framework, Transportation, Passenger cars (Per 1000 people) Figures for 2004.

126. Road Fatalities
OECD Factbook 2006, Quality of Life, Transport, Road Motor Vehicles and Road Fatalities, Road Fatalities, Per Million Vehicles, 2004.

127. Passenger Transport by Car
OECD in Figures 2005, pp. 34–35, Transport, Passenger transport, Billion passenger-kilometres, Private cars. Figures from 2003. Ratios calculated with population statistics found in OECD Statistics, 2003.

128. Car Passenger Kilometers per Size of Country

OECD in Figures 2005, pp. 34–35. Country areas come from International Traffic Safety Data and Analysis Group (IRTAD) Database, Statistics, Exposure Data, Area of State (sq km). Figures for 2005. Available at http://cemt.org/IRTAD/IRTADPUBLIC/weng1.html.

129. Car Passenger Kilometers per Km of Road

OECD in Figures 2005, pp. 34–35. Most roadway length statistics come from CIA, *World Factbook*. Germany's length of roadways comes from IRTAD Database, Statistics, Exposure Data, Total Network Length of all Public Roads (km). Available as in figure 128.

130. Length of Railways

CIA, *World Factbook*, data created with use of country statistics, Railways: Total (km), and Population (2006). The following information on railway per square kilometer is also derived from this source.

131. Rail Freight

OECD in Figures 2005, pp. 34–35, Transport, Freight transport, billion tonne-kilometres, Rail. Figures from 2003. The figures of ton-kilometers per inhabitant were calculated with population statistics from OECD Statistics, 2003.

132. Road Freight

OECD in Figures 2005, pp. 34–35. Figures from 2003. Percentages calculated by dividing Freight transport, billion tonne-kilometres, Roads by Freight transport, billion tonne-kilometres, Total inland freight.

133. Goods Vehicles

OECD Environmental Data: Compendium 2004 Edition, Table 2C, p. 229. Data from 2002. Population figures from OECD from 2002.

134. Aircraft Departures

NationMaster, Transportation Statistics, Aircraft Departures (per Capita) by Country. Available at http://www.nationmaster.com/graph/tra_air_dep_percap-transportation-aircraft-departures-per-capita.

135. Subway Passengers

Jane's Urban Transport Systems 2006–2007, ed. Mary Webb (Surrey UK, 2006), pp. 21, 27, 29, 99, 100, 112, 113, 125, 126, 172, 174, 178, 194, 256, 278, 279, 293, 295, 328, 330, 338, 339, 347, 384, 389, 455, 456.

136. Co2 Emissions from Transport

OECD in Figures 2007, Environment, CO_2 emissions, 2005, By sector, Million tonnes of Co2, Transport, pp. 48, 49. The transport CO_2 total was divided by total CO_2 emissions from fuel combustion to get the percentage from transport.

137. Urbanized Population

WDI Online, Social Indicators, Population, Population in Urban Agglomerations over 1 million (% of total population).

138. Urban Density
Demographia World Urban Areas (World Agglomerations), March 2007, Table 6. Figures from 2000–2005. Available at: http://www.demographia.com/db-worldua.pdf. Needless to say, one can argue about how to define city sizes and thus densities, and I have done so with the compilers of the information on this Web site. Whatever the shortcomings, at least they have thought about the issues and appear to be applying their criteria consistently across the cities they study, thus making their data more reliable than more slapdash measures available elsewhere.

139. Municipal Waste
OECD Environmental Data: Compendium 2006/2007, Table 2A, p. 11. Figures from 2005. Available at http://www.oecd.org/dataoecd/60/59/38106368.pdf.

140. Recycling
Institute for Public Policy Research, "Britain Bottom of the Heap for Recycling," August 27, 2006. Data from 2003–04. Available at http://www.ippr.org.uk/pressreleases/?id=2283. U.S. Environmental Protection Agency, "Municipal Solid Waste, Recycling," available at http://www.epa.gov/msw/recycle.htm#Figures.

141. Conservation, Protected Areas
OECD Environmental Data: Compendium 2004 Edition, Table 3B, p. 142. Figures from 2003. Somewhat different figures that still bear out the point made here are in WDI Online, Environment, Freshwater and Protected Areas, Nationally protected areas (% of total land area). Figures for 2004.

142. Threatened Mammals
OECD, Statistics, Environmental Statistics, Selected Environmental Data, Threatened Species: Mammals (% of Species Known). Available at http://www.oecd.org/dataoecd/11/15/24111692.PDF.

143. Forest Cover
OECD, Statistics, Environmental Statistics, Selected Environmental Data, Forest: Forest Area (% of Land Area), available at http://www.oecd.org/dataoecd/11/15/24111692.pdf.

144. Organic Food
Rural Advancement Foundation International—USA, Michael Sligh and Carolyn Christman, "Who Owns Organic? The Global Status, Prospects, and Challenges of a Changing Organic Market," 2003, Table 2, p. 9. Figures from 2000. Denmark was assigned a range of 2.5% to 3%, so a compromise figure of 2.75% was used. Available at http://rafiusa.org/pubs/OrganicReport.pdf.

145. Pesticide Use
OECD, Statistics, Environmental Statistics, Selected Environmental Data, Land: Pesticide Use (t/km2 of Agricultural Land). Available at http://www.oecd.org/dataoecd/11/15/24111692.pdf.

146. Nitrogenous Fertilizer Use
OECD, Statistics, Environmental Statistics, Selected Environmental Data, Land: Nitrogenous Fertilizer Use (t/km2 of Agricultural Land). Available at http://www.oecd.org/

dataoecd/11/15/24111692.PDF. The more precise measure of fertilizer consumption per hectare of arable land bears out these disparities. American farmers are significantly more sparing users than anyone but the Swedes and the Danes. WDI Online, Environment, Agricultural Production, Fertilizer consumption (100 grams per hectare of arable land). Figures from 2005.

147. Intensity of Water Use
OECD Environmental Data: Compendium 2004 Edition, Table 2A, p. 65. Data from the latest available year.

148. Sulfur Oxide Emissions
OECD Environmental Data: Compendium 2004 Edition, Table 1, p. 21. Figures from 2002.

149. Airborne Particulate Matter
WDI Online, Environment, Pollution, PM10, country level (micrograms per cubic meter). The data come from 2005.

150. Organic Water Pollutant Emissions
WDI Online, Environment, Pollution, Organic water pollutant (BOD) emissions (kg per day per worker). The data come from 2002 and 2003.

151. Electricity Consumption per Capita
WRI, Earth Trends Environmental Information, Energy and Resources, Data Tables, Resource Consumption 2005, Annual Electricity Consumption per Capita (kgoe) (kilograms of oil equivalent), 2001. Available at http://earthtrends.wri.org/pdf_library/data_tables/enes_2005.pdf.

152. Energy Consumption per Unit of GDP
OECD Environmental Data: Compendium 2004 Edition, Table 5D, p. 217. Figures for 2002.

153. Per Capita Oil Consumption
BP, *Statistical Review of World Energy 2007*, Oil consumption, Thousand barrels daily, p. 11. Figures for 2006. Available at http://www.bp.com/liveassets/bp_internet/globalbp/globalbp_uk_english/reports_and_publications/statistical_energy_review_2007/STAGING/local_assets/downloads/pdf/statistical_review_of_world_energy_full_report_2007.pdf. Population statistics taken from the OECD.

154. Oil Consumption per Unit of GDP
BP, *Statistical Review of World Energy 2007*, Oil consumption, Million tonnes, p. 12. Figures for 2006. Figures of GDP are taken from the OECD Statistics Portal.

155. Rise or Decline of Greenhouse Gas Emissions
Eurostat, *Europe in Figures: Eurostat Yearbook 2006–07*, Table 10.1, p. 272. Available at: http://epp.eurostat.ec.europa.eu/cache/ITY_OFFPUB/KS-CD-06–001/EN/KS-CD-06–001-EN.pdf.

156. Solar Energy
WRI, Earth Trends Environmental Information, Energy and Resources, Data Tables, Energy Consumption by Source 2005, Energy Consumption (as a percent of total consumption) by Source, Solar, 2001. Available at http://earthtrends.wri.org/pdf_library/data_tables/

ene2_2005.pdf. Similar figures in WDI Online, Environment, Energy Production and Use, Clean energy consumption (% of total). Figures for 2005. Also in *UN Human Development Report 2007/2008*, Table 23, p. 306.

157. Venture Capital Investment in Clean Technology Companies
Figures for venture capital investment in clean technology companies in 2006 came directly from Cleantech Network upon written request. The ratios were calculated with 2005 population statistics.

158. Nuclear Waste
OECD, Statistics, Environmental Statistics, Selected Environmental Data, Waste Generated, Nuclear Waste (t./Mtoe of TPES). Available at http://www.oecd.org/dataoecd/11/15/24111692.pdf.

159. A Great Deal of Confidence in the Government
WVS, Politics and Society, E079. Similar results in WVS 2005, Confidence: The Government

160. A Great Deal of Confidence in the Civil Service
WVS, Politics and Society, E076. Less dramatic results are found in other surveys, though again the Swedes are most distrustful, after the Italians. ISSP, Role of Government III 1996, Variable 54, sum of first two results. In 2006, the Swedes were still the most distrustful, along with the French. ISSP Role of Government IV 2006, Variable 50.

161. Shadow Economy
Friedrich Schneider and Dominik H. Enste, *The Shadow Economy: An International Survey* (Cambridge, 2002), Table 4.6, p. 38.

162. Trust in Others
Stephen Knack and Philip Keefer, "Does Social Capital Have an Economic Payoff? A Cross-Country Investigation," *Quarterly Journal of Economics*, 112, 4 (1997), p. 1285, Data Appendix, Trust. Data from the ISSP suggests that the United States falls into a middle group of trust, along with the UK, Germany, Ireland and the Netherlands, while the Scandinavian countries are high trust, and the Mediterranean nations low trust. ISSP, Citizenship 2004, Variable 46, sum of the first two figures. The more recent figures are blurrier: ISSP, Role of Government IV 2006, Variable 54, sum of first two figures.

163. Civic Organizations
Knack and Keefer, "Does Social Capital Have an Economic Payoff?" p. 1285, Data Appendix, Groups.

164. Charity
Charities Aid Foundation, "International Comparisons of Charitable Giving," November 2006, Figure 2, p. 6. Available at http://www.cafonline.org/pdf/International%20Comparisons%20of%20Charitable%20Giving.pdf.

165. Volunteer Work
Helmut K. Anheier and Lester M. Salamon, "Volunteering in Cross-National Perspective: Initial Comparisons," *Law and Contemporary Problems*, 62, 4 (1999), Table 3, p. 58. Figures for 1995–97.

166. Blood Donation
European data come from Kieran Healy, "Embedded Altruism: Blood Collection Regimes and the European Union's Donor Population," *American Journal of Sociology*, 105, 6 (2000), Table 1, p. 1638. Data for 1993. The American statistic comes from Lichang Lee, Jane Allyn Piliavin, and Vaughn R. A. Call, "Giving Time, Money, and Blood: Similarities and Differences," *Social Psychology Quarterly*, 62, 3 (1999), p. 276. They cite evidence that 40% to 45% say they have given blood at least once.

167. Voter Turnout
International Institute for Democracy and Electoral Assistance, Voter Turnout, Parliamentary Elections, Vote/VAP. Figures from the last available election, usually in the 1990s or early 2000s. Available at http://www.idea.int/vt/.

168. Frequent Discussion of Politics
WVS, Perceptions of Life, A062. Similar results in ISSP, Citizenship 2004, Variable 47.

169. Single Parent Households
OECD, Table 2.1: childreninhouseholds[1].xls, Composition of Households, 2005, Single Parent Households as a Percentage of all Households with Children. Data received directly from OECD. Data can be requested at stat.contact@oecd.org. The information will become part of OECD Family Database, which will be available at www.oecd.org/els/social/family.

170. Eating with Parents
UNICEF Innocenti Research Centre, Report Card 7, *Child poverty in perspective*, Figure 4.2a, p. 24. Statistics are approximations based on the bar graphs in the figure.

171. Talking with Parents
UNICEF Innocenti Research Centre, Report Card 7, *Child poverty in perspective*, Figure 42b, p. 25. Statistics are approximations based on the bar graphs in the figures.

172. Elderly Living in Institutions
OECD, *Society at a Glance 2002*, Annex HE: Health Indicators, Table HE10.3. Figures from the mid-1990s. Available at http://www.oecd.org/document/24/0,3343,en_2649_34637_267 1576_1_1_1_1,00.html#previous.

173. Very Proud of Own Nationality
WVS, National Identity, Citizenship, G006. The ISSP found the Austrians with most general national pride in 1995–96, the Americans in 2003–04. For domain-specific national pride, the Irish came out on top in the earlier survey, the Americans in the later one. Tom W. Smith and Seokho Kim, "National Pride in Comparative Perspective: 1995/96 and 2003/04," *International Journal of Public Opinion Research*, 18, 1 (2006), Tables 1, 2, pp. 129–30. In the WVS 2005, the Americans were less proud than the Spaniards and the Finns and at almost the same level as the British. How Proud of Nationality, sum of the first two results.

174. Convinced Atheists
WVS, Religion and Morale, F034.

175. Firm Belief in God
ISSP, Religion II, 1998, Variable 37.

176. Belief in God
WVS, Religion and Morale, F050.

177. Weekly Church Attendance
WVS, Religion and Morale, F028.

178. Christian Congregations
World Christian Database, Country/Region, Christianity, Congregations per Million, 2005. Available with subscription at: http://worldchristiandatabase.org/wcd/esweb.asp?WCI=Results&Query=239&PageSize=25&Page=1.

179. Membership in Religious Denominations
WVS, Religion and Morale, F024. On the other hand, more Americans are active members of church or religious organizations than any Europeans. WVS 2005.

180. Catholic Church Attendance
Andrew M. Greeley, *The Catholic Myth: The Behavior and Beliefs of American Catholics* (New York, 1990), p. 269. Figures appear to come from the 1980s.

181. Church Income
David Barrett et al, *World Christian Encyclopedia: A Comparative Survey of Churches and Religions in the Modern World* (Oxford, 2001), v 1. Statistics of income per capita were calculated with Countryscan figures from Category 85: 2000 Churches' Income per Year (US$), pp. 838–39, and Category 5: 2000 Population, pp. 830–31. Calculations of income per member were done using Category 65: 2000 Affiliated Church Members, pages 834 and 835.

182. Science Does More Harm than Good
ISSP, Religion II, 1998, Variable 27. Sum of first two responses. When the same question was repeated in 2000, in the context of a questionnaire on environmental matters, the countries where more people think science does harm than in the U.S. were the UK, Austria, Ireland, Spain, Portugal and Switzerland. The French were not included. ISSP, Environment II 2000, Variable 9. Sum of the first two responses.

183. Belief in Astrology
Adherents.Com, Astrology, percentages of people who take astrology seriously. France, Germany, and United Kingdom's data come from 1982, and U.S. data from 1986. Available at http://adherents.com/Na/Na_41.html#307.

184. Homeopathy
Peter Fisher and Adam Ward, "Medicine in Europe: Complementary Medicine in Europe," *British Medical Journal*, 309 (1994), pp. 107–111.

185. Foreign-Born Population
OECD in Figures 2005, Demography, Foreign Population, pp. 6–7. Figures for 2003.

186. Gap in Math Scores between Native-Born and Immigrants
OECD Factbook 2007, Migration, Education, Educational outcomes for children of immigrants, Tables, PISA results for children of immigrants, Share of all 15-year-old students, Points differences compared with natives, Mathematics, Unadjusted, 2nd generation. Figures from 2003.

187. Gap in Reading Scores between Native-Born and Immigrants
OECD Factbook 2007, Migration, Education, Educational outcomes for children of immigrants, Tables, PISA results for children of immigrants, PISA results for children of immigrants, Share of all 15-year-old students, Points differences compared with natives, Reading, Unadjusted, 2nd generation. Figures from 2003.

188. Increased Unemployment
OECD Factbook 2007, Migration, Labour Force and Remittances, Unemployment rates of the foreign- and the native-born, Tables, Unemployment rates of foreign- and native-born populations, Unemployment rates of foreign- and native-born populations, As a percentage of total labour force. The figures were calculated by subtracting Men, Native, 2004 from Men, Foreign born, 2004.

189. Median Income
Luxembourg Income Study (LIS) Key Figures, accessed at http://www.lisproject.org/keyfigures.htm (June 2008). LIS median income figures converted into PPP dollars. Figures are for 2000 for all countries except for the Netherlands and United Kingdom, which are for 1999. For EU members, local currencies were converted to euros at the time of data collection and then these figures were converted to PPP dollars using a conversion table provided by the OECD at http://www.oecd.org/document/47/0,3343,en_2649_34357_36202863_1_1_1_1,0 0.html. Calculations by Jamie Barron.

190. Resident Billionaires
Forbes, "Forbes List: The World's Billionaires 2006," eds. Luisa Kroll and Allison Fass. Sort by: Residence. Ratios calculated with 2005 population figures. Available at http://www.forbes.com/2007/03/07/billionaires-worlds-richest_07billionaires_cz_lk_af_0308billie_land.html. The following calculations regarding billionaires are based on these numbers.

191. Overall Poverty
Luxembourg Income Study, LIS Key Figures, Relative Poverty Rates, Total Population, Poverty Line (60% of Median). Figures from the late 1990s and early 2000s. Available at http://www.lisproject.org/keyfigures/povertytable.htm.

192. Richest
James B. Davies, Susanna Sandstrom, Anthony Shorrocks, and Edward N. Wolff, "The World Distribution of Household Wealth," July 2007, Table 1. Figures mainly from the late 1990s and early 2000s. Available at http://repositories.cdlib.org/cgi/viewcontent.cgi?article=1068&context=cgirs.

193. Income Inequality
LIS Key Figures, available at www.lisproject.org/keyfigures.htm.

194. Income Inequality
Klaus Deininger and Lyn Squire, "A New Data Set Measuring Income Inequality," *World Bank Economic Review*, 10, 3 (1996), Table 1, p. 577. Similar results in Miriam Beblo and Thomas Knaus, "Measuring Income Inequality in Euroland," *Review of Income and Wealth*, 47, 3 (2001), pp. 301–20; and in James K. Galbraith, "Inequality, Unemployment and Growth: New Measures for Old Controversies," *Journal of Economic Inequality*, 23 April 2008, Figure 3.

195. Distribution of Household Net Worth
Eva Sierminska, Andrea Brandolini, and Timothy M. Smeeding, "Comparing Wealth Distribution across Rich Countries: First Results from the Luxembourg Wealth Study," 7 August 2006, Table 9. Available at http://www.iariw.org/papers/2006/sierminska.pdf.

196. Low Income Population
Carles Boix, "The Institutional Accommodation of an Enlarged Europe," Table 3, p. 7. Friedrich Ebert Stiftung. It is unclear from which date the figures are, but apparently 1993. Available at http://library.fes.de/pdf-files/id/02103.pdf.

197. Absolute Poverty, European Scale
Median EU-6 equivalized income calculated using LIS Wave 5 (release 2) data. LIS Micro database, (2000); harmonization of original surveys conducted by the Luxembourg Income Study, Asbl. Luxembourg, periodic updating. Survey data is for year 2000 for all countries except for the Netherlands and the United Kingdom, which are based on survey data from 1999. Households with disposable income recorded as missing, zero, or negative were dropped from the analysis. Equivalized incomes were derived using household net disposable income and dividing by the square root of the total household size (LIS equivalization procedure). Incomes expressed in PPP dollars. EU countries' local currencies were converted into equivalent Euros at the time of data collection and then converted into PPP dollars based on conversion factors provided by the OECD. PPP conversions can be accessed at http://www.oecd.org/document/47/0,3343,e n_2649_34357_36202863_1_1_1,00.html. Median EU-6 income calculated in terms of PPP dollars, with a weighting procedure that took into account the survey sampling weights and the population sizes of each of the six countries. Percent below 60% EU-6 equivalized median income calculated using appropriate survey sampling weights (weights for equivalized incomes equal household weight, multiplied by household size). Calculations by Jamie Barron.

198. Absolute Poverty, U.S. Scale
Median equivalized income in the United States calculated using LIS Wave 5 (release 2) data from year 2000. LIS Micro database, (2000); harmonization of original surveys conducted by the Luxembourg Income Study, Asbl. Luxembourg, periodic updating. Survey data is for year 2000 except for the Netherlands and the United Kingdom, which are based on survey data from 1999. Households with disposable income recorded as missing, zero, or negative were dropped from the analysis. Equivalized incomes were derived using household net disposable income and dividing by the square root of the total household size (LIS equivalization procedure). Incomes expressed in PPP dollars. EU countries' local currencies were converted into equivalent Euros at the time of data collection and then converted into PPP dollars based on

conversion factors provided by the OECD. PPP conversions can be accessed at http://www.oecd.org/document/47/0,3343,en_2649_34357_36202863_1_1_1_1,00.html. U.S. median equivalized income and the percentage below 60% U.S. median equivalized income were calculated using appropriate survey sampling weights (weights for equivalized incomes equal household weight, multiplied by household size). Calculations by Jamie Barron.

199. Mean Income Ratios of Top and Bottom Quintiles
Jared Bernstein, Elizabeth McNichol, Karen Lyons, January 2006, "Pulling Apart: A State-by-State Analysis of Income Trends," January 2006 (Center on Budget and Policy Priorities and Economic Policy Institute), Table 2: Ratio of Incomes of Top and Bottom Fifths of Families 2001–2003 (2002 Dollars), Top-to-bottom ratio, p. 18. Available at http://www.epinet.org/studies/pulling06/pulling_apart_2006.pdf. European figures calculated by Pierre-Yves Yanni from World Bank, World Development Indicators 2007.

200. Population (%) under 60% of EU-6 Median Income
Luxembourg Income Study (LIS) Micro database, (2000); harmonization of original surveys conducted by the Luxembourg Income Study, Asbl. Luxembourg, periodic updating. Survey data is for year 2000 for all U.S. states and European countries except for the Netherlands and the United Kingdom, which are based on survey data from 1999. Samples for all U.S. states are representative of their respective populations, but sample sizes for smaller U.S. states can be relatively small. Calculation procedures used in for Figure 197 (Absolute Poverty, European Scale) applied here for U.S. states and European countries. Calculations by Jamie Barron.

201. Prisoners per 100,000 of Population
Roy Walmsley, "World Prison Population List," Home Office Research, Development and Statistics Directorate, Research Findings No. 88, p. 5. Available at http://www.homeoffice.gov.uk/rds/pdfs/r88.pdf. U.S. Census Bureau, *State and Metropolitan Area Data Book: 2006*, Table A-26, p. 34. Figures from 2003. Available at http://www.census.gov/prod/2006pubs/smadb/smadb-06.pdf.

202. Murders per 100,000 Population
FBI, *Crime in the United States 2004*, Table 4: Crime in the United States by Region, Geographic Division, and State, 2003–2004, Murder and non-negligent manslaughter, Rate per 100,000, 2004, pp. 76, 78, 80, 82, 84. Available at http://www.fbi.gov/ucr/cius_04/. European figures come from the UN Office on Drugs and Crime, *Ninth United Nations Survey of Crime Trends and Operations of Criminal Justice Systems*, Police, 2. Crimes recorded in criminal (police) statistics, by type of crime including attempts to commit crimes, 2.2. Total recorded intentional homicide, completed, Rate per 100,000 total population, 2004, pp. 3, 5, 7. Available at http://data360.org/pdf/20070531091045.Crime%20Trends.pdf.

203. Percent of Workers Who Are Union Members
The European figures come from David G. Blanchflower, "A Cross-Country Study of Union Membership," Forschungsinstitut zur Zukunft der Arbeit, Discussion Paper No 2016, March 2006, Table 1, p. 29. Available at http://ftp.iza.org/dp2016.pdf. U.S. Census Bureau, *State and Metropolitan Area Data Book: 2006*, Table A-33.

204. Life Expectancy at Birth in Years
European statistics come from UN, *Human Development Report 2002*, Table 1, p. 149. Figures for 2000. Statistics for U.S. states come from U.S. Census Bureau, Population Division, Interim State Population Projections, 2005, Table 2. Figures for 2000. Available at http://wonder.cdc.gov/WONDER/help/populations/population-projections/MethodsTable2.xls.

205. Unemployment Rate
OECD, StatExtracts, Standardised Unemployment Rates, 2005. U.S. Census Bureau, *2008 Statistical Abstract*, State Rankings, Unemployment Rate, 2005. Available at http://www.census.gov/compendia/statab/ranks/rank25.xls.

206. Defense Spending
CIA, *World Factbook*, Military Expenditures—Percent of GDP. Most figures are from 2001–2005.

207. Armed Forces
International Institute for Strategic Studies, *Military Balance 2007* (Abingdon, UK, 2007), pp. 28, 103, 107, 110, 116, 119, 123, 129, 136, 141, 148, 156, 164, 167, 173, 175. Ratios calculated with use of population figures from Population Reference Bureau, *2006 World Population Data Sheet*. Available at http://www.prb.org/pdf06/06WorldDataSheet.pdf.

208. Percent of Population with Health Care Coverage
This graph is only broadly illustrative. Data for the U.S. is sketchy and available only for the years indicated at the data points where the connector line changes direction. No data is implied for the points in between. Nor was data available for the same years for all countries. *Source Book of Health Insurance Data 1963* (New York, 1963), Percentage of United States Population With Some Form of Health Insurance Protection, Percent, p. 10. U.S. Census Bureau, *Income, Poverty, and Health Insurance Coverage in the United States: 2005* (August 2006), Table C-1, p. 60. Available at http://www.census.gov/prod/2006pubs/p60-231.pdf. *OECD Health Data 2007*, Social Protection, Health care coverage, Government/social health insurance, In-patient and acute care, % of total population; and Social Protection, Health care coverage, Private health insurance, Primary private health insurance coverage, % of total population. Germany's figure was added to its Government/social health insurance figure to get the percentage of people covered by health insurance.

209. Enrollment in Tertiary-Level Education
UNESCO Institute for Statistics, World Education Indicators, Participation in Education, Gross Enrollment Ratios by sex, Tertiary, Both sexes. Data range from 1970 to 1995. Available at http://www.uis.unesco.org/statsen/statistics/indicators/i_pages/IndGERTer.asp. UNESCO Institute for Statistics, Table 14. Data range from 2000 to 2005. Available at http://stats.uis.unesco.org/unesco/TableViewer/tableView.aspx?ReportId=167. No data available between 1995 and 2000.

210. Annual Hours Worked per Person Employed
Angus Maddison, *The World Economy: A Millennial Perspective* (OECD; Paris, 2001), Table E-3, p. 347.

211. Catastrophic Death

Injury: WHO, Health Statistics and Health Information Systems, Global Burden of Disease Estimates, Deaths and DALY Estimates for 2002 by Cause for WHO Member States, Estimated Deaths per 100,000 Population, 2002. Murder: U.S. Department of Justice, Bureau of Justice Statistics, Reported crime in the United States, Total, Crime rate per 100,000 population, Violent crime, Murder and nonnegligent manslaughter rate, 2005. Available at http://www.usdoj.gov. UN Office on Drugs and Crime, *Ninth United Nations Survey of Crime Trends and Operations of Criminal Justice Systems*. Figures from 2004. Available at http://data360.org/pdf/20070531091045.Crime%20Trends.pdf. *Eighth United Nations Survey on Crime Trends and the Operations of Criminal Justice Systems (2001—2002)*. Figures from 2002. Available at http://www.unodc.org/unodc/en/data-and-analysis/Eighth-United-Nations-Survey-on-Crime-Trends-and-the-Operations-of-Criminal-Justice-Systems.html. Suicide: *OECD Health Data 2008*, Health Status, Mortality, Causes of Mortality, Intentional Self-Harm. Figures from 2005 or 2006. Supplemented by WHO, *World Report on Violence and Health* (2002), Table A.9, pp. 314ff. Figures from the late 1990s.

212. Human Development Index Trends

UN Human Development Report 2007/2008, Table 2, p. 234.